CONSIDÉRATIONS POLITIQUES.

CONSIDÉRATIONS

POLITIQUES

PAR

ÉDOUARD COURNAULT

PARIS
MICHEL LÉVY FRÈRES, LIBRAIRES-ÉDITEURS
RUE VIVIENNE, 2 BIS, ET BOULEVARD DES ITALIENS, 15
A LA LIBRAIRIE NOUVELLE

—

1863

Nancy. — Imprimé par N. COLLIN, rue Saint-Pierre, 21.

PRÉFACE.

La léthargie dont a été atteinte la vie politique en France durant les douze dernières années, a ramené aux études purement spéculatives les esprits portés par une sollicitude désintéressée à s'occuper des affaires publiques de leur pays. Etrangers, mais attentifs aux singuliers événements, qui se déroulant autour d'eux trompaient toutes leurs prévisions et démentaient toutes leurs espérances, ils ont profité de l'expérience acquise, et faisant un retour sur eux-mêmes, ils ont soumis à un examen approfondi les principes et les maximes qu'ils avaient regardés jusqu'alors comme infaillibles. Cette critique a démasqué plus d'un préjugé, dissipé plus d'une illusion, révélé plus d'une tâche demeurée imparfaite. Aujourd'hui l'élite des intelligences ne pense plus ce qu'on pensait, il y a vingt ans, sur les conditions de l'ordre politique, sur la démocratie, sur les attributions du gouvernement, sur la centralisation, sur les cultes, sur l'enseignement public et sur d'autres sujets de non moindre importance.

Associé obscurément à ce travail de réforme intellectuelle, je viens présenter au public le fruit de mes propres études. Elles reposent sur cette pensée, que la liberté, qui seule assure la moralité et la dignité des caractères, peut seule aussi fournir un fondement solide aux institutions politiques.

DE

L'ÉDUCATION POLITIQUE

DE LA FRANCE.

Beaucoup de Français déclarent d'un ton décidé que leur pays est incapable de se gouverner lui-même. Très-fiers d'ailleurs de la nation dont ils sont membres, ils la comblent de louanges et vantent à satiété son patriotisme, son courage, son dévouement aux idées nobles et généreuses, son intelligence vive et étendue, son zèle pour le progrès, son amour de l'égalité, ses mœurs douces, ses manières aimables et son aptitude singulière à communiquer ses idées et à s'approprier celles d'autrui. Cet ensemble de belles qualités ne présente qu'une lacune ; il ne laisse à désirer que l'art de se conduire soi-même. Encore y a-t-il tant à regretter cette imperfection ? Ne serait-elle pas la condition de très-grands avantages ? Et n'a-t-on pas en tout cas tant de dédommagements, qu'il serait vraiment injuste d'accuser la destinée ? Quoi de plus vain que d'arrêter sa vue sur un point défectueux, quand de toute part se déploie le spectacle du bien?

Pour nous, sans vouloir nier ni diminuer les divers genres de mérite dont notre patrie est ornée, nous ne saurions nous absorber assez dans la satisfaction qu'ils nous causent, pour oublier tout-à-fait le complément qui leur manque. Nous ne pouvons considérer comme un attribut secondaire celui qui consiste à savoir se gouverner soi-même. La gloire militaire, les agréments de la politesse, la prospérité matérielle, la régularité de l'administration, les succès dans les arts et dans les sciences, nous touchent vivement et excitent à un haut degré notre intérêt, mais ne remplacent pas pour nous les vertus morales, qui, étant destinées à présider à la conduite de l'homme, nous semblent appelées à occuper le premier rang dans notre personne et dans notre vie, et ne pouvoir être suppléées par aucune autre sorte d'avantages.

Quand on entend dire d'un individu qu'il s'est distingué à la guerre, ou que par son habileté il a acquis de grandes richesses, ou qu'il est doué d'une rare amabilité, ou qu'il excelle dans quelque art ou dans quelque science, on éprouve aussitôt pour lui de la considération; mais ce sentiment n'est pas entier, il est spécial et borné, il est contenu par une certaine réserve. Avant d'estimer complétement une personne, on veut connaître son caractère, on veut savoir si elle possède les qualités supérieures de l'âme, la fermeté, la prudence, l'équité, la dignité, qui sont les forces morales par lesquelles l'homme se gouverne. En vain un artiste, un savant, un militaire, un industriel se seront signalés par des entreprises et des œuvres éclatantes, si dans le cours ordinaire de leur vie ils se montrent légers, inconsistants, désordonnés, s'ils n'ont de respect ni pour autrui, ni pour eux-mêmes, s'ils se livrent au joug de leurs passions ou aux caprices d'un maître, quels que soient du reste leurs talents et les dons heureux de leur nature, ils ne se seront pas vraiment honorés et n'auront droit qu'à une place secondaire parmi leurs contemporains.

Il en est d'une nation comme des individus qui la composent. Ses propriétés essentielles ne sont autres que celles des parties dont elle est la somme, et s'il est vrai de dire que les attributs primordiaux de chacun de ses membres sont la rectitude, l'indépendance et la noblesse du caractère, on devra également reconnaître que les mêmes qualités sont les éléments les plus importants de sa complexion morale et ses principaux titres à l'estime et au respect des hommes. Si donc il fallait admettre que la France fût incapable de se gouverner elle-même et de développer en elle les vertus que cette tâche implique, il y aurait beaucoup à rabattre sur les éloges qui lui sont prodigués. Le sentiment qu'elle exciterait ne serait plus une entière admiration, mais il s'y mêlerait des regrets et de la pitié. Sa prétention d'être placée au premier rang des nations serait justement taxée d'outrecuidance. L'opinion universelle dénonçant son incapacité l'inviterait d'un ton d'amère raillerie à se montrer plus modeste, et loin d'aller chercher près d'elle des leçons, elle lui opposerait sans cesse des critiques et des censures. Si parfois les peuples avaient à redouter les élans de sa fougue et les entreprises de son arrogance, ces appréhensions n'engendreraient nullement l'estime, mais une aversion, qui en se propageant rassemblerait tôt ou tard des forces suffisantes pour réprimer de téméraires agressions.

Sans partager l'enthousiasme de ces patriotes français, qui s'admirant dans leur pays ne veulent y voir aucune tache et réduisent à des proportions minimes les défauts qu'ils y rencontrent, nous ne saurions non plus nous résigner patiemment à l'incapacité politique dont ils nous déclarent frappés. Sur ce point notre fierté s'émeut et s'irrite, et avant d'accepter une condamnation qui nous humilierait profondément, nous éprouvons le besoin d'en sonder les bases et de discuter les chefs d'accusation. Nous sentons s'élever en nous une protestation instinctive, qui veut se fortifier d'une démonstration.

La raison principale qu'on allègue pour prouver que les Français sont incapables de se gouverner eux-mêmes est qu'ils n'y ont pas réussi, malgré les tentatives multipliées qu'ils ont faites dans ce but; et à ce propos on établit entre les peuples de race germanique et les peuples de race latine une comparaison, de laquelle il ressortirait que les premiers auraient reçu de la nature une prudence, une modération, une fermeté, une constance, qui leur permettraient de se concerter, de s'organiser et de se régir librement, tandis que les seconds, étourdis, mobiles, licencieux, emportés et fragiles, seraient incapables de prendre de l'empire sur eux-mêmes, de se contenir, de se diriger, et de s'accorder en vue d'un commun intérêt. Les uns acquerraient facilement la maturité nécessaire pour instituer eux-mêmes leur gouvernement, lui tracer sa tâche comme à un mandataire et exercer sur lui une surveillance active et efficace. Les autres, inhabiles à se donner des règles de conduite et à s'y conformer, à tirer d'eux-mêmes un pouvoir qui les représente et à lui prêter une force exactement mesurée, auraient sans cesse à subir ou à invoquer l'autorité d'un maître, dont la volonté une et permanente s'imposerait à une multitude confuse de tendances anarchiques.

Prononcer un pareil arrêt, c'est vouer à un état perpétuel d'infériorité les peuples latins ou romans ; c'est les subordonner complétement aux peuples germaniques ; c'est leur ravir les attributs les plus élevés et les plus essentiels de l'humanité ; c'est les condamner à un abaissement qu'aucune illusion et aucun sophisme ne sauraient pallier. En articulant une sentence aussi affligeante, celui qui s'en trouverait lui-même atteint devrait se sentir rempli de honte, et si au contraire il affectait un ton léger et ironique, il montrerait un cœur bas et afficherait un déplorable cynisme.

Prétendre que les peuples romans sont incapables de se gouverner n'est pas seulement leur interdire la vie publique, c'est encore accuser gravement leurs mœurs privées. Les qualités morales qui doivent présider à nos rapports avec nos concitoyens, ne sont pas différentes de celles qui nous suggèrent les règles de conduite, que nous devons observer dans nos relations de famille, d'amitié et de commerce social. S'il est irrévocablement décidé que nous sommes hors d'état de nous bien comporter sur le terrain politique, il faut en conclure que nous sommes radicalement destitués des facultés directrices de l'âme, et que dans toutes les occasions où nous aurons à traiter avec nos semblables, nous trahirons la même ineptie. Sans doute on reculera devant cette extrémité, cependant on aura posé les prémisses qui l'auront amenée.

Qu'on examine les populations romanes hors du

champ de la politique, dans le sein de la famille et dans les diverses autres cercles de relations sociales, les voit-on dépourvues de raison, de sagesse et d'équité ? Les voit-on incapables de s'entendre et de se concerter, de réunir et de diriger des volontés en vue d'un but commun, de poursuivre des projets avec fermeté et persévérance, et d'établir parmi elles un heureux accord et une solide discipline ? Qu'on fasse l'anatomie psychologique des Romans et des Germains, trouvera-t-on dans ceux-ci des organes moraux, des facultés réflexives et régulatrices, qui soient dans ceux-là absentes, ou atrophiées, ou sensiblement plus faibles ? La constitution psychique des uns et des autres renferme les mêmes éléments dans des proportions à peu près égales ; et c'est cette parité qui a autorisé les savants à en former un même groupe ethnographique, qu'ils ont opposé à la race sémitique, à la race mongole et aux autres fractions du genre humain.

Si la complexion originelle des divers peuples romans et germaniques est à peu près identique, chacun de ces peuples en revanche se montre fort différent de lui-même dans les phases successives de son développement. La destinée de l'homme est de changer, de se former lui-même, de tirer de ses facultés natives une multitude indéfinie d'actes, qui varient et se transforment selon certaines conditions antécédentes ou concurrentes. Son existence sera singulièrement diversifiée, suivant les influences qu'il subira, les secours qui lui seront offerts et les obstacles qu'il rencontrera; suivant qu'au début il sera négligé, maltraité, laissé à l'état brut, ou soigné, caressé et bien élevé, et que plus tard il sera rebuté, avili, dénué, assujéti à des travaux arides et entretenu dans des mœurs incultes et grossières, ou bien entouré d'affection, d'estime et de considération, muni de talents distingués et profitables, pourvu d'une facile subsistance et armé de moyens efficaces de défense contre toute sorte d'entreprises nuisibles. Dans le premier cas il se défendra difficilement des inspirations mauvaises de la misère, du dégoût et du ressentiment ; il sera rude, emporté, farouche, désordonné, porté à la débauche et enclin tour à tour à s'irriter et à s'abaisser. Dans le second cas, il se montrera réfléchi, mesuré, sage, honnête, civil et consistant.

De même une nation placée dans des circonstances diverses tiendra des genres de conduite tout différents, et ses conditions d'existence venant à changer, elle se transformera pareillement. Les Romains furent-ils valeureux ou pusillanimes, fiers ou vils, austères ou relâchés, sages ou imbéciles, vigoureux ou énervés? Quelque contradictoires que paraissent être ces deux séries d'épithètes, on pourra les leur appliquer tour à tour, suivant qu'on les considérera dans les beaux âges de la république ou dans les temps du césarisme. Leur descendants, les Italiens, après avoir subi pendant plusieurs siècles le joug barbare des envahisseurs ultramontains, se ranimèrent, se relevèrent, reconquirent leur indépendance, et firent refleurir au sein de leurs municipalités une civilisation qui servit d'exemple au reste de l'Europe. Mais cette résurrection fut précaire ; bientôt elle succomba sous l'oppression étrangère, que secondaient de déplorables divisions intestines ; enfin nous la voyons reprendre un nouvel essor, que toutes les nobles âmes soutiennent de leur vœux, et qui triomphera, il faut l'espérer, non moins des vices héréditaires de la nation que des jalousies, des intrigues et de la malice de l'étranger.

Qu'était devenu l'orgueil espagnol sous le despotisme altier et ombrageux des successeurs de Charles-Quint et de leurs arrogants ministres? Sans doute l'autocratie royale, s'armant des ressources que lui fournissaient de vastes et lointaines possessions, avait par des progrès latents et continus acquis une force qui désarmait toute résistance. Et les habitants des diverses contrées des Pays-Bas, d'abord si bien unis et égaux en énergie et en courage dans la lutte qu'ils soutinrent contre les entreprises tyranniques de Philippe II, comment en vinrent-ils à se diviser, les uns se décourageant, pliant sous le faix de l'infortune et se résignant à une humiliante soumission; les autres redoublant d'abnégation et d'intrépidité, endurant avec impassibilité les souffrances et les défaites les plus cruelles, et parvenant enfin à force d'héroïsme à conquérir leur glorieuse indépendance? Apparemment les Bataves avaient trouvé des points d'appui et des secours moraux et matériels dont les Belges avaient été privés.

Les Allemands et les Anglais sont réputés former les deux grands rameaux de la race germanique, et cependant leurs destinées ont singulièrement différé. Les uns sont restés divisés, embarrassés dans les débris du moyen-âge, enlacés dans de vieilles traditions d'oligarchie et de droit divin, impuissants à se concerter, à s'organiser, à s'émanciper et à développer en eux une vie libre et féconde. Les autres, tout en gardant intactes leurs franchises individuelles, ont constitué une nationalité extraordinairement puissante; ils se sont montrés à la fois fiers et disciplinés, énergiques et réglés, véhéments et contenus; avides d'innovation, ils ont su retenir tout ce qu'il y avait d'utile dans leur héritage du passé; passionnément attachés à leur liberté, qu'ils regardent à bon droit comme leur bien le plus précieux, ils ont porté assistance à celle du reste du monde, en communiquant au dehors la contagion de leur propre exemple, et en combattant avec acharnement tous les envahissements qui menaçaient l'indépendance des nations.

Si l'on en vient à comparer la vie politique des Anglais et celle des Français, sans doute on ne saurait méconnaître des différences considérables. Toutefois elles sont moindres qu'on ne le prétend et qu'on n'est tenté de le croire, quand on porte principalement son attention sur les deux derniers siècles. Au moyen-âge, au temps de Philippe-le-Bel et des premiers Henri, on voyait sur les deux rives de la Manche les mêmes forces sociales qui tendaient à s'équilibrer : une monarchie active et entreprenante, qui fondait son ambition sur la constance de ses vues et l'idée d'unité nationale; une seigneurie répandue et enracinée sur tout le territoire, disposant de la force des armes et sans cesse prête à en user; des communes enrichies par le travail, animées au progrès, ennoblies et retrempées par les combats qu'elles avaient récemment livrés pour conquérir leur affranchissement. Deux siècles plus tard, en deçà comme au-delà du détroit, la royauté est devenue prépondérante; elle fait peser un pouvoir autocratique sur une noblesse imprévoyante qui s'est affaiblie par ses dissensions, et sur une bourgeoisie dont les éléments épars n'ont pu se grouper et s'organiser. L'omnipotence des Tudor paraît non moins assurée que celle des Valois. Les princes anglais semblent même beaucoup plus absolus que leurs cousins de France ; par leur vigueur ils préviennent des ébranlements et des attaques dont ceux-ci ont gravement à souffrir, et vers la fin du siècle le commun des observateurs prédisait sans doute aux héritiers d'Elisabeth une puissance bien plus grande qu'aux successeurs d'Henri III.

Mais ces prévisions devaient être démenties. Tandis que les adversaires de la royauté française en se détruisant mutuellement lui préparaient un triomphe complet, les éléments de résistance, que la monarchie anglaise avait comprimés et non anéantis, reprenaient secrètement leur ressort et devaient au bout de quelque temps faire explosion. Au moment où Louis XIV enfant monte sur le trône, la similitude qui avait existé entre la France et l'Angleterre fait place à un contraste frappant. Puis, durant un siècle et demi, ces deux nations courent dans des voies diamétralement opposées. Tandis que l'une, relevant et restaurant ses libertés abattues, rentre fièrement en possession d'elle-même, fonde sa grandeur en même temps que sa constitution, tire avec une admirable dextérité de ses traditions séculaires les parties constituantes de l'organisation la plus robuste et la plus vivace, et se prépare un avenir indéfini en assurant l'entier développement de toutes ses tendances ; l'autre s'abandonnant elle-même se livre à l'omnipotence du pouvoir royal, croit trouver l'ordre et la stabilité dans l'arbitraire du monarque, se montre parfois ardente et brillante sous la main qui la mène aux champs de bataille, puis retombe affaissée sous cette main devenue languissante, s'adonne à certains arts avec un rare succès, mais laisse dépérir d'autres branches de son activité, va devant elle au hasard, aveuglément, sans savoir ce qu'elle est ni ce qu'elle doit être, se venge de son inconsistance et de son état de dépression en s'en moquant, se jette à la poursuite du plaisir pour oublier son manque de dignité, et trouve des consolations plus nobles dans la culture des lettres et des sciences qui doit préparer sa régénération.

Quelque étonnant que soit ce contraste entre deux peuples rivaux, qui étaient parvenus à un degré de civilisation à peu près égal et dont les antécédents ne présentent pas à première vue de différence considérable, on en découvre cependant l'explication, quand on étudie attentivement les faits du moyen-âge. En Angleterre, après l'invasion normande, la royauté voulut exercer les droits illimités que s'arroge un chef d'armée en pays conquis. Les seigneurs, voyant se tourner contre eux ce pouvoir tyrannique auquel ils s'étaient associés durant les premiers temps de la conquête, et reconnaissant qu'ils ne pouvaient le réprimer sans l'assistance d'autrui, s'appliquèrent à relever les vaincus pour s'en faire des auxiliaires. Dès le XIIe siècle, on vit la noblesse, les communes et une bourgeoisie rurale se grouper, s'organiser, prendre conscience d'elles-mêmes, traiter entre elles, stipuler leurs droits respectifs et collectifs, et régler nettement leurs rapports avec la royauté. Dans le même temps la dynastie française était encore à l'état embryonnaire ; loin d'être armée de la force et décorée du prestige que donne la conquête, elle subissait la peine de son origine, qui avait été le signal et la consécration du démembrement du pouvoir royal. La seigneurie féodale était toute puissante ; bravant la couronne et méprisant les bourgeois et les vilains, elle s'adonnait à une insouciante sécurité, restait dispersée et dédaignait non seulement de travailler à l'établissement d'un système universel de garanties, mais encore de se constituer elle-même et de pourvoir à son avenir. Quant aux communes, beaucoup revendiquaient leurs franchises et méritaient de les recouvrer par leur courage, leur dévouement et leurs vertus civiques ; mais elles demeuraient isolées et n'avaient ni l'intelligence, ni la hardiesse, ni la confiance, ni les moyens matériels qui leur eussent été nécessaires pour pouvoir s'entendre, se concerter et former entre elles une fédération fortement nouée, persistante et capable de résister à toutes les épreuves.

Ainsi les éléments sociaux de la France et de l'Angleterre, qui étant considérés à un point de vue purement anatomique ou virtuel pouvaient paraître semblables, présentaient cependant cette grave différence, que les uns étaient dissous, incohérents, livrés au hasard des événements et destinés finalement à être subjugués par la royauté, seule puissance vraiment constituée, une et persistante dans ses desseins, tandis que les autres étaient groupés, reliés entre eux et investis d'une organisation, qui, tout imparfaite qu'elle fut, devait maintenir en eux une vitalité permanente. Aussi, quand en Angleterre la monarchie commit ses usurpations, elle ne parvint pas à anéantir, mais ne fit que refouler le ressort des volontés et des institutions nationales, qui, lorsque la compression se fut épuisée, retrouvèrent au moment de leur résurrection leur vigueur antique et leurs traditions perpétuelles. En France au contraire, l'autorité royale fit plus qu'abaisser et amortir, elle détruisit complétement l'existence politique de la noblesse et de la bourgeoisie, qui, délivrées plus tard par la caducité même du despotisme, ne purent emprunter à leur passé ni enseignement, ni expérience, ni point d'appui. Le seul guide qui s'offrit alors fut la théorie.

Si nous ne nous trompons, la différence des destinées de la France et de l'Angleterre dans les derniers âges s'explique par la diversité des situations des seigneurs anglais et français durant le XIIe siècle. Chez nous les possesseurs de fiefs, croyant leur suprématie inattaquable, dédaignèrent dans leur présomptueuse impéritie de s'allier et de porter assistance aux gens des communes. De l'autre côté de la Manche, la noblesse, sans cesse alarmée des entreprises de la royauté et invitée par le danger à créer un système efficace de résistance, se coalisa avec les classes moyennes, se servit d'elles, les soutint et leur fit une large place dans les cadres d'une organisation politique, fondée en vue de la liberté. Si cette explication, qui nous semble évidente, est acceptée, ce n'est point à une inégalité d'aptitudes politiques, mais simplement aux conséquences de faits purement éventuels, qu'il faut imputer cette différence profonde et cependant occasionnelle, qui s'observe entre les Anglais dictant leurs conditions aux Stuarts, à Guillaume et aux Georges, et les Français subissant avec une humble docilité le joug de Richelieu, de Louis XIV et de Louis XV. Il y aurait en outre à tenir compte ici des influences diverses de deux systèmes religieux, dont l'un favorisait sur tout point la liberté d'examen, et dont l'autre imposait aux âmes une soumission passive et une discipline mécanique.

La royauté française en devenant absolue établissait un ordre, qui, élaboré dans le dessein de plier tout le monde sous une commune discipline, procurait toutefois aux individus des garanties qui excitaient en eux une naïve et excessive reconnaissance. Sous l'impression de ce sentiment et du prestige qui émanait de l'omnipotence royale, ils oublièrent facilement leurs droits et leurs devoirs civiques et subirent indolemment les envahissements du despotisme. Faibles isolément, ils ne trouvaient d'appui les uns près des autres que dans l'enceinte de corporations étroites, exclusives et strictement renfermées dans une spécialité technique. Leur horizon, leurs intérêts, leur action ne dépassaient point les cercles de la famille et de la profession. Les plus notables d'entr'eux étaient rattachés à la hiérarchie monarchique, où ils avaient échangé leur dignité et leurs attributs de citoyen contre des titres, des charges, des offices et des immunités. D'innombrables amorces avaient été tendues aux vanités et aux petites ambitions par les souverains, qui voulaient incorporer dans leur cortége et s'assujétir par les liens d'une dépendance personnelle quiconque s'élevait au-dessus de la foule ; d'ailleurs la mauvaise gestion de leurs finances les amenait périodiquement à faire trafic de quelques fonctions ou distinctions nouvelles. La plupart des emplois publics, étant devenus patrimoniaux, formaient une masse énorme de priviléges, qui parquaient leurs détenteurs dans des situations exceptionnelles et créaient pour ceux-ci des intérêts opposés à ceux de la communauté.

Dans cet état d'isolement égoïste où chacun vivait, et malgré les abus de toute sorte engendrés par l'arbitraire royal, par les priviléges individuels, par des traditions gothiques et par l'incurie de l'administration, circulait cependant au sein de la société un esprit vivifiant et régénérateur. Enfanté par la littérature, il se développait et se propageait dans des conversations quotidiennes, qui n'avaient eu originairement d'autre mobile que le goût des plaisirs intellectuels. Les écrivains, après avoir observé et dépeint les hommes, s'enhardissant peu à peu, s'étaient mis à examiner et à critiquer l'organisation politique des sociétés. Entraînant avec eux l'opinion publique, ils lui firent détester en même temps qu'ils lui découvrirent les vices du régime qui dominait en France. Puis le sentiment du mal excitant le désir du remède, des projets de réforme ne tardèrent pas à se produire.

Les philosophes qui les conçurent étaient adonnés à la spéculation pure. Etrangers aux affaires publiques qui se traitaient dans le secret du cabinet royal, ils n'avaient pu acquérir aucune expérience, et étaient réduits à tirer de leur imagination des types auxquels ils adaptaient les règles politiques qu'il s'agissait de tracer. Or, à cette époque, les sciences mathématiques et physiques jouissaient d'une haute faveur que leur avait mérités une longue suite de brillants succès. Les résultats qu'elles avaient obtenus étaient justement attribués à l'excellence de leur méthode, qui, rejetant les fictions arbitraires de l'école et les idées formées *à priori*, n'admettait au point de départ que des notions claires et précises, et ne poursuivait sa marche que selon des déductions parfaitement vérifiées. Les philosophes, s'étant proposé pour but de reconstruire la science sociale, crurent qu'ils ne réussiraient dans leur entreprise, qu'à la condition d'user des procédés dont l'efficacité avait été démontrée dans l'ordre des faits matériels. En conséquence ils cherchèrent à saisir dans les faits moraux certains traits nets et simples, qui se prêtassent à des combinaisons exactement logiques.

Mais si l'on peut dégager des corps certaines propriétés mécaniques ou physiques et raisonner solidement sur ces données abstraites, il n'en est pas de même de l'homme. Les éléments dont il se compose sont unis d'une manière tellement étroite, que, si on les isole, on les dénature, et que toutes les spéculations que l'on aura faites sur des fragments détachés paraîtront complétement vaines, quand on voudra les appliquer au tout, qui seul existe réellement. L'homme est un sujet extrêmement complexe, qu'il faut accepter comme tel, avec les embarras et la confusion qui en résultent pour son étude. Le simplifier artificiellement, afin de pouvoir le définir avec précision et le soumettre à des combinaisons rigoureusement déduites et symétriquement ordonnées, c'est spéculer d'une façon tout arbitraire et s'exposer à de graves erreurs. Le *Traité des Sensations,* de Condillac, et l'*Emile*, de Rousseau, en sont des preuves célèbres.

Ce n'était pas seulement le goût de la régularité logique qui portait les philosophes et leurs adeptes à réduire par l'analyse la nature humaine à un petit nombre d'éléments simples et faciles à combiner, ils étaient en outre engagés dans cette voie par le désir de transformer la condition de leurs semblables. S'indignant au spectacle des misères que racontait l'histoire de l'humanité et dont la série se continuait sous leurs yeux, ils conçurent l'ambition généreuse d'ouvrir une ère nouvelle de réhabilitation et de bonheur, ou du moins d'offrir à leurs contemporains des systèmes dont l'exécution eut amené une régénération complète. Pour substituer radicalement le bien au mal et la félicité à la misère, il fallait que les hommes fussent susceptibles d'être entièrement renouvelés, et par conséquent qu'ils fussent composés d'éléments maniables à volonté.

Tout le mal qui s'était produit dans le monde fut imputé à des institutions vicieuses, et en revanche on se promit de réparer tous les anciens torts et d'assurer le sort des générations futures, moyennant un système de législation et un ensemble de mesures savamment conçus. Les hommes avaient souffert, s'étaient persécutés les uns les autres et s'étaient corrompus, parce qu'ils avaient été placés sous l'empire de circonstances qui avaient engendré l'ignorance, la superstition, l'oppression, la violence et la servilité ; mais dès qu'on parviendrait à les soumettre à une organisation sage, équitable et bienfaisante, on les verrait s'éclairer, se corriger, s'accorder entre eux et jouir de tous les bienfaits de la vie sociale.

Suivant ces théories le principe d'impulsion de notre activité ne résiderait pas en nous, mais consisterait dans des forces extérieures, qui opérant sur nous détermineraient notre conduite. Ce principe ne serait plus subjectif, mais objectif ; interversion condamnée par la psychologie et tout-à-fait contraire à la vérité, mais qu'il fallait supposer, pour pouvoir ranger dans la classe des faits purement contingents et accidentels toutes les misères et tous les vices du passé et assurer dans l'avenir le règne du bonheur et de la vertu.

Tandis que ces théories se propageant dans les esprits y faisaient naître des espérances, des désirs et des desseins dont la hardiesse croissait de jour en jour, la monarchie s'affaissait sous le poids de sa propre caducité. Le respect superstitieux qu'elle avait si longtemps inspiré s'était évanoui ; elle se sentait impuissante à maîtriser l'opinion publique qui s'était affranchie aussitôt qu'éclairée ; ses instruments d'action s'étaient usés et faussés ; ses ressources s'étaient épuisées ; ses anciens succès s'étaient convertis en revers ; les éléments aristocratiques qu'elle avait créés pour s'en faire des auxiliaires dociles se dissolvaient, ou se montraient réfractaires, ou s'entrechoquaient tumultueusement. Désolée de ses échecs et de sa pénurie, déconcertée par la désertion de la plupart de ses serviteurs, accablée par le sentiment de son impuissance, alarmée de l'agitation et des menaces qui grondaient de toute part, elle fut prise un jour de vertige, et appelant la nation à partager le gouvernement, elle prononça elle-même sa propre déchéance.

L'assemblée qui fut chargée de représenter la nation, usa de toute la puissance contenue dans son mandat, et brisant les faibles entraves que lui opposait la royauté démoralisée, elle s'empara du pouvoir politique tout entier. Imbue des théories régnantes, elle abattit et rasa l'ancien édifice monarchique pour y substituer une construction toute nouvelle, basée sur la souveraineté du peuple. Les abus et les maux du passé étant exclusivement attribués au régime du despotisme et des priviléges, un gouvernement émanant dans toutes ses branches du vœu populaire devait venger tous les griefs, consacrer tous les droits, concilier tous les intérêts et rétablir partout la concorde. Ces beaux résultats étaient l'objet de l'attente universelle, et chaque décret de l'Assemblée constituante était salué par un surcroît d'espérances.

Mais de pénibles déceptions vinrent bientôt troubler la commune allégresse. Les Constituants avaient maintenu la royauté, en la démunissant de la plupart de ses prérogatives. Ils avaient cru ainsi lui enlever tout autre pouvoir que celui qu'ils voulaient faire servir à leurs desseins. Ils s'abusaient doublement. La royauté défaite et humiliée n'avait pu être métamorphosée de telle sorte qu'elle oubliât ses pertes, dévorât sa honte, répudiât toute rancune et se prêtât docilement au rôle subalterne et passif qui lui était assigné. D'ailleurs pour remplir les fonctions qui lui étaient dévolues, il eût fallu qu'elle disposât des forces qui lui avaient été retirées par un sentiment de jalouse méfiance. Dans l'état d'impuissance auquel elle était réduite, elle ne pouvait que se repaître de ses chagrins, tenter dans l'ombre des conspirations stériles, et échanger des doléances avec les priviléges déchus, qui formaient jadis son cortége, et qui maintenant s'évertuaient en vain à combiner avec elle des plans de restauration.

Les agents du pouvoir émanés du suffrage populaire n'avaient pas précisément emprunté à leur origine les talents qui leur étaient nécessaires pour bien s'acquitter de leurs emplois. La faveur de leurs concitoyens n'avait pas eu la vertu de leur communiquer le savoir, l'expérience, l'habileté, la fermeté, la prudence, dont ils eussent dû être munis pour seconder efficacement et faire pénétrer dans tous les détails et dans toutes les localités l'action de l'Assemblée constituante, qui s'était proposé pour tâche de procéder à une réorganisation complète du gouvernement. Magistrats, financiers, administrateurs improvisés, ce n'était pas seulement avec de la chaleur patriotique et les formules générales répandues dans la foule qu'ils pouvaient faire marcher avec précision et sûreté des services reconstitués à neuf, dans les circonstances les plus difficiles, au milieu du désarroi d'une révolution, de la liquidation d'un passé onéreux et des agitations incessantes de la place publique.

Les populations avaient tressailli de joie en voyant la Constituante inaugurer le règne de la liberté et de la souveraineté nationale, mais l'amour du régime nouveau ne leur en avait pas procuré la connaissance. Elles croyaient facilement aux promesses de bien-être qui leur étaient faites, mais elles ne se rendaient pas aussi bien compte des conditions d'accomplissement. Elles étaient toutes disposées à jouir des bienfaits de la révolution, mais beaucoup moins à les acheter au prix des labeurs qu'ils exigeaient. Elles s'en remettaient du soin de leur destinée à l'efficacité de l'organisation qui se préparait, et sur ce point leur crédulité ne le cédait en rien aux illusions de leurs chefs, les Constituants.

Les satisfactions qu'on se promettait n'admettaient aucune réserve. On se persuadait que tous les maux du passé avaient eu pour cause le despotisme et que sa suppression devait faire cesser toute gêne. La liberté était considérée comme la faculté accordée à chacun de suivre ses penchants et d'obéir à ses goûts. On croyait naïvement que lorsque les citoyens ne seraient plus vexés par le despotisme et les priviléges, ils ne seraient plus excités à être méchants et tendraient spontanément à se mettre en harmonie les uns avec les autres. On regardait comme authentique cette maxime, que l'homme est né bon et que sa corruption n'est provenue que d'institutions mauvaises On ne tenait aucun compte de l'égoïsme inhérent à sa nature, de ses inclinations si promptes à se vicier, des semences d'orgueil, d'envie, de cupidité, de fausseté et de malice, qui gîsent dans son âme et sont sans cesse près de germer et de fructifier. On ne comprenait pas que l'homme a constamment besoin d'être soumis à un frein qui, s'il n'est pas extérieur, doit être intérieur, qu'il ne peut s'affranchir du joug d'un maître sans se maîtriser lui-même, et que son émancipation, loin de le décharger de tout devoir, lui impose une responsabilité beaucoup plus étroite, et oblige sa conscience à exercer sur ses actions une discipline plus sévère.

Il s'agissait de fonder une autorité qui ne consistât plus dans la volonté égoïste, arbitraire et oppressive de quelques individus, mais qui émanant de la nation fut pénétrée de son esprit, fut vouée à l'intérêt général, et représentât ainsi, à l'état vivant et actif, la loi universelle, impartiale et équitable. Il s'agissait d'établir des pouvoirs en qui les citoyens retrouveraient leur pensée et leur volonté, mais transformées en des règles dans lesquelles ils reconnaîtraient un caractère impératif et obligatoire. Pour être libre, il fallait se contraindre soi-même, se soumettre, et en outre prêter son concours à l'autorité légale, garantie de la liberté de tous. Or cette aptitude morale qui dispose les hommes à obéir à une puissance qu'ils regardent comme leur œuvre, qu'ils font et défont périodiquement, n'est point spontanée, mais est le produit d'une longue étude, d'un sérieux apprentissage et d'une solide discipline. Les Français récemment émancipés n'avaient pu subitement l'acquérir. Dans le régime de liberté qui venait d'être proclamé, ils virent d'abord et surtout la suppression de tout obstacle entravant l'accomplissement de leurs vues, de leurs désirs et de leurs desseins personnels.

Cet esprit d'indiscipline se traduisit par de nombreux actes d'insubordination, par des troubles et des désordres qui, en paralysant l'action du gouvernement, lui portaient une grave atteinte morale, répandaient l'inquiétude et la méfiance, et empêchaient l'ordre nouveau de se consolider. Des partis étaient nés, et il n'en pouvait être autrement. Des hommes réunis dans une commune entreprise ne sauraient se former des conceptions identiques. La diversité de leur constitution, de leur éducation et de leur genre de vie se réfléchit nécessairement sur leurs idées et leurs projets. Cette variété étant inévitable, il faut qu'ils recourent à quelque procédé certain pour la ramener à l'unité, toutes les fois qu'il s'agit de passer de la discussion à l'action. Un seul moyen s'offre alors : il consiste à compter les suffrages et à convertir en loi la décision de la majorité. Une fois cet arrêt prononcé, tout le monde doit s'y soumettre, jusqu'à ce qu'il soit réformé par la même voie qu'il a été édicté. Mais auparavant une liberté complète doit être laissée aux diverses opinions qui cherchent tant à se produire qu'à se propager. Sans cette latitude, toutes les faces des questions ne seraient pas envisagées, tous les éléments de conviction ne seraient pas présentés, beaucoup de votes seraient exposés à subir les effets de la prévention, de l'entraînement, de l'intrigue, de la séduction, et la décision de la majorité, n'ayant pas été précédée des épreuves qui sont nécessaires pour l'éclairer, ne serait pas réellement sincère, sérieuse et respectable. Ajoutons que la soumission, qu'exige la loi émanant du vœu de la majorité, ne va pas jusqu'à exclure toute espèce d'examen et de censure ; autrement toute réforme, tout amendement, tout progrès seraient impossibles ; les erreurs, les fautes, les fruits de l'ignorance se perpétueraient, et une majorité s'opiniâtrant dans ses idées et ses errements deviendrait incorrigible et ferait peser sur la minorité un joug insupportable.

Si le régime de liberté a pour destination de protéger tous les individus, à plus forte raison est-il tenu d'assurer le plein exercice de leurs droits aux groupes de citoyens qu'on appelle minorités. Non seulement les minorités sont respectables en elles-mêmes, mais elles jouent un rôle utile et nécessaire dans l'économie générale de la nation. Toute vérité nouvelle n'est à l'origine que l'apanage d'un petit nombre, ses zélateurs sont dédaignés et traités d'utopistes, et si au mépris se joint la compression, il y a tout lieu de craindre que le précieux dépôt qu'ils détiennent ne s'échappe de leurs mains et ne reste pendant longtemps perdu pour la société. La pensée, non sans doute de toutes les minorités, mais de certaines d'entre elles, forme au sein de l'opinion publique un sel qui l'empêche de se corrompre, et un levain qui la fait fermenter et développe en elle les germes latents. La multitude et ceux qui la dirigent, avec les préjugés qui les dominent, ne sauraient distinguer parmi les minorités celles qui sont fécondes et bienfaisantes de celles qui sont stériles et malintentionnées. D'ailleurs celles-ci même ont le droit de subsister, tant qu'elles n'offensent pas la loi, laquelle ne doit atteindre que les actes qui mettent en péril l'ordre public ou causent aux particuliers un dommage considérable et universellement reconnu.

Dès le début de la révolution, des partis se formèrent en France. On vit des scissions s'introduire au sein de l'Assemblée constituante, non seulement entre les adversaires et les zélateurs de la réforme, mais encore parmi ces derniers. Mirabeau voulait aller plus loin que Mounier et était dépassé par Barnave, que précédaient Pétion et Buzot, taxés eux-mêmes de lenteur et de faiblesse par l'acrimonieux Robespierre. Au dehors de l'Assemblée les divisions furent encore plus tranchées et les conflits plus véhéments. Les divers partis ayant abordé la vie politique avec une complète inexpérience des conditions pratiques et ayant accordé une foi entière à des théories mal ajustées à la réalité et aux nécessités actuelles, il était inévitable que des divergences profondes se fissent jour parmi eux, et que la confiance et l'ardeur qui les animaient, n'admettant pas de contradiction, les entraînassent à se méconnaître et à s'exclure absolument les uns les autres. Chacun d'eux sûr de posséder la vérité et de poursuivre le bien s'indignait naïvement contre toute opposition faite à ses idées et à ses desseins. Or comme sous le régime représentatif, parlementaire ou républicain, peu importe le nom, c'est toujours une opinion issue du sein de la société et émise ou soutenu par un parti qui détermine les actes du gouvernement, il s'en suit que l'Assemblée constituante ne put au milieu des prétentions, de l'intolérance et de l'impatience partout existantes, éviter d'essuyer de fréquentes et graves résistances, auxquelles elle ne sut répondre que par une molle et indécise répression.

Manque de discipline personnelle, insoumision envers l'autorité, intolérance mutuelle des partis, telles furent les conséquences fatales de l'inexpérience des Français jetés subitement dans les entraînements, dans les passions, dans les embarras, dans les perplexités d'une révolution, et n'ayant pour guide que des théories vagues, abstraites, incomplètes, indéfinies, récemment enfantées par des philosophes, qui s'étaient montrés moins soucieux de conformer leurs idées aux possibilités pratiques que de les disposer dans un bel ordre logique et de les ajuster à des fins préconçues. Déplorons amèrement les conjonctures fâcheuses qui entraînèrent et faussèrent dès le début notre grande réforme politique, mais en même temps gardons-nous de laisser notre prudence éclairée par de tristes mécomptes s'égarer à son tour et aboutir à un coupable pessimisme. Gardons-nous de méconnaître le bien, parce qu'il fut mélangé de mal, et de répudier les principes généraux de la révolution qui découlèrent des sources pures de l'équité, parce qu'ils furent altérés et troublés dans leur manifestation. Ainsi une eau saine et féconde, si elle rencontre des terrains mal disposés à la recevoir, au .ieu de répandre sur son passage la vie et la prospérité, se précipite, ronge ses rives, déborde en roulant les ruines qu'elle a faites, promène au loin la dévastation, puis va croupir dans quelque bas-fond, où elle devient un foyer d'infection.

En même temps que les partis se montraient peu disposés à se soumettre aux décisions du gouvernement qui contrariaient leurs vues ou leurs désirs, ils attendaient de lui des bienfaits démesurés. Comme on imputait à l'ancien ordre politique tous les vices et toutes les misères dont la société avait eu à gémir, on croyait de bonne foi que le gouvernement nouveau avait le pouvoir et était tenu de remédier à tous les maux et de faire le bonheur de tout le monde. On ne se bornait pas à exiger de lui qu'il garantît à tous les citoyens le libre usage et la pleine jouissance de leurs facultés et de leurs ressources personnelles, on voulait en outre qu'il substituât son action à celle des individus pour combler ceux-ci de biens de toute espèce. On n'avait pas encore appris ce que c'est qu'un état, et l'on se formait là-dessus des idées gigantesques et chimériques. On apercevait vaguement une vaste puissance, et l'imagination en exagérait facilement la grandeur. Comme on ne l'avait ni étudiée, ni mesurée, on en reculait facilement les limites, et l'on en augmentait indéfiniment la portée, au gré des désirs qui réclamaient d'elle des satisfactions. Ainsi l'Etat devait régénérer l'agriculture, vivifier les manufactures, animer le commerce, faire fructifier les capitaux, développer la richesse acquise, prendre soin des indigents, assurer aux classes laborieuses le travail et le bien-être, protéger les sciences et les arts, corriger les mœurs, régler et contrôler les religions. On ne songeait pas à faire cette réflexion bien simple, que l'Etat n'a de puissance que celle que lui prêtent les citoyens, et que ses prétendus bienfaits sont amplement payés par ceux qui les reçoivent. Croire à la libéralité de l'Etat est une étrange déception. C'est se persuader qu'on s'enrichit, quand on fait passer une pièce d'argent de l'une de ses mains dans l'autre. Sans doute il y a des ressources latentes qui ne deviennent efficaces que lorsqu'elles sont réunies et organisées; mais est-il bien certain que si l'on remettait à l'Etat la direction de toutes les forces de la société, il en ferait le meilleur usage possible? Trouverait-on en lui toutes les aptitudes, tout le zèle et toute la probité qu'exigerait la tâche immense qui lui serait confiée? Ne se verrait-on pas dans la nécessité de faire appel, non pas au droit divin, mais à un être réellement divin pour remplir une semblable mission? Et à défaut de cet être surnaturel, n'y aurait-il pas tout lieu de craindre que les personnages humains qui seraient investis de la toute-puissance n'en abusassent aussitôt, pour faire peser sur leurs sujets la tyrannie la plus pénétrante, la plus intense, la plus insupportable, une tyrannie telle que l'histoire, même dans ses plus tristes pages, ne nous en offre pas d'exemple.

On le voit, le socialisme n'a pas attendu la révolution de 1848 pour se produire dans le monde. Il apparaissait déjà en 1789, sans avoir pris, il est vrai, conscience de lui-même et s'être nettement formulé. Ou, pour mieux dire, il s'est manifesté toutes les fois que le despotisme, sous prétexte de sauver la société ou de lui imprimer une direction supérieure, s'est approprié abusivement les forces collectives de la société, pour en user à son profit, et que la sottise ou la pusillanimité des individus a fait appel, a souscrit ou s'est résigné à ces usurpations. L'origine du socialisme remonte donc très-loin, et la liste de ses envahissements successifs serait d'une longueur démesurée. Combien de fois n'a-t-on pas vu les conservateurs et les réformistes invoquer, pour triompher de leurs adversaires, un pouvoir illimité, qui commençait par les assujétir et les annuler ! Combien d'applications l'histoire n'offre-t-elle pas de la fable du cheval qui a voulu se venger du cerf !

« Quel que soit le plaisir que cause une vengeance,
C'est l'acheter trop cher que l'acheter d'un bien,
Sans qui les autres ne sont rien.

Et de nos jours combien ne voyons-nous pas de socialistes sans le savoir ! Que de gens n'y a-t-il pas qui veulent que le gouvernement régisse les cultes, distribue l'enseignement, patronne les sciences et les arts, discipline la presse et les associations, administre les départements et les communes, dirige l'agriculture, garantisse les opérations du commerce et des manufactures, règle le crédit, fixe le taux essentiellement mobile de l'intérêt des prêts d'argent, détermine les salaires et interdise tant aux ouvriers qu'aux maîtres de discuter de concert ce genre de questions, enfin dispense les individus de pourvoir par eux-mêmes à une multitude de besoins personnels !

Dès le début de la révolution, le socialisme, qui consiste dans une confiance et des exigences abusives envers le pouvoir, vint se joindre à l'esprit d'indiscipline, à l'intolérance mutuelle des partis et à l'insubordination envers l'autorité pour troubler et entraver la réforme politique. Les partisans de l'ordre nouveau se divisant, se combattant et frappant d'impuissance le gouvernement investi de leur mandat, leurs ennemis communs les anciens privilégiés, revenus de leur premier effroi, rentrèrent en lice, nouèrent des intrigues souterraines, avivèrent les querelles, envenimèrent les griefs, s'appliquèrent à propager le trouble et la confusion, et, faute énorme, ne reculèrent pas devant la pensée d'appeler l'étranger à leur secours et de lui frayer un chemin au cœur de leur patrie.

Cette forfaiture acheva de démoraliser les esprits. Les magnifiques espérances qu'on s'était faites et qui avaient péri non moins par le malheur des temps que par leur propre impossibilité laissaient derrière elles de cuisantes déceptions. Après s'être promis des satisfactions chimériques, on se mettait à détester les auteurs supposés des revers qu'on subissait. L'exaltation, qui était le ton général de l'époque, passait de l'espoir dans la haine. Chaque parti imputait à ses adversaires les plus méchants desseins, et cherchait à leur renvoyer les craintes qu'il éprouvait. La peur tourne promptement en cruauté. Les violences auxquelles elle se livre redoublent les colères qui la menacent. Les vengeances qu'elle exerce ne font qu'accroître ses propres angoisses.

Durant la période néfaste, qui tira son nom, la terreur, du sentiment douloureux et âcre dont toutes les âmes étaient remplies, ce fut parmi les diverses factions adverses la plus violente qui s'empara du pouvoir, et seule elle parvint à le retenir quelque temps dans ses mains. La plupart de ses membres étaient sincères, comme l'est toute passion violente. Peu nombreux, ils imposaient l'obéissance en inspirant l'effroi. Leurs ennemis étaient glacés et anéantis par l'épouvante. Enivrés de leurs utopies radicales et de leurs haines sanguinaires, ils méprisaient les formes légales et n'avaient pour boussole que leur sombre enthousiasme. Leurs centres de ralliement, les ateliers de leur pensée et leurs foyers d'action étaient des sociétés, des confréries populaires, où quelques énergumènes venaient quotidiennement développer les idées, définir les sentiments et proclamer les intentions de la multitude. De ces confréries naquirent les comités et les tribunaux révolutionnaires, qui composèrent l'administration et la justice de l'époque ; et dans la société mère, qui siégeait dans la capitale, se forgèrent des décrets politiques que promulgua la Convention.

Le règne de la terreur ne fut point le produit de la démocratie. Il fut exercé par une oligarchie démagogique, qui tout en abhorrant l'ancien régime et en rêvant un idéal de paix, de fraternité et de douce harmonie, renouvela passagèrement les excès les plus violents et les plus odieux, par lesquels s'étaient signalés le fanatisme et la tyrannie des siècles passés. Heureusement la fureur est un état extrême qui ne peut longtemps durer. C'est un feu qui se consume lui-même. Dans les derniers accès d'une colère éperdue, les Jacobins en vinrent à se frapper les uns les autres et se chargèrent eux-mêmes du soin de venger leurs victimes. Ils périrent et la France respira ; mais avec eux ne s'éteignit pas le double esprit qui les avait animés, le fanatisme révolutionnaire qui avait exalté les uns, et l'ambition démagogique qui avait rongé les autres. Ces deux vices résorbés par la société française s'y sont perpétués d'une façon latente, s'y sont nourris d'éléments impurs, et apparaissent périodiquement à sa surface pendant les crises inflammatoires.

Le fanatisme révolutionnaire se fait une idole du peuple. Il le répute infaillible et impeccable. Il ne supporte pas de le voir contrarié. Tous les mécontentements de celui-ci sont bien fondés, toutes ses colères sont saintes, toutes ses insurrections sont respectables. Les pouvoirs constitués qui veulent soumettre au frein de la loi ses exigences, ses caprices, ses écarts, sont bien vite accusés du crime d'oppression. Quiconque s'élève contre l'autorité légale a pour lui un préjugé favorable et est présumé bon patriote. Le gouvernement, à moins que par impossible il ne se compose des démocrates les plus ombrageux et les plus farouches, est traité en ennemi, et c'est faire acte de civisme que de le censurer et de l'attaquer. Quant aux classes riches et éclairées, comme elles possèdent des avantages qui dénoncent l'infériorité et excitent l'envie du grand nombre, elles sont vues de mauvais œil, elles sont jugées orgueilleuses, rapaces, inhumaines, elles sont constamment tenues en suspicion. Le fanatisme révolutionnaire, qui est habituellement occupé à souffler l'anarchie, et qui la verrait se dresser contre lui, dès qu'il serait parvenu à conquérir le pouvoir, est amené par la réflexion à la redouter extrêmement et à préparer contre elle des armes irrésistibles. Quand il songe aux moyens d'assurer son triomphe, il n'aperçoit de chances de salut que dans une dictature absolue. Et en effet, ayant inoculé à ses adeptes un esprit de rébellion incorrigible, il ne lui est possible de maintenir sa domination que par la contrainte. Depuis sa naissance il n'a pas cessé de promettre aux populations, particulièrement aux classes les plus disgrâciées, de faire leur bonheur ; mais dans le commencement ses promesses étaient vagues et venaient échouer contre les principes fondamentaux de la propriété et de la famille, pour lesquels il professait un naïf respect. L'expérience l'ayant éclairé, il reconnut que l'envie et la haine, seuls sentiments qu'il avait réussi à entretenir, étaient des mobiles insuffisants pour entraîner les masses ; en conséquence, il fit appel à la cupidité, et offrit en perspective aux classes pauvres les jouissances qui sont l'objet de leur perpétuelle convoitise. Des systèmes de communisme social ayant été mis en avant par de simples théoriciens, il s'en empara, les accommoda à ses desseins, les remplit de ses passions, et leur donna pour véhicule ses impulsions violentes. Dans le socialisme il trouva à la fois un aliment, une destination et un soutien puissant.

L'ambitieux démagogue n'a pas l'ardeur ni la sincérité du fanatique, mais il contrefait ces qualités et les exploite dans l'intérêt de ses desseins égoïstes. Convoitant quelque poste élevé et lucratif, et ne trouvant pas dans l'ordre établi de place qui lui étant assortie soit à la hauteur de ses visées présomptueuses, il combat avec acharnement un système qui exclut ses prétentions, et il se tourne vers les classes et les partis dont le mécontentement menace de se convertir en agression violente, et dont l'infériorité intellectuelle semble réclamer des organes et des chefs. Il témoigne les plus vives sympathies pour les petits et les faibles, parmi lesquels il espère commander. La grossièreté et l'ignorance, loin de le rebuter, sont recherchées, caressées et vantées par lui. Ne sont-ce pas les mines d'où il compte extraire ses futurs trésors? Dans ce siècle les révolutions démocratiques ne se font pas très-longtemps attendre ; sitôt que le succès est acquis, l'ambitieux démagogue accourt à la curée, et s'il peut emporter une bonne part, il se tient pour satisfait, et l'ordre nouveau lui paraît excellent. En effet il en juge par son propre critérium qui est le pur égoïsme. D'anarchiste devenu conservateur, il n'éprouve aucune peine à expliquer sa conduite ; ne considère-t-il pas le raisonnement comme apte et comme destiné à prendre toutes les formes que l'intérêt personnel a besoin de lui donner? Mais que l'ambitieux soit trompé dans ses désirs, éventualité qui se réalisera le plus souvent, il se rejettera incontinent du côté des mécontents, et si par hasard il n'en existait pas, il saurait en faire naître. Quelque avancé en démocratie que soit un régime établi, le démagogue déçu dans son ambition parvient toujours à découvrir dans quelque partie du peuple des germes d'irritation, de haine, d'envie, de cupidité, qu'il échauffe et féconde à l'aide de discours provoquants, de récriminations aisément écoutées et de promesses avidement recueillies. Tout ce qu'avait réclamé le démagogue est-il obtenu, son imagination fertile se remet à l'œuvre et enfante de nouvelles exigences, uniquement pour avoir des griefs à alléguer, des mécontentements à fomenter et un parti extrême à diriger. S'il demeure exclu des régions officielles, il se dédommage en exerçant un empire d'opinion sur des petits et des simples dont il courtise les passions, et en se faisant le détracteur et le sycophante infatigable des hommes qu'il ne peut déposséder.

Les défauts et les vices qui viennent d'être exposés se développèrent successivement avec les diverses phases de la révolution. Sans doute ils eurent pour cause première la corruptibilité de la nature humaine ; toutefois, bien qu'ils soient possibles dans tous les temps, ils ne se fussent pas au moment de notre grande réforme produits avec autant d'intensité, s'ils eussent trouvé un obstacle et un frein dans une bonne éducation politique; malheureusement ce secours indispensable manquait à nos pères. Ils furent livrés subitement aux épreuves les plus graves sans y avoir été aucunement préparés. Tout autre peuple également novice, eût-il été d'ailleurs du plus pur sang germanique, n'eût pas mieux résisté aux illusions, aux entraînements et aux passions.

La fatalité a voulu qu'à l'issue du moyen-âge la France, arrivée à un carrefour et placée en face de plusieurs voies, entrât par mégarde dans celle de l'absolutisme. Parvenue à un point de sa route où elle dut reconnaître qu'elle s'était égarée, et apercevant fort au loin le droit chemin dont elle s'était écartée, elle se lança à travers champs pour l'atteindre, et poussée par une ardeur ignorante et téméraire, se jeta dans toutes les fondrières, tous les marécages, tous les précipices qu'elle rencontra sur son passage.

Des théoriciens ont prétendu et l'on entend encore répéter tous les jours que les gouvernements libres, république ou monarchie représentative, ne conviennent qu'à des peuples vertueux. Nous désirerions très-vivement qu'on nous montrât un peuple vraiment vertueux, soit dans l'histoire, soit dans le temps présent. Nous nous sommes nous-mêmes appliqué avec le plus grand soin à rechercher ce beau phénomène, mais tous nos efforts sont restés infructueux. Partout, même sous les gouvernements les plus libres, nous avons eu le chagrin de rencontrer des vices. Comment en serait-il autrement, la nature humaine étant ce qu'elle est et retenant immuablement sa constitution primitive ? Nos instincts d'orgueil, de cupidité, d'envie, de haine, de ruse, de sensualité, sont indestructibles. Les supprimer est au-dessus de notre pouvoir ; les modérer est ce qu'il nous est possible de faire, et c'est là tout ce qu'ont fait, dans l'ordre politique, les gouvernements libres qui ont le mieux réussi dans leur tâche. Sans doute la vertu est nécessaire pour contenir les instincts égoïstes ; c'est elle qui enseigne le devoir qui est leur frein et leur régulateur ; mais il serait absurde d'espérer qu'elle devînt, grâce à une organisation quelconque, le mobile permanent et l'objet de l'amour de tous les hommes. Le grand nombre obéira aux règles dictées par la vertu, quand il aura reconnu qu'elles protégent et garantissent ses intérêts personnels. Voilà la considération sur laquelle on peut raisonnablement se fonder, pour établir des préceptes moraux et des institutions légales qui soient sûrement respectés. L'intérêt personnel bien entendu et venant de lui-même se soumettre à un ordre public qui lui serve de garant, telle est la base sur laquelle il convient généralement d'asseoir les règles et les lois qu'il s'agit d'imposer aux hommes. Cette maxime ne sera nullement démentie, mais pleinement confirmée par l'examen auquel les nations anglaise, suisse, batave, américaine, invitent sans cesse à faire sur elles-mêmes quiconque veut s'enquérir de l'économie et du mécanisme des gouvernements libres.

Ce ne fut pas précisément la vertu qui manqua aux Français dans les crises révolutionnaires ; ils montrèrent plus d'enthousiasme et de dévouement que n'en requiert un gouvernement en temps normal. Ce qui leur fit défaut, ce fut la saine intelligence de leurs intérêts, ce fut l'art de se discipliner eux-mêmes, et de se concilier en se contenant les uns les autres ; ce fut la mesure dans les espérances et dans les prétentions, dans la confiance à accorder au gouvernement, et dans l'opposition qu'il était permis de lui faire ; ce fut la tolérance des opinions adverses ; ce fut la patience jointe à la fermeté dans les revers ; ce fut cette volonté calme qui au milieu des traverses et des hostilités ne se laisse jamais détourner de son but, pas plus par l'irritation qui tend à l'emporter au-delà que par le découragement qui pousse aux mouvements rétrogrades. Or toutes ces qualités sont le fruit de l'expérience et de l'éducation. Le naturel des Français ne les repousse pas plus que celui des anciens Romains, des Suisses, des Bataves, des Anglais, des Américains ; et ils auraient pu certainement les acquérir, s'ils avaient été soumis à des influences et placés dans des circonstances plus favorables.

Le gouvernement qui succéda à l'oligarchie jacobine rencontra des difficultés énormes, des amas de ruines, au sein desquels s'agitaient d'âcres passions, qui pour avoir perdu leur effervescence et leurs illusions primitives n'en demeuraient pas moins implacables. Les défaites de Prairial et de Vendémiaire n'avaient pas abattu les partis extrêmes, qui ne cessaient d'ourdir leurs complots dans l'ombre et d'entretenir dans le pays une anxiété profonde. Des armées immenses, toujours sur pied, ne tiraient qu'une maigre subsistance du trésor public, dont cependant elles devoraient presque toutes les ressources disponibles. Un faux système économique, emprunté aux physiocrates qui n'attribuaient de valeur effective qu'aux produits du sol, avait réduit les revenus ordinaires du fisc aux contributions directes. Quant aux recettes extraordinaires que l'on avait attendues de la vente des biens nationaux, elles avaient suivi le sort des signes représentatifs au moyen desquels on avait voulu les escompter. Ces signes n'auraient pu conserver leur valeur que s'ils étaient constamment restés en équation avec la quantité actuellement échangeable des biens immobiliers à la négociation desquels ils devaient servir. Mais ce rapport n'ayant pas été observé, et les émissions de papier ayant été prodiguées avec une folle imprévoyance, la monnaie fiduciaire mise en circulation par l'Etat s'était complétement dépréciée, le crédit public avait été anéanti, et le crédit privé avait été enveloppé dans la même catastrophe. Tandis que se déroulaient les conséquences inévitables de ce désastre, perturbation du commerce, désorganisation des manufactures, interruption du travail, appauvrissement des citoyens et de l'Etat, l'anarchie qui régnait dans les esprits entravait l'administration, énervait la justice et dissolvait la police. Le Directoire, héritier d'une situation détestable et ne trouvant sur sa route qu'obstacles, inimitiés, trahisons et périls, lutta, non sans courage et sans succès, contre tant de maux réunis. Sans doute sa conduite fut loin d'être irréprochable, et des fautes graves restent à sa charge, notamment le coup d'Etat du 18 Fructidor. Sans doute parmi les hommes entre qui se partagea le pouvoir, il y en eut qui se montrèrent déloyaux et vicieux ; cette époque nous a transmis un nom demeuré comme symbole de corruption, celui de Barras, le grand prévaricateur, le cynique raffiné, l'amant et le protecteur des hautes courtisanes, le patron et l'éducateur des roués audacieux. Mais c'est très injustement qu'on a voulu personnifier le Directoire dans l'indigne Barras. La plupart des hommes qui composèrent ou assistèrent ce gouvernement furent de vrais amis de leur patrie. L'âme généreuse de Mme de Staël habitait parmi eux. Ils voulurent sincèrement et poursuivirent loyalement le triomphe des principes purs de la révolution. Ils avaient liquidé les finances publiques, rétabli quelque ordre dans le pays, maintenu l'honneur des armes et les conquêtes de la nation, guéri beaucoup de souffrances et ouvert pour l'avenir la voie du bien, quand une conspiration militaire venant les frapper arrêta, confisqua et dénatura leur ouvrage. Le Directoire qui pendant toute sa durée fut en but aux assauts d'ambitions effrénées et qui succomba sous la plus audacieuse de ces attaques, eut, aux yeux d'une nation amoureuse de la gloire vraie ou fausse, le tort grave d'avoir été malheureux. Il échoua, donc il fut malhabile et coupable. Pour être honoré, il eût dû être fort. On a dédaigné ses bonnes intentions, on n'y a même pas cru ; et pour justifier le mépris qu'inspirait son infortune on a dû lui supposer des vices. Puis des gens intéressés à le diffamer s'étant chargés du soin d'écrire son histoire, on comprend que sa réputation ait dû subir de graves altérations dans le trajet qu'elle a fait jusqu'à nous.

Un remarquable phénomène se manifesta après la chute du Directoire. Des hommes qui s'étaient montrés insatiables de liberté et n'avaient pu se soumettre à l'autorité de la loi, acceptèrent de bon gré le despotisme triomphant. A la manie de l'indiscipline succéda l'empressement vers la servitude. Au milieu de l'affaiblissement général on ne vit surgir que de rares protestations, qui furent bientôt étouffées. La vanité nationale a cherché plus tard à expliquer et à justifier cet abaissement des esprits. On a prétendu que le premier besoin de la France étant alors le rétablissement de l'ordre, elle avait pu à bon droit se réjouir, quand elle eut obtenu satisfaction sur ce point capital. Cet argument serait décisif, si l'ordre consistait dans l'assujétissement des intelligences et des volontés. Mais cette situation n'est pas plus un état normal que ne l'est l'anarchie. L'ordre véritable résulte du jeu libre et harmonieux des tendances et des facultés humaines. La compression, loin de l'engendrer, l'anéantit. Elle produit l'immobilité ou des mouvements machinaux et paralyse la vie morale. Substituant une impulsion mécanique à la spontanéité personnelle, elle enlève aux âmes la possibilité de même que le droit de se gouverner elles-mêmes, elle y favorise l'introduction de l'anarchie; et tôt ou tard les instincts et les passions qu'elle refoule sans les régler, venant à rompre leurs digues, font explosion avec d'autant plus de force qu'ils ont été plus rigoureusement contraints. La violence des insurrections a toujours été en rapport avec l'intensité du despotisme qui les a provoquées.

Durant la phase impériale le règne des intérêts remplaça celui des passions. Les ruines faites par la révolution fournissaient d'abondants matériaux à des constructions nouvelles. Les acquéreurs de biens nationaux s'appliquaient à consolider et à exploiter leurs récentes possessions. Les industriels se hâtaient de cueillir les opulentes prémices des manufactures restaurées. Les spéculateurs poursuivaient avec ardeur les bénéfices promis aux entreprises naissantes. Les ambitieux, n'ayant plus rien à tirer du peuple qui avait abdiqué ses droits, se mettaient à courtiser le maître qui en avait hérité. Leur convoitise était alléchée par les riches appâts offerts par la main souveraine, qui laissait participer à sa toute puissance les divers instruments qu'elle employait. L'autocratie voulait se rehausser en se donnant pour base une aristocratie de fonctionnaires qui reproduisît et fît oublier l'ancienne hiérarchie des privilégiés. Les titres nobiliaires, les majorats, les fiefs, les dotations, les dignités, les honneurs, les rangs, les distinctions, le faste, l'étiquette, en un mot tout l'appareil déployé par l'antique monarchie, était ressuscité aux applaudissements d'une multitude de vanités, les unes refleurissantes et ravies de retrouver leurs jouissances perdues, les autres fraîchement écloses et charmées de goûter des biens qu'elles avaient amèrement dénigrés, tant qu'elles n'avaient pu que les envier. La réaction était complète, les traditions de l'Assemblée constituante étaient conspuées et foulées aux pieds, l'ancien régime était réhabilité et peu à peu réédifié; chaque année voyait de notables progrès s'accomplir en ce sens. L'histoire sera scandalisée d'avoir, en retraçant les commencements de notre siècle, à montrer tant de promoteurs et de partisans de la révolution transformés subitement en aristocrates de cour et en serviteurs du despotisme. Mais il s'est trouvé pour ces apostasies et ces travestissements des apologistes, qui ont prétendu qu'une aristocratie n'était en rien contraire à la démocratie quand elle se recrutait au sein du peuple, et que le despotisme doit être réputé libéral tant qu'il est populaire. Enfin une nation a-t-elle quelque chose à désirer, lorsqu'entraînée par son maître dans toutes les contrées de l'Europe, elle terrasse les peuples, se couronne de victoires, lève de riches tributs, et se glorifie des humiliations, des haines et des dévastations semées sous ses pas? Quoi de plus beau que de dominer ses semblables! Il est vrai que les dominateurs portaient un collier, mais en s'identifiant par la pensée à la personne de leur maître, ils partageaient toutes les joies de son orgueil constamment enivré.

Les hommes acceptent volontiers les plus étranges sophismes, quand leurs inclinations les y convient. Les apologies du despotisme ne sont pas seulement goûtées par les serviteurs gagés, mais encore par les simples sujets qui aiment à se dissimuler à eux-mêmes leur abaissement, et dont l'amour-propre accueille avidement toute interprétation, si détournée qu'elle soit, qui peut favoriser ses illusions. Après s'être trompé soi-même, on s'attache à ses erreurs, souvent même plus étroitement qu'à des idées saines et profitables. Nous avons eu à contempler et à déplorer ces aberrations de l'esprit humain.

Dans un temps où toute la pensée et toute la volonté publiques étaient concentrées dans un seul cerveau, où les fonctionnaires de l'Etat étaient les serviteurs d'un maître, où la vanité et l'intérêt étaient les mobiles dominants des particuliers, et où les Français se dédommageaient de la perte de leur liberté par la gloire d'opprimer les peuples étrangers, l'éducation politique de notre pays ne pouvait évidemment faire aucun progrès. Loin d'avancer elle rétrograda, et quand les excès du régime impérial en eurent amené la ruine, la compression s'étant relâchée et quelques institutions libérales ayant été établies, on vit reparaître à côté d'un assez grand nombre d'hommes modérés, mais tièdes, apathiques et incertains, des partis en qui revivaient les passions de l'époque révolutionnaire. L'un voulant aveuglément reconstruire l'ancien régime, l'autre nourrissant une inimitié implacable contre la monarchie restaurée, ils s'accordaient entre eux pour n'admettre aucune transaction, pour repousser la médiation offerte par la Charte, et pour recourir aux moyens violents dans le dessein de venger leurs griefs et d'abattre leurs adversaires. Le parti absolutiste s'étant complétement emparé du pouvoir et ayant dénoncé clairement son intention de le tourner contre la loi, rejeta la masse des modérés dans le camp des radicaux, et le jour qu'il engagea le combat, il se trouva isolé en face de la France indignée. L'issue de la lutte ne pouvait être douteuse.

Le gouvernement qu'enfanta la victoire eut un rare et excellent mérite : il respecta constamment la loi et les libertés qu'elle garantissait. Notre histoire n'avait pas encore offert l'exemple de cette loyale retenue. Mais la loi était trop étroite; c'était la Charte, qui avait été improvisée au milieu de la crise de 1814. En 1830 on se contenta de l'amender et de lui faire quelques additions, libérales sans doute, mais insuffisantes. Comme on avait combattu pour elle et qu'on l'avait sauvée par de sanglants sacrifices des mains de ses ennemis, on la considéra comme un vénérable trophée, on s'y attacha comme à une ancre de salut, on lui attribua une vertu singulière, et on se persuada qu'elle satisferait à tous les besoins moyennant quelques rectifications, qui consistèrent dans l'abolition de l'hérédité de la pairie, l'abaissement du cens électoral au taux de 200 francs de contributions, l'introduction du principe électif dans les conseils départementaux et communaux, l'attribution exclusive des délits politiques aux jurés, l'abrogation du célèbre article 14 qui donnait ouverture aux usurpations royales, la concession de la liberté de l'enseignement qui réclamée seulement par une minorité faible et peu sincère fut indûment ajournée, et l'établissement d'une vraie liberté de la presse, qui fut réellement acquise, nonobstant quelques restrictions plutôt illogiques que sérieusement embarrassantes. D'ailleurs les passions anarchiques toujours subsistantes au sein de la France, la haine de l'autorité, la manie insurrectionnelle, le radicalisme impatient et absolu, ayant fait entendre leurs menaces et répandu l'épouvante, le gouvernement et ses amis s'empressèrent d'opposer à des agressions imminentes le rempart de la Charte, qu'ils trouvaient tout construit et armé. S'étant abrités derrière ce retranchement, ils crurent n'obtenir de sûreté qu'en conservant leur position intacte et en la défendant avec obstination. Ils n'observaient pas qu'en s'y réfugiant ils s'y enfermaient, et qu'ils abandonnaient un vaste champ aux entreprises de leurs adversaires

La centralisation administrative avait été maintenue dans sa plénitude. Création de l'autocratie et instrument du despotisme, elle devait nécessairement agir conformément à son origine et à sa destination. Elle devait comprimer les corps électoraux et les assemblées délibérantes. Elle devait corrompre le libéralisme des classes élevées, en y propageant l'esprit fonctionnaire avec sa morgue, ses préjugés de caste, sa nullité politique, son dédain du public, son humilité envers le pouvoir régnant, quel qu'il soit et quoi qu'il fasse. Par son intrusion dans toutes les affaires qui semblaient concerner l'intérêt général, elle devait entraver l'initiative individuelle et traverser les tentatives d'association et d'entreprise collective. Elle devait substituer son action à celle des citoyens dans une multitude de travaux et d'opérations, qui exigent de ceux qui les exécutent la volonté et l'art de s'organiser, de se diriger et de se discipliner par un libre concert. Et cependant la centralisation, toute pernicieuse qu'elle fût, n'était pas impopulaire. Non seulement la foule ignorante et imprévoyante, mais même beaucoup de personnages renommés pour leur perspicacité et leurs lumières considéraient la centralisation comme le fondement de l'ordre, le ciment de l'unité de la patrie, le moteur et la règle de l'activité publique, le principe et le soutien de la force nationale. Sur ce point la prévention et l'aveuglement étaient presque universels. Tandis que es gens tranquilles, toujours fascinés par la puis-ance, et satisfaits d'ailleurs d'être dispensés d'avoir à agir et à se défendre par eux-mêmes, adhéraient passivement à la centralisation, les hommes de parti l'acceptaient avec réflexion, qu'ils fussent contraires ou unis au pouvoir. Si étant dans les rangs de l'opposition ils avaient à subir le poids de ce mécanisme oppressif, ils comptaient bien s'en servir, quand la fortune leur deviendrait favorable, pour assurer leur domination.

Des électeurs partagés en deux catégories, les uns payant mille francs d'impôt et les autres trois cents, avaient nommé une chambre qui s'était rendue populaire en défendant énergiquement la Charte et les libertés publiques. On crut qu'en supprimant la première de ces catégories et en abaissant pour la seconde le tarif censitaire de trois à deux cents francs, on formerait un corps électoral qui ne laisserait rien à désirer. On craignait d'introduire dans l'arène politique des classes ignorantes, passives, emportées, faciles à entraîner ou à séduire, accessibles aux artifices des ambitieux non moins qu'aux excitations des fanatiques et des sycophantes. On pensait que, si l'on conférait le droit de suffrage aux hommes dont la position sociale était un gage de lumières, d'indépendance et de modération, et dont la diversité de condition promettait aux divers intérêts et aux divers systèmes des organes et des soutiens, on formerait un corps électoral qui serait la vraie représentation de la France et satisferait à tous les besoins. On présumait que la cause des classes populaires ne manquerait pas de trouver des avocats dans cette élite qui était réputée les représenter sans mandat formel, et qu'elles attendraient avec patience le moment où, assez instruites par le spectacle prolongé des débats parlementaires et par les leçons qui allaient leur être directement adressées, elles pourraient sans inconvénient être agrégées au corps électoral.

Sans doute il existait des raisons graves pour réserver alors le droit de suffrage à la bourgeoisie, mais du moins il fallait la convoquer tout entière dans les comices électoraux. Il ne fallait pas la scinder en deux fractions dont la plus grande était exclue. On repoussait ainsi des alliés naturels qui, s'ils ne se convertissaient pas tous en ennemis, devenaient au moins des indifférents. On suscitait contre soi des inimitiés purement gratuites, et l'on se privait volontairement d'un appui indispensable. Même, et l'on pourrait dire, surtout au point de vue conservateur, cette restriction était déraisonnable. Etait-ce en resserrant sa base que l'on consoliderait sa position ? Etait-ce le vrai moyen de se fortifier, que de répudier des auxiliaires qui devaient en grand nombre se jeter dans les rangs adverses !

Puis ce corps électoral, rétréci, mutilé, était placé sous l'action compressive et dissolvante de la centralisation, qui tenait suspendues trop d'amorces et de menaces, qui disposait d'un trop grand nombre de places, de faveurs et de moyens de nuire, pour ne pas faire souvent prédominer les intérêts personnels sur les pensées et les résolutions civiques. La haute bourgeoisie avait hérité à son insu et était imbue de cette maxime de l'ancien régime, que rien n'est plus beau que le service du roi. Aussi beaucoup de ses membres allaient spontanément au-devant de la sujétion. Ils croyaient y trouver l'honneur en même temps que le profit, et ils troquaient sans grand scrupule leurs droits et leurs votes contre les bonnes grâces du pouvoir. Ce n'était pas en se comportant ainsi qu'ils pouvaient imprimer du respect et s'offrir en exemple aux classes populaires.

Cette facilité de séduction inspira au gouvernement une sécurité trompeuse. Consultant l'esprit public près des électeurs privilégiés, il n'en obtint pas toujours de justes réponses. De leur côté les constitutionnels mécontents, qui rencontraient des obstacles factices et permanents au succès de leurs réclamations, conçurent une irritation qui s'accroissant avec des échecs réitérés finit par dépasser l'exacte mesure et par tomber dans l'excès. A l'exagération de l'offensive le gouvernement répondit par l'exagération de la défensive. S'étant établi à l'origine sur le terrain de la Charte et ayant eu à réprimer des tentatives insurrectionnelles, il s'attacha à un système d'étroite conservation qui, bon dans le principe, avait, en survivant aux circonstances qui en avaient motivé l'emploi, perdu son opportunité, sa raison d'être, et avait dégénéré en entêtement. Le gouvernement se méprenait sur la nature et les conséquences de l'état des esprits. Où il voyait la tranquillité, régnait une apathie qui devait le trahir. S'il était actuellement délivré des contradictions et des résistances qu'engendre la spontanéité vivace et résolue des grands partis politiques, en revanche il était exposé à ne pas trouver autour de lui, au moment d'une crise, des volontés hardies et décidées à défendre énergiquement sa cause. L'administration seule était organisée, active et vigilante. Or sous un régime libéral c'est là un support tout-à-fait insuffisant.

Les conseils départementaux et communaux, comprimés par l'autorité préfectorale, manquaient de ressort, de vitalité et d'initiative. Les organes de la justice ne formaient pas un ordre indépendant, ainsi que le veut la nature de leur institution ; ils étaient considérés comme des fonctionnaires relevant du pouvoir exécutif et distribués sur les degrés d'une hiérarchie, qui, établissant entre eux une excessive inégalité, déprimait abusivement les situations inférieures et suscitait dans tous les rangs une ambition incompatible avec la dignité du magistrat. L'Université était frustrée de l'autonomie qui doit lui appartenir. Elle était gouvernée dans l'ensemble par une oligarchie d'hommes éminents, mais isolés de leur corporation, distraits par les soins de la politique, peu soucieux du progrès pédagogique et trop souvent animés de vues personnelles. Pour le détail elle était régie par des commis qui se comportaient ainsi que le peuvent faire des gens de leur condition. Quant au clergé, personne ne comprenait quel doit être son rôle au sein de la société. Suivant les uns, l'Etat devait se faire le ministre de ses volontés ; suivant les autres, il devait se le subordonner et le regenter. On ignorait que le clergé ne doit ni recevoir d'ordres du gouvernement ni lui en donner, mais qu'il doit exister à titre de libre association et sous l'empire du droit commun.

Mais comment eût-on pu reconnaître les franchises légitimes des communions religieuses, quand le principe même du droit d'association était nié résolûment ? Des sociétés politiques s'étaient formées dans le dessein de renverser le gouvernement, et plusieurs fois elles avaient passé de la délibération à l'action. Les conservateurs, frappés d'épouvante à la vue de ces entreprises séditieuses, conclurent de ces fâcheux exemples que toute association portait en germe la rébellion et était incompatible avec l'ordre public. Il fallait donc en prononcer l'interdiction absolue. C'était agir à la façon d'un médecin ignorant qui, mis en présence d'un membre malade, ne voit d'autre remède que l'ablation.

Il n'existe pas en nous une seule faculté, une seule tendance dont nous ne soyons portés à abuser. Nos vertus même, mal conduites, sont exposées à s'égarer et à faillir. Il n'est pas un organe dont l'usage soit plus indispensable que celui de la nutrition, et trop souvent nous en faisons un instrument d'intempérance. Le soin de la conservation de notre personne et de notre espèce nous invite à nous livrer à nos instincts d'acquisition, de lutte, d'évasion, d'élévation, d'affection, de reproduction, et en suivant ces impulsions diverses nous risquons de devenir cupides, méchants, fourbes, orgueilleux, partiaux, libertins. Parce que nos inclinations peuvent dégénérer et se pervertir, faut-il que nous les étouffions en nous ? Faut-il que nous commettions sur nous-même un véritable suicide ? Or le fait de l'association non-seulement répond à un besoin impérieux de notre nature, il est en outre une des conditions les plus nécessaires de notre développement. Par l'effet du groupement et de l'organisation, la puissance déjà révélée des facultés individuelles s'accroît singulièrement ; de plus elles acquièrent des propriétés toutes nouvelles, et sont en mesure d'accomplir des entreprises qui autrement leur seraient interdites. Les associations constituent donc un mode d'activité éminemment utile, et à ce titre elles doivent être respectées. Mais elles échapperaient à la commune destinée qui embrasse tous les faits humains, si elles demeuraient impeccables. Elles sont l'œuvre de l'homme; par conséquent elles sont sujettes à faillir, à se corrompre, à mal faire.

Sans aucun doute nul gouvernement ne peut tolérer des associations qui méconnaîtraient et braveraient son autorité, et qui par leur vaste étendue, leur forte organisation, leurs grandes ressources, leur esprit d'insubordination, leur caractère, soit mystérieux, soit violent, menaceraient son existence, ou l'ordre public, ou la sûreté de certaines classes de citoyens. Les droits du gouvernement sont ici déterminés par ses devoirs. Il est obligé de défendre l'Etat, lui même et ses prérogatives, afin de pouvoir assurer aux citoyens la protection qu'il leur doit. Ainsi il est tenu de s'armer contre les dangers que renferme l'existence d'associations puissantes et mal intentionnées. C'est à une législation prévoyante, ferme, précise et mesurée de lui fournir des moyens efficaces de répression. La liberté de s'associer est compatible avec certaines conditions destinées à en prévenir les abus. Serait-ce imposer aux associations des gênes excessives que d'exiger d'elles qu'elles agissent toujours en pleine lumière, que leurs réunions fussent ouvertes aux agents de l'autorité, que tout ce qui s'y passerait fût relaté par des procès-verbaux, que les objets de leurs travaux fûssent restreints à des spécialités déterminées, qu'elles s'abstînssent de s'affilier entre elles, et que jamais elles ne franchissent les limites tracées par la Constitution ? Moyennant ces garanties et telles autres du même genre que la prudence suggérerait, il nous semble que le double intérêt au fond identique de la liberté et de l'ordre public serait suffisamment préservé. D'ailleurs les précautions à prendre varieraient suivant les temps, et seraient mesurées sur la gravité des dangers possibles et le degré d'éducation politique des populations. En tout cas le pire remède à opposer aux vices des associations serait sans contredit leur anéantissement.

Que serait une nation dont les membres ne pourraient ni se réunir, ni se concerter, pour émettre leurs idées, les débattre, les propager, pour s'étudier les uns les autres, se discipliner, s'encourager, se secourir, pour prier, pour travailler à l'amélioration de leur sort, pour se divertir, pour surveiller leurs intérêts publics, sans que l'administration n'ait préalablement autorisé et réglementé ces divers modes d'association ? Un peuple qui serait ainsi demeuré en tutelle aurait tous les défauts propres à l'enfance. Tour à tour on le verrait dissipé et contraint, étourdi et routinier, emporté et timide, suivant qu'il serait abandonné à lui-même ou ramené sous la main du maître. Il obéirait machinalement aux impulsions qui lui seraient données, à moins que s'impatientant il ne se livrât à quelque saillie véhémente. Le peuple dont les éléments ne seraient pas groupés, dont les parties constituantes ne seraient pas définies, qui manquerait d'organisation intime et substantielle, pourrait sembler au premier abord solidement ordonné par la puissance administrative qui pèserait sur lui ; mais dans les cadres officiels où il serait contenu, il n'y aurait qu'un amas d'atomes pulvérulents. Que ces cadres vinssent à se briser ou à se disjoindre, aussitôt aurait lieu une dispersion confuse et tumultueuse. L'ordre véritable et essentiel n'est pas en dehors de la société, dans un appareil gouvernemental ; il est à l'intérieur, et il consiste dans un système vital, qui embrassant toutes les molécules les distribue dans divers organes, dont le jeu à la fois libre et ajusté donne au corps la santé, l'énergie et la vigueur. Que sur une poussière d'atomes souffle le vent de la sédition, il aura bientôt soulevé d'impétueux tourbillons !

Quand le gouvernement de Juillet fut attaqué par une insurrection qui avait pris pour devise la réforme, ses nombreux partisans, stupéfaits et déconcertés, ne surent lui porter aucun secours; et quand ils l'eurent vu succomber, ils restèrent passifs et démoralisés, jusqu'à ce que l'appréhension de graves dangers personnels eut réveillé leur énergie, et que le gouvernement né de la révolution eut pris en main leur défense. Il s'agissait de lutter contre l'invasion soudaine du socialisme. Cette doctrine pleine de passions avait grandi dans l'ombre sous le dernier règne. Ce fut durant cette période qu'elle se formula, revêtit des formes décevantes et se propagea parmi des populations souffrantes et incrédules ; mais son origine remonte plus haut, elle date des premières années de la grande révolution, et à vrai dire, son germe est né avec l'homme même et ses appétits matériels.

Dès 1789 il y eut des démocrates fanatiques, qui posèrent en principe l'égalité absolue des hommes. Les Jacobins professèrent ce dogme, pendant qu'ils furent les maîtres. Ils croyaient s'assurer par cette déclaration les sympathies et le dévouement des classes populaires. Mais comme en même temps ils prétendaient respecter les principes de la propriété et de la famille, il en résultait une contradiction insoluble entre leurs idées générales et leurs desseins positifs.

Les inégalités natives mises à part, on reconnaît à première vue que l'égalité absolue des individus est inconciliable avec le fait de la propriété personnelle et l'existence de la famille, qui implique la transmission héréditaire des biens et de l'éducation. Lors même que les Jacobins eussent été aussi paisibles et débonnaires qu'ils furent violents et cruels, les incompatibilités qui abondaient dans leur système en eûssent promptement déterminé la chute. Sous le Directoire la conspiration communiste de Babœuf souleva une indignation universelle.

Pour que les doctrines socialistes pussent se produire dans le monde et se développer, sans risquer d'être étouffées dès le moment de leur apparition, il fallait qu'elles se présentassent sous la forme inoffensive de romans philosophiques et qu'elles eussent pour auteurs des solitaires, de purs théoriciens, séparés du monde, peu soucieux de la réalité et des possibilités, entièrement livrés aux ardeurs d'une spéculation effrénée, et considérés comme des rêveurs dont on rit et qu'on ne craint pas.

Les patriarches du socialisme, prenant pour point de départ l'obligation désormais évidente de régénérer l'humanité et de procurer à tous ses membres la plus grande somme possible de bien-être tant moral que physique, accusaient les politiques démocrates de n'avoir rien fait ni tenté de sérieux pour atteindre ce but suprême. Ceux-ci, se renfermant dans un rôle négatif, s'étaient contentés d'attaquer et de ruiner à demi l'ordre ancien, d'exciter des passions ennemies, de semer la haine, l'envie et le désordre, sans parvenir ni même songer à poser les bases d'une organisation nouvelle. A la phase négative et dissolvante devait succéder un régime organique et productif. Il fallait pénétrer jusqu'à la racine du mal, puis l'extirper sans scrupule. Toutes les misères, les erreurs, les mauvaises passions et les souffrances qui avaient affligé et affligeaient encore l'humanité avaient été engendrées par une cause unique, la propriété privée, que son objet fût une nation, des esclaves, ou des pièces de terre, ou des capitaux. L'avoir social, devenu le monopole de quelques privilégiés, avait été gaspillé par eux, et ses faibles produits avaient été livrés en pâture à leurs appétits désordonnés. L'immense majorité des hommes sacrifiée à une minorité égoïste et inintelligente avait tristement végété dans la pénurie, l'ignorance, l'abaissement et la grossièreté. Soit que la loi eut forgé ses chaînes, soit que ses besoins l'eussent mis dans la dépendance d'autrui, elle avait constamment porté le joug de la servitude. A tant de maux il n'y avait qu'un remède, l'abolition de la propriété privée, et la remise de tous les biens entre les mains de la société qui, étant entrée dans la pleine possession de ses domaines, saurait les exploiter avec l'intelligence supérieure qui lui appartient, et en distribuerait équitablement les fruits à tous les membres qui la composent.

Sous leur première forme les théories socialistes ne parurent pas sérieuses et ne séduisirent que quelques cerveaux exaltés. Supprimant la famille, elles révoltaient un instinct impérieux et universel. L'une fondant une hiérarchie de capacités et rétablissant le régime des castes à la façon du mandarinat chinois, était en contradiction flagrante avec l'esprit du siècle. Telle autre, s'en rapportant aux instincts de notre nature et prétendant au moyen d'un certain ordre préétabli faire aboutir leur libre expansion à une harmonie parfaite, préparait visiblement la plus complète des anarchies. Puis, ces théories répudiant l'emploi de la force et affectant de se placer tout-à-fait en dehors du terrain politique, comment était-il possible que leurs plans se réalisassent en présence d'un gouvernement constitué ? L'inanité de pareils desseins était manifeste, et leur destin était d'échouer devant la réprobation, ou la dérision, ou l'indifférence publique.

Toutefois les théories socialistes contenaient des amorces, qui bien présentées étaient faites pour exciter vivement les appétits matériels et la passion de l'égalité. Les démocrates, en n'offrant aux classes populaires que des droits politiques et de vagues promesses d'assistance, n'avaient pu les émouvoir profondément. Les profits matériels, procurés par la grande révolution, étaient depuis longtemps acquis, et si bien passés dans l'usage commun qu'ils n'étaient plus observés. On était familiarisé avec les résultats de l'abolition des droits féodaux, de la suppression des priviléges industriels et de l'aliénation des biens nationaux, qui faite à vil prix et dans une proportion énorme avait créé un nombre immense de petits propriétaires. Il n'y avait plus d'avantages semblables à distribuer en face des fortunes nouvelles qu'avaient engendrées le commerce et les manufactures; et les démocrates, qui malheureusement spéculaient trop sur le sentiment d'envie des classes malaisées, n'avaient découvert aucun objet sensible qui pût exciter leur appétit, jusqu'au moment où quelques fanatiques et quelques habiles reconnurent dans les théories socialistes une mine à exploiter.

Il s'agissait de dégager ces systèmes de ce qu'il y avait en eux de bizarre, de trop absurde, de trop contraire aux sentiments communs. Il s'agissait en outre de les armer d'une force irrésistible, en les investissant de la puissance politique. Les socialistes du second âge épargnèrent la famille, ne s'expliquèrent pas sur la question de l'héritage, firent profession de respecter la liberté individuelle, et instituant l'Etat tuteur de tous les citoyens, lui attribuèrent le droit et lui imposèrent le devoir de s'approprier, moyennant indemnité, toutes les choses susceptibles d'un usage commun, et de lever sur les propriétaires la somme d'impôts qui lui serait nécessaire pour commanditer les simples travailleurs et délivrer des secours à quiconque en aurait besoin.

Le socialisme réduit à cette mesure fit de rapides

progrès parmi des populations malaisées, ignorantes, crédules, promptes à se passionner et à éclater en actes de violence. Encouragées par le trouble et la confusion qui suivirent la révolution de 1848, et aiguillonnées par des fanatiques et par des ambitieux affranchis de tout scrupule, elles affluèrent dans des clubs où retentissaient les déclamations les plus irritantes, et sous le coup de l'exaspération elles se ruèrent dans la rue pour renverser le gouvernement républicain et avec lui l'ordre social. Cette attaque formidable ayant été repoussée, et l'empire des lois ayant été raffermi par une administration vigoureuse et loyale, les alarmes qui n'avaient plus de cause n'en subsistèrent pas moins et les intérêts conservateurs ne se tinrent pas pour rassurés. La réaction contre le désordre alla jusqu'à réclamer pour sauve-garde l'absolutisme, et la peur n'hésita pas à livrer la liberté à titre de rançon.

Mais de quelque faveur qu'ait été entouré à son origine un pouvoir absolu, réputé le sauveur de la société, il ne saurait, dans le siècle où nous sommes, conserver longtemps son omnipotence. Il faut que tôt ou tard il se transforme et rentre dans les conditions normales d'un gouvernement constitutionnel et sincèrement représentatif. La grande révolution a laissé dans le sein de notre nation des germes impérissables. L'exemple et le contact des peuples voisins, adonnés ou promus à la liberté, ont une vertu contagieuse, dont l'effet après un certain délai est irrésistible. Ces dispositions futures de la France sont nettement prédites par les témoignages récents de son histoire. Le cours des événements accomplis depuis trois quarts de siècle lui a fait contracter une sorte de tempéramment fiévreux, dont les crises alternent d'une façon contradictoire et périodique.

Ces péripéties consistent dans une série de réactions tantôt inflammatoires et tantôt somnolentes. Aux phases de surexcitation, d'effervescence et d'ébullition succèdent nécessairement l'affaissement, la prostration et la torpeur ; et par réciprocité le refoulement prolongé des forces vives amène fatalement quelque éruption nouvelle. Un gouvernement doué de prévoyance ne s'aurait s'abuser sur le vrai caractère de cette docilité passive, qui se manifeste par intervalles ; il ne saurait y voir un état normal et permanent. Toute disposition extrême lui présage une réaction plus ou moins prochaine, et la prudence lui ordonne de prévenir une explosion destructive, en ménageant au mouvement qui se prépare un cours progressif et régulier. Il lui suffit de consulter son propre intérêt pour reconnaître qu'il doit se dessaisir d'un absolutisme essentiellement temporaire, échanger le rôle de maître contre celui de mandataire, remettre la société en possession d'elle-même, et lui faciliter la pleine jouissance de ses droits, en lui procurant, autant qu'il est possible, les moyens de poursuivre son éducation politique.

Pour nous, en France, nous avons depuis un siècle passé par trop de vicissitudes et subi trop d'épreuves, pour que nous n'en ayions pas recueilli quelque instruction. Nous avons dû apprendre à nous connaître, et la connaissance de soi-même est le commencement de la sagesse. Confessons hautement les défauts, les travers et les vices que les circonstances ont développés en nous, non seulement afin qu'ils nous soient pardonnés, mais surtout afin qu'en nous les représentant à nous-mêmes nous tirions de ce tableau des leçons sérieuses et profitables.

Nous ne savons pas nous gouverner nous-mêmes, et lorsqu'après avoir vainement tenté cette entreprise, le dégoût et le découragement nous ont conduits à accepter une domination extérieure, il existe toujours au-dedans de nous, même aux moments d'affaissement extrême, une aversion secrète pour l'autorité et une disposition intime à la révolte. L'anarchie engendre le despotisme, qui à son tour provoque la rébellion, source d'anarchie. Nous ne pouvons sortir de ce cercle fatal qu'en apprenant à nous discipliner intérieurement, et en tirant de notre conscience des règles de conduite auxquelles nous nous soumettions comme à des lois de notre propre nature. Ces règles sorties de nous exerceraient sur nous un empire assuré, soit que nous les appliquâssions nous-mêmes à nos propres actes, soit qu'elles nous fûssent dictées par des bouches officielles.

Mais cette discipline à exercer sur nous-mêmes n'est réalisable que sous certaines conditions. Nous ne pouvons nous instruire à la pratiquer, si nous continuons à vouloir que l'Etat se charge de faire notre bonheur. Les conservateurs pusillanimes et les socialistes aux passions effrénées souhaitent de concert que l'Etat soit investi d'une puissance illimitée, afin qu'il puisse suppléer à leur incapacité ; les uns, comptant qu'il emploiera son omnipotence à maintenir la société dans une immobilité absolue, et les autres qu'il la bouleversera de fond en comble. Puis entre ces partis extrêmes il existe un grand nombre d'hommes réputés sages, qui, sous l'influence de la paresse ou de la routine monarchique, se montrent trop souvent mal disposés à agir ou à se protéger par eux-mêmes et empressés à se décharger de ce double soin sur le gouvernement. Enfin la hiérarchie administrative offre tant de positions commodes, lucratives et honorées, et lorsqu'on n'y est pas installé, il est si agréable d'y avoir crédit, qu'il n'est pas étonnant qu'elle trouve une multitude d'apologistes toujours prête à la soutenir. Mais quelque forts que soient les préjugés en faveur de l'Etat, sachons nous en défendre, combattons-les énergiquement, et efforçons-nous d'extirper les vices qu'ils ont enfantés. Un gouvernement en possession de l'omnipotence met la société en tutelle, l'empêche de se constituer, de s'organiser, de se discipliner et la maintient dans une enfance perpétuelle. Muni de tous les instruments du despotisme il est conduit nécessairement à en user. Etant le but d'une foule d'espérances et étant assailli d'incessantes réclamations, il s'attachera principalement, dans le siècle où nous sommes, à complaire aux classes qui joignent à une ignorance profonde et à des appétits intempérants un caractère impétueux et une force redoutable, et ainsi pour conserver le sceptre il se fera le serviteur et l'instrument du socialisme.

Renonçons donc au dogme faux et périlleux de l'omnipotence de l'Etat, renfermons le pouvoir politique dans ses justes bornes, et réduisons-le au rôle négatif qui consiste à empêcher qu'aucune atteinte ne soit portée à la liberté tant des individus que des groupes organiques de la société. Il est temps de mettre fin à la trop longue usurpation qui a dépouillé les communes et les départements de la gestion de leurs intérêts locaux. N'est-il pas dérisoire de prétendre que cette tâche soit supérieure aux facultés des hommes formant l'élite des provinces, et requière les soins d'émissaires de la capitale, dont la plupart remplacent par la hauteur et la présomption l'expérience, l'assiduité et l'amour de la terre natale? Soustraire aux citoyens le maniement de leurs affaires locales, n'est-ce pas leur ravir les moyens de s'instruire dans l'art de traiter les grandes matières de la politique ? C'est évidemment sur le terrain communal et départemental qu'ils ont à faire leur apprentissage de la vie publique. C'est là, c'est en s'occupant d'objets voisins, palpables, ouverts à tous les regards et à toutes les intelligences, qu'ils seront amenés peu à peu à se pénétrer des conditions, des difficultés et des nécessités inhérentes à toute action qui doit s'exercer en commun et aboutir à l'établissement d'une loi obligatoire pour toutes les volontés. C'est là qu'ils apprendront dans des exercices familiers à se discipliner, à se contenir et à s'affermir, à ajuster leurs espérances et leurs prétentions sur la mesure du possible, à n'attendre que de la persuasion l'adhésion d'autrui à leurs propres vues, à ne demander de réparation qu'aux épreuves légales, à patienter et persévérer à la suite des revers, à fonder leur droit personnel sur le droit de tous et à respecter dans l'autorité commune la sauvegarde de chacun.

De semblables moyens d'instruction seront offerts par les corporations et les associations libres. Une nation ne forme un corps sain, vigoureux et énergique, qu'autant que les éléments qui la composent sont groupés suivant leurs propres affinités, distribués en différents organes, et rendus aptes par leur concours incessant à remplir les fonctions variées dont l'ensemble constitue l'économie vitale. Aucune impulsion, aucune compression, aucun mécanisme extérieurs ne sauraient ni produire ni remplacer l'harmonie, la solidité et la fécondité qui résultent du jeu spontané des attractions naturelles. Des préventions, il est vrai, s'élèvent de divers côtés contre la formation de groupes existant par eux-mêmes et doués de consistance. Dans certains cas ils apporteraient, dit-on, des obstacles au gouvernement et lui causeraient de sérieux embarras. Parfois, sans doute, cette éventualité se réaliserait ; mais prétend-on que les gouvernements ne rencontrent jamais de résistance, que tout cède devant eux et que toute volonté à laquelle ils s'adressent se convertisse aussitôt en instrument passif? Autant vouloir que les hommes se dépouillent de tous leurs attributs moraux, pour ne plus conserver que leur substance physique. Le développement des âmes suppose nécessairement la diversité et par conséquent l'opposition. Les gouvernements qui, suivant le droit et la nature des choses, ne sont pas les maîtres, mais simplement les serviteurs, les mandataires des sociétés, doivent, non les modeler à leur fantaisie et suivant leur commodité, mais se conformer à leurs conditions normales d'existence et accepter tous les inconvénients qui y sont attachés. D'ailleurs quels sont leurs leviers, si ce n'est les forces vives des sociétés? et que seraient ces forces, si elles n'avaient leurs tendances propres, et si elles n'opposaient pas, du moins dans une certaine mesure, à la main qui les saisit, cette résistance qui dérive inévitablement de tout mouvement spontané?

Des griefs d'un autre genre seront invoqués contre les corporations et les associations. On les accusera de constituer des puissances exceptionnelles, des existences aristocratiques au milieu de la multitude des petites individualités éparses au sein d'une société démocratique. Nous demanderons à notre tour ce qu'on entend par aristocratie et démocratie. Veut-on sous le nom d'aristocratie abaisser tout ce qui s'élève, sacrifier à une détestable envie tout ce qui sur certains points accroît, enrichit et ennoblit les facultés humaines? La démocratie serait-elle un inflexible niveau effaçant tous les développements, écrasant toutes les supériorités et ramenant toutes les existences au degré des plus infimes? Que deviendrait une société ainsi décapitée, déshonorée, appauvrie, désorganisée, réduite à l'état atomistique, si ce n'est la vile proie du despotisme?

Les associations et les corporations sont douées de la propriété attribuée à la lance d'Achille; elles ont le pouvoir de guérir les maux dont elles sont la cause. On a justement reproché aux anciennes corporations leur esprit exclusif et rétrograde, dominateur et envahissant. Leurs vices étaient engendrés par leurs priviléges. Qu'en renaissant elles soient soumises au droit commun, la concurrence viendra aussitôt apporter un remède à tous les abus. Les groupes rivaux se contiendront réciproquement et ressentiront les heureux effets de l'émulation. Quant aux associations qui n'étant pas, comme les corporations, fermées, permanentes, propriétaires, et qui n'embrassant pas une part notable de la vie de leurs membres se forment instantanément, en vue d'un but spécial et actuel, et sont susceptibles de se propager avec une grande rapidité, elles ont parfois entraîné la France dans d'extrêmes calamités. La société des Jacobins nous en est un terrible exemple. Mais quelle force opposer à des associations pernicieuses, si ce n'est des associations salutaires? Supposons que dans une société inorganique et atomistique, un coup de vent s'élève: soufflé par des démagogues et des sycophantes, il aura bientôt soulevé une nuée de turbulents, d'envieux et de fanatiques. Le tourbillon ne rencontrant que poussière balayera et bouleversera tout dans sa marche impétueuse, et il ne s'arrêtera que lorsqu'il aura épuisé sa propre impulsion. Mais que les grains de sable soient réunis, cimentés et constituent des masses solides, l'ouragan s'y brisera et s'abattra à leurs pieds. Il y a en France assez d'éléments conservateurs pour repousser toute tentative perturbatrice; seulement l'organisation leur manque, et ils attendent encore le lien et le ressort de l'association pour acquérir leur puissance effective. Combien de gens qui restant isolés paraissent indécis, décontenancés, pusillanimes au milieu des troubles civils, mais se redresseraient et s'enhardiraient, s'ils se sentaient encadrés dans les rangs, soutenus par la force collective et animés des sentiments généraux d'une association à laquelle ils seraient étroitement attachés! N'y a-t-il pas aussi un grand nombre d'individus qui dans les moments d'effervescence politique se laissent décevoir par les grands mots de liberté, d'égalité, d'intérêts populaires pris pour enseignes par des artisans de désordre, se mêlent aveuglément à une tourbe inconnue, et se font à leur insu les auxiliaires de passions mauvaises, faute d'avoir pris une place fixe dans un groupe qui leur fût approprié et d'y avoir appris à discerner leurs véritables rapports avec les diverses catégories parmi lesquelles sont distribués leurs concitoyens? Ce n'est qu'au moyen d'une exacte classification qu'on réunit à s'orienter au milieu de la multitude indéfinie des êtres qu'offre la nature; et toute classification repose sur une série de groupes, d'associations déterminées suivant la similitude et la diversité des sujets.

Il est impossible au vulgaire de percevoir directement les relations générales que les citoyens ont entre eux et dont l'Etat forme le nœud. Ce champ d'études est trop vaste, il est hérissé de trop de complications, il est trop fertile en excitations, pour que l'observateur novice puisse subitement en tirer des notions claires, justes et précises. Ce n'est que par degrés successifs et en allant du simple au composé que l'esprit parvient à concevoir nettement des idées à la fois très-étendues et très-complexes. Ce n'est aussi que par une série d'exercices gradués que le caractère se dresse à un genre d'action dont la portée est lointaine, dont les ressorts sont entremêlés, et dont le mouvement est exposé à des crises violentes. Les affaires publiques sont évidemment les affaires de tous les citoyens, et tous doivent prendre part à leur réglement. Mais comment un ouvrier, un cultivateur, un petit bourgeois, sans remonter plus haut l'échelle sociale, pourront-ils comprendre le mécanisme de l'Etat, le jeu, l'antagonisme et l'harmonie des intérêts politiques qui s'agitent au sein de la nation, s'ils n'ont subi l'épreuve d'une initiation préalable, et s'ils ne se sont pas auparavant familiarisés avec des faits analogues, mais beaucoup plus simples, qu'ils auront eu à manier dans l'enceinte bornée et modeste d'une commune, d'un département, d'une association de travail, de défense, d'édification, de plaisir ou de bienfaisance. L'universalité des citoyens étant appelée par la loi à exprimer leurs volontés sur les affaires de l'Etat par l'entremise de représentants qu'ils élisent à cet effet, quelle sera la valeur des suffrages émis en cette circonstance, s'ils sont le produit de l'ignorance et de l'impéritie? Une impression momentanée en décidera. La prévention, l'enthousiasme, la colère, la peur, la surprise, la fantaisie, l'illusion, la tromperie les entraîneront tour à tour dans les directions les plus inattendues, les plus bizarres et les plus absurdes. En vain on inventera un savant appareil, au moyen duquel on espèrera faire manœuvrer le suffrage universel sous une main prudente; l'artifice et l'intimidation l'assoupliront et le rendront docile pendant quelque temps; mais un jour, à l'improviste, quelque passion, quelque caprice s'emparant de lui, il se secouera, brisera en un clin-d'œil toutes les machines qui lui auront été appliquées, et puis il se précipitera à l'aventure.

Maintenant et dorénavant les peuples ne peuvent être régulièrement, loyalement et sûrement gouvernés que par eux-mêmes, c'est-à-dire par leur sagesse, leur raison et leur expérience. Il faut que chaque citoyen s'impose à lui-même sa propre règle conformément à l'ordre général. Or la pratique seule enseigne l'art de se régler soi-même. Il convient donc que les citoyens soient sans cesse appelés à s'assembler, à s'observer, à se mesurer, à soutenir entre eux des luttes pacifiques, à se contenir réciproquement, à résoudre leurs différends par des accords librement consentis, et à recourir, soit aux inspirations, soit à l'arbitrage des hommes dont ils auront reconnu la vraie supériorité. C'est par de telles épreuves soutenues avec persévérance que les peuples modernes, particulièrement nos compatriotes, parviendront à accomplir leur éducation politique si longtemps retardée et pourtant si nécessaire à leur bonheur et à leur moralité. C'est en se livrant avec un zèle continu à de tels exercices que nous réussirons enfin à nous guérir de ce fanatisme révolutionnaire, de cette pente à la servilité, de ce culte superstitieux envers l'Etat, de cette impatience de l'autorité, de ce goût effréné des fonctions publiques, de cette manie d'égalité absolue, de ce fétichisme qui s'attache à des noms propres, de ce radicalisme dans les vues, de cette routine dans la conduite, de ces éruptions, de ces accès de torpeur, en un mot de tous ces travers et de tous ces vices politiques, qui nous sont amèrement reprochés et qui doivent exciter en nous-mêmes ce profond repentir, d'où surgit la réhabilitation.

ARISTOCRATIE

ET

DÉMOCRATIE.

Une des thèses qui ont soulevé le plus de controverses et le plus d'orages, et qui après bien des années de polémique reste une des moins éclaircies, est celle qui a pour sujet l'antagonisme de l'aristocratie et de la démocratie. Ces mots supposent deux systèmes complets d'organisation sociale et politique, qui sans doute sont encore fort mal définis, puisque chacun d'eux suscite en même temps les apologies les plus enthousiastes et les récriminations les plus amères. Il y a peu d'années, les termes d'aristocrate et de démocrate étaient chacun réputés titre d'honneur par les uns et injure par les autres, et sous ces simples dénomination couvaient des haines et des colères qui n'attendaient que la moindre étincelle pour éclater. Je voudrais dire que ces passions violentes sont étouffées, et qu'en les rappelant je me borne à citer un fait historique. Mais cette affirmation serait malheureusement contraire à la réalité ; ce serait une illusion de la pusillanimité, qui cherche à se persuader que tout danger a disparu, afin de pouvoir s'endormir dans une lâche sécurité ; ou bien ce serait une basse flatterie adressée à ceux qui ont amené ou qui dominent la situation présente.

Je le dis à regret : ce ne peut être telle mesure, tel expédient politique, qui ait la vertu d'éteindre subitement des inimitiés et des passions profondément enracinées dans le corps social, nées d'événements consommés et de crises successives, dont les conséquences ne peuvent être instantanément détruites, pas plus qu'il ne serait possible de réduire à un jour les décades et les siècles qui nous ont faits ce que nous sommes. Un temps très-long a été employé à l'enfantement de l'état social où nous sommes parvenus ; un long temps sera nécessaire pour résoudre les difficultés, écarter les obstacles, et guérir les maux que le passé nous a transmis. Puis, comme c'est la société toute entière qui, soit activement, soit passivement, s'est faite ce qu'elle est, c'est à elle, à elle seule et à tous ses membres que revient la tâche de s'amender, de se réformer, de se procurer les conditions d'harmonie et de bien-être que réclame son existence.

Envisageons donc sans faiblesse et sans prévention, avec un esprit vraiment philosophique, le problème de l'aristocratie et de la démocratie, tel qu'il se pose devant nous, avec ses anomalies, ses ambiguités et ses contradictions apparentes ; et tâchons de dégager des passions qui l'enveloppent, le tourmentent et l'obscurcissent, les éléments essentiels qui le constituent, et qui tirés de la nature des choses, doivent, s'ils sont bien recueillis, déterminés et contrôlés, suggérer une solution satisfaisante.

Ne nous dissimulons pas les conflits que ce problème soulève, et la contrariété des aspects sous lesquels il est présenté et travesti. Allez dans tel salon et prononcez le mot : démocrate. — Aussitôt les visages de se contracter d'horreur et d'effroi. Un démocrate représente une sorte de barbare grossier, violent et cupide. Non moins redoutable que le brigand qui parcourt le désert, il n'en a pas la fierté, le courage et cette énergie native et indomptée qui s'empreint d'une poésie sauvage. Il est dégradé, il est bas, trivial et contrefait, il est rampant et envieux sous le joug, et sitôt qu'il est déchaîné, il se montre féroce et implacable. Privé de sentiments nobles, délicats et généreux, il n'est bon qu'à obéir à un maître et à accomplir sous l'aiguillon de la nécessité les travaux matériels que la vie sociale exige. Sa naissance en bas lieu le voue à une perpétuelle infériorité morale et physique ; c'est une espèce d'intermédiaire entre l'homme policé et la brute. Il n'est possible de le dompter et de l'utiliser, qu'en établissant et en maintenant une autorité politique absolue, qui s'appuyant sur les classes aristocratiques soit munie d'un appareil gouvernemental, propre à vaincre toute résistance. Vainement on invoque le progrès, la liberté, la fraternité : ceux mêmes qui s'élèvent du sein du peuple par les artifices du commerce ou la pratique des arts dits libéraux, gardent toujours le stigmate de leur origine. On reconnaît aisément le parvenu à son air gauche et embarrassé, à son attitude tantôt pateline, tantôt arrogante, à ses prodigalités d'ostentation et à son avarice secrète, aux platitudes auxquelles il se livre pour être admis dans la bonne compagnie et aux méchancetés sournoises par lesquelles il cherche à se dédommager de ses humiliations. En vain il étale un luxe surchargé et frelaté; en vain il se donne des parasites et des flatteurs; en vain il affiche l'insolence envers ceux que ses richesses attachent à sa personne; en vain il s'efforce de singer le ton, les manières, le langage des gens de race; en vain il affecte la familiarité avec quelques renégats du grand monde, qui lui font payer les libertés qu'il prend avec eux: le parvenu ne peut réussir à se décrasser, à se dégrossir, à se policer. Toujours il restera épais, commun, emprunté; toujours il gardera ses goûts mercantiles, ses tendances ravalées et son inaptitude à l'élégance et à la distinction. L'éducation première l'a marqué d'un sceau ineffaçable, s'est transfusée dans son sang, et a déterminé pour la vie sa complexion et ses facultés. Peut-être quelqu'un de ses descendants, pris à temps et placé dès sa naissance dans un milieu favorable, recevra-t-il cette éducation des hautes classes qui élève l'homme et lui donne toute sa valeur? Alors seulement la race du parvenu se transformera et s'ennoblira, mais des promotions de ce genre sont lentes, difficiles et partant peu fréquentes. Le malheur du siècle est qu'on a voulu les improviser et les opérer par masse; mais on n'a produit que des sujets informes, des copies du type créé par Molière sous le nom de bourgeois gentilhomme. Cette classe qui s'intitule la *haute bourgeoisie*, en faisant irruption dans les rangs élevés, n'a pu les occuper et n'a su que les bouleverser. Jalouse, ambitieuse et intrigante, il ne lui était pas permis d'unir à ses calculs intéressés et à ses menées tortueuses la haute culture de soi-même; elle ne pouvait qu'envahir, elle ne pouvait pas posséder une noble situation; elle a pu renverser un ordre établi, mais elle n'a pu le remplacer; et d'ailleurs, sitôt qu'elle croit prendre une assiette quelconque, elle se sent ébranlée et menacée par des classes inférieures d'où elle est sortie, qu'elle a reniées, mais à qui elle a frayé une carrière et montré un exemple qu'il n'est plus possible de supprimer. Toutes les plaintes des parvenus contre les envahissements de la démocratie se retournent contre eux, car ce sont eux qui ont jeté bas les digues et déchaîné le torrent. Accuser le mal dont on est l'auteur est la plus sotte des palinodies, c'est prononcer soi-même sa condamnation. —

Quittez maintenant ce salon dont je viens de résumer en quelques lignes les doléances monotones, qui s'épanchent d'un jour à l'autre depuis de longues années ; et passant dans un autre quartier allez prendre place dans cet estaminet enfumé, non loin de cette table, où vont quotidiennement s'asseoir des ouvriers dont la haute parole et animée parviendra tout entière à vos oreilles. Ces hommes ont un regard vif et intelligent, des manières brusques, une voix rude et saccadée. Tour à tour ils raillent et ils déclament. Sans inspirer de l'aversion, ils ont un air de crânerie et parfois de défi qui ne laisse pas de causer quelque inquiétude. On les pressent ombrageux et prompts à l'agression. Ce n'est pas de la méchanceté, mais de l'irascibilité qui couve en eux et se trahit de temps en temps par certains coups-d'œil et certains gestes. Si vous prenez un air insignifiant, ils ne s'embarrasseront pas de vous, et s'abandonnant entre eux, ils vous auront livré après quelques séances leurs pensées intimes, qui peuvent se traduire ainsi qu'il suit :

« Qu'est-ce que tous ces riches, tous ces nobles? Des fainéants, des gens inutiles, qui s'engraissent du fruit de notre travail et se donnent toute sorte de jouissances à nos dépens. Cela n'est pas juste. Si encore on avait pour nous la considération qu'on nous doit, si l'on nous accordait l'estime que méritent ceux qui font vivre la société et se dévouent pour son bien, nous pourrions prendre patience. Mais on nous dédaigne, on nous méprise, et l'on croit faire assez pour nous, quand on nous jette un maigre salaire et qu'on nous offre un lit à l'hôpital, au moment où nous succombons à la peine. Ce salaire, qu'est-il? Ce n'est qu'une petite partie de ce que nous produisons. Le reste est emporté *gratis* par les patrons et par les propriétaires. Non, cela n'est pas juste. Nous qui faisons tout, nous n'avons rien ou presque rien. Ceux-là qui ne font rien ou presque rien ont tout, belle maison, somptueux mobilier, table friande, riches habits, jardins charmants, plaisirs de toute sorte et sans cesse renouvelés, serviteurs suspendus à leurs moindres caprices. Ce qui les préoccupe n'est pas le moyen de payer, mais de goûter des jouissances, de réveiller leur imagination et leurs sens blasés. Leurs appétits ont besoin de surexcitations continuelles; et de même qu'ils demandent des mets à tous les climats, ils vont chercher des jouets pour leur volupté dans tous les rangs et dans toutes les conditions. Ils ne nous laissent pas même l'amour et l'honneur de nos femmes et de nos filles, de nos sœurs et de nos amantes. Armés non du fer, mais de l'or, usant non de violence, mais de séduction, ils lèvent sur nous, ainsi que le faisaient autrefois les forbans, le tribut de la beauté, et nous ravissent jusqu'à notre sang et notre âme. Non, cela n'est pas juste. Le peuple a été assez longtemps opprimé, et s'il a subi pendant tant d'années de pareilles injures, c'est que la tyrannie consommant son œuvre était parvenue à le démoraliser, à étouffer en lui le sentiment de son humiliation, la conscience de sa force et le désir de se venger Mais peu à peu il se ranime, il acquiert la connaissance de ses droits, et se munit de résolution pour les conquérir. Le moment n'est pas éloigné, où sûr de sa puissance il l'exercera dans sa plénitude, et inaugurera le règne de la démocratie sociale sous lequel, les instruments de travail étant remis aux mains de la communauté pour servir à l'usage de tous, chacun devra acheter sa subsistance par son labeur et sera rétribué suivant l'œuvre accomplie. »

Je suppose que vous aurez eu de la patience et du sang-froid, et qu'avide de connaître les pensées qui remuent dans les rangs inférieurs les âmes les plus ardentes, vous aurez surmonté votre répulsion et peut-être votre épouvante, pour jouer jusqu'au bout votre rôle d'expérimentateur et parachever votre enquête. Au premier moment vous vous serez dit : ce sont là de ces barbares, de ces bandits qui se cachent dans les bas-fonds de notre société, comme les monstres marins dans le sein de l'Océan. Vous fiant toutefois aux indices que vous offraient les physionomies, et n'ayant remarqué rien de pervers ni d'odieux dans celles que vous aviez observées, vous avez voulu poursuivre vos informations et savoir quels étaient les mœurs et le caractère de ces farouches socialistes. On répondit à vos questions que les ouvriers dont il s'agit n'étaient ni méchants, ni débauchés, ni fripons, mais qu'ils étaient orgueilleux, indisciplinés et irritables, qu'habiles dans leur métier et raisonnant bien des choses de leur état, ils avaient malheureusement fait des lectures qui leur avaient échauffé le sang et brouillé la cervelle, qu'en somme c'étaient d'assez bons cœurs, mais de forts mauvaises têtes.

Vous rappelant d'autre part les personnages que

vous aviez entendus discourir dans le noble salon, et dont les paroles avaient choqué votre raison et blessé votre conscience, vous vous demandez quelle est la moralité de ces hautains aristocrates, et repassant dans votre esprit la vie qu'ils mènent, vous y trouvez beaucoup de frivolité, de morgue et d'inanité, mais aussi une rare urbanité, de la délicatesse dans les goûts et dans les sentiments, et une vive charité à côté d'une singulière sécheresse. En somme ces aristocrates, sans être des hommes d'une haute vertu, sont d'honnêtes gens, et s'ils se méprennent sur leurs devoirs sociaux, ils ne les violent pas sciemment.

Chose étrange! Voilà d'un côté des aristocrates et de l'autre des démocrates dont la moralité est au moins fort passable, et qui cependant se détestent, semblent inconciliables, et professent des maxines qui s'entrechoquent comme des armes dans un combat. Auraient-ils les uns ou les autres, ou bien tous ensemble, perdu la raison et le sentiment du juste? Mais sur nombre des points ils s'expriment avec rectitude et se conduisent avec droiture. Comment expliquer ces aberrations des uns et des autres, qui les amènent à des conclusions absurdes, iniques et anti-sociales?

Nous avons considéré des hommes extrêmes, des ultras de l'ancien régime et des radicaux socialistes; mais sans aller jusqu'à ces pôles où la lumière expire et en restant dans les régions tempérées, nous trouverions de nouveau des contradictions qui sans être aussi tranchées nous paraîtraient encore insolubles. En dehors de l'extrême gauche et de l'extrême droite, des territoires de M. Louis Blanc et de M. Louis Veuillot, dans les parages du centre gauche et du centre droit, nous surprendrions des antagonismes, qui bien que modérés et atténués n'en repousseraient pas moins les tentatives qui auraient pour but un entier accomodement. Il y aurait des concessions réciproques que l'on ne se résoudrait pas à faire. Il y aurait des résistances que l'on se croirait engagé à maintenir par principe et par conscience. Pourtant il s'agit ici d'hommes sages, modérés, clairvoyants, qui ont de part et d'autre une multitude d'idées communes, qui sont disposés et réussissent habituellement à vivre en bonne intelligence les uns avec les autres. Pourquoi donc ne sauraient-ils aboutir à un accord parfait et aplanir le petit nombre de différents qui subsistent entre eux ?

C'est que pour découvrir dans l'ordre moral la vérité pure, il faut unir la conscience la plus intacte à l'esprit le plus étendu. Il faut non seulement tout voir, mais être résolu à ne rien altérer dans les faits qui doivent servir de base à une théorie. Pour peu que l'on fasse quelque omission ou qu'on se laisse prévenir par quelque intérêt particulier, les représentations mentales que l'on se donnera de la réalité externe, passée, actuelle ou possible, perdront quelques-unes des conditions dont l'intégralité est indispensable à la constatation de la vérité. Or où trouver un esprit complet et une conscience parfaitement irréprochable ? Non seulement la nature n'a pas doté le commun des hommes de pareils attributs, mais en examinant même les meilleurs d'entre nous, ne rencontrons-nous pas chez tous et jusque chez les plus éminents quelque lacune dans l'intelligence et quelque défaut dans le caractère ? Aussi nous est-il commandé par le bon sens et par l'équité d'user de tolérance les uns envers les autres dans les discussions sociales et politiques, pourvu bien entendu que les principes élémentaires de la morale soient respectés, et qu'usant de réciprocité envers nous, nos adversaires nous fassent jouir du *fair play* que nous leur accordons.

Réduits que nous sommes avec la meilleure volonté possible à n'obtenir et à n'offrir que des approximations de la vérité dans le calcul différentiel des choses sociales, c'est un devoir pour nous de vérifier et de corriger sans cesse nos solutions, pour les rendre de plus en plus adéquates aux données des problèmes qui restent constamment posés devant nous. Ainsi dans les conflits qui s'élèvent entre les principes opposés de l'aristocratie et de la démocratie, nous devons nous attacher à éliminer tous les éléments introduits par des préjugés erronés et d'aveugles passions, et à rétablir tous ceux que l'égoïsme et l'ignorance ont abusivement écartés. Il semble qu'on puisse *à priori* affirmer que le problème est résoluble ; car quels que soient les mauvais penchants des hommes, une loi de justice plane sur eux, et nul ne saurait en méconnaître systématiquement l'existence et le caractère impératif. D'ailleurs, à ne considérer que nos intérêts particuliers, chacun de nous n'est-il pas amené à désirer l'établissement de règles fixes, qui déterminent nos relations avec nos semblables, et sans lesquelles aucune possession ni aucune jouissance ne sont assurées ?

Observons, en passant, que ces contradictions étranges, qui font parfois douter si leurs auteurs appartiennent à la même espèce d'êtres, loin de s'exclure, s'appellent et s'engendrent réciproquement, par une application de la loi d'égalité entre l'action et la réaction. Les théories sociales sont presque toutes dictées par le sentiment, et se déduisent de certains événements et de certaines situations. Or il est d'expérience que tout excès amène tôt ou tard un excès contraire. Les terreurs rouges sont suivies de terreurs blanches, et les maxines d'un boyard russe ou d'un planteur des Carolines provoquent naturellement celles d'un Babœuf ou d'un Proudhon. Ce qui doit nous inspirer de la confiance, à nous Français, c'est que n'ayant parmi nous ni boyards, ni négriers, nous ne pouvons non plus avoir des serfs ou des esclaves couvant sous les fers ou sous le knout de féroces pensées de veangeance. Considérons la révolution de Février : à quoi dut-elle son innocence? Evidemment à la douceur extrême du gouvernement qui venait de tomber. Mais, dira-t-on, pourquoi cette chute, et pourquoi les théories excessives qui éclatèrent tout-à-coup? Il y a dans ce monde, répondrons-nous, des effets sans cause, du moins sans cause apparente, sans cause qui nous paraisse suffisante, des effets dus à des accidents tout-à-fait disproportionnés avec les faits qui les ont amenés. Puis il arrive parfois que les hommes s'enivrent avec de simples idées, et que leur imagination surmenant leurs besoins leur suggère des désirs et des desseins, qui, pour être fictifs, n'en ont pas moins pour un temps une très-grande force. Quelle n'est pas l'importance, l'autorité même des fictions dans la vie des hommes?... Mais revenons au problème que nous nous sommes posé.

Il y a dans tous les hommes un fond commun d'attributs, par lequel ils appartiennent à une même espèce et par lequel ils communiquent, commercent et se complètent entre eux. Ce fonds commun, pris dans une certaine mesure, est identique dans l'espèce, et établit une égalité de nature entre tous ceux qui y participent. Mais si l'on considère ce fonds commun dans les développements qu'il reçoit chez les divers individus, on observera de très-grande différences, en d'autres termes de très-grandes inégalités. Ainsi il y a chez les hommes égalité et inégalité, suivant qu'on les envisage au point de vue de l'espèce ou au point de vue des individus, et ils présentent ainsi deux caractères qui paraissent incompatibles, mais qui cependant se concilient quand on embrasse par l'esprit les deux faces du sujet proposé. Une semblable complexité existe d'une manière beaucoup plus tranchée dans l'ensemble du règne animal, dont tous les ordres se déduisent, ainsi que l'a démontré Geoffroy Saint-Hilaire, d'un même plan d'organisation, lequel contient en germe tous les attributs de l'animalité, qui, réduits à l'état rudimentaire dans les derniers rangs de la hiérarchie, vont en se développant successivement de degré en degré pour former au sommet de l'échelle les types les plus accomplis.

Les différences et inégalités qui se manifestent dans le genre humain sont de deux sortes, naturelles et artificielles. Chacun de nous ne mesure-t-il pas dans des proportions très-diverses l'estime qu'il accorde à ses semblables? Chacun de nous n'établit-il pas dans sa pensée une hiérarchie, sur les degrés très-nombreux de laquelle il distribue les divers individus qu'il connaît? Quelle distance ne mettons-nous pas entre celui qui nous paraît doué du plus beau génie et de la haute vertu, et celui en qui nous voyons notre commune nature le plus dégradée et le plus corrompue? En rapprochant les individus semblables et en comparant les groupes entre eux, nous en viendrions à composer une série d'espèces, lesquelles comparées à leur tour formeraient des genres, des tribus, des classes et des ordres analogues aux divisions de la zoologie et de la botanique. La classification des êtres appartenant aux règnes animal et végétal se fait rationnellement suivant le développement plus ou moins avancé des organes impliqués dans le plan primitif et commun d'organisation ; la même règle est applicable aux individus compris dans le règne anthropologique. Les attributs essentiels de ce règne étant les facultés de l'âme, ce serait ces éléments extrêmement diversifiés dans leur commune nature qui fourniraient suivant le degré de leur développement les caractères distinctifs des espèces, des genres, des tribus, des ordres à définir. Ce travail très-vaste, très-délicat et très-compliqué attend son Linnée, son Dejussieu, son Cuvier ; il est à espérer que son importance sociale autant que scientifique suscitera quelque noble et studieuse ambition.

Dans le cours de la vie ordinaire il n'est pas un de nous qui n'affirme, par les jugements incessants qu'il porte sur ses semblables, l'existence de différences considérables et radicales et d'une hiérarchie très-marquée parmi les personnes qui l'entourent ; la négation de l'inégalité ne surgit, en contradiction avec l'usage et le sens commun, que lorsque l'orgueil, la vanité ou l'envie voulant faire irruption rencontrent la vérité qui met obstacle à leur essor. Comme les passions, si animées qu'elles soient, ne sauraient démentir l'évidence, il s'agit de l'altérer et de la masquer ; opération peu embarrassante, les sophismes accourant aussitôt à la voix de l'intérêt qui leur fait appel. Voici les arguments qui sont alors mis en avant : Dieu a dû faire les hommes égaux ; sa justice le veut ainsi, et ce n'est que par un mauvais usage de leur liberté que ceux-ci ont détruit l'égalité et troublé l'ordre primitif qu'avait établi le Créateur. Le pouvoir de l'éducation est immense ; ce sont les leçons adressées à l'enfant qui forment son intelligence et lui inculquent les idées dont il usera plus tard, et ce sont les influences extérieures, les soins, les excitations et les impulsions favorables ou contraires, qui disposent des volontés dès le bas-âge, et engendrent ces habitudes nobles ou basses, régulières ou désordonnées, qui constituent le caractère personnel. Que l'on place tous les hommes dans le même milieu, qu'on les entoure des mêmes circonstances, et qu'on les soumette à la même discipline, leur égalité native persistera, les mêmes facultés et les mêmes inclinations se manifesteront en eux ; et si toutes les précautions ont été prises pour assurer leur développement normal, on peut être certain qu'ils se montreront tous intelligents et vertueux, et l'on verra enfin cesser ces violents contrastes entre le bien et le mal, le génie et la stupidité, la misère et l'opulence, le faste et l'humiliation, qui ont si longtemps désolé et qui affligent encore nos sociétés.

Ainsi raisonnent les radicaux de la démocratie, et chose singulière et remarquable, leurs prémisses sont les mêmes que celles qu'emploient les théoriciens du despotisme pour démontrer leur doctrine. Les hommes, disent-ils, ne valent que par l'éducation qu'ils reçoivent, par la discipline à laquelle ils sont soumis. Livrés uniquement à leur spontanéité, ils tomberaient dans l'impuissance et la misère ou dans de pernicieux excès. Les hommes sont nés incapables, et quand ils veulent agir par le seul ressort de leur liberté individuelle, ils deviennent bientôt cupides, querelleurs, malveillants, perfides et finalement très-malheureux. Pour qu'ils vivent en paix et jouissent de la portion de bonheur compatible avec la condition de notre espèce, il est nécessaire qu'ils soient sans cesse contenus par un frein et maîtrisés par une autorité supérieure.

Si d'un côté la conclusion est bienveillante et si de l'autre elle est rigoureuse, de part et d'autre le point de départ est le même. D'ailleurs les deux conclusions n'ont pas seulement ce caractère commun, elles se ressemblent encore sur ce point, qu'elles ont été posées *à priori* dans l'esprit de leurs auteurs. Les deux conclusions n'ont pas été déduites de leurs prémisses, mais celles-ci ont été fabriquées après coup, dans l'intention de leur faire jouer un rôle fictif de patronnes, tandis qu'elles ne devaient être en réalité que des servantes passives et dociles. Ici on voulait à tout prix justifier un communisme plus ou moins absolu, et là un despotisme réduisant à un degré quelconque de servitude une portion plus ou moins grande de la société.

Montrer sous le sophisme la passion qui le meut et dénoncer le caractère frauduleux de ses manœuvres, c'est le déconcerter, en ruiner le crédit; cela fait, on peut se dispenser d'une réfutation méthodique. Bornons-nous donc à inviter nos semblables à s'observer attentivement les uns les autres et à réfléchir mûrement sur les causes des différences palpables et tranchées, qui ressortent de leur langage, de leurs mœurs et de leur conduite. Ils reconnaîtront certainement que ces différences sont dues, non sans doute uniquement, mais essentiellement à la diversité qui existe dans la constitution originelle et indestructible des individus. L'éducation a une action incontestable sur le développement des facultés natives, mais elle ne les crée nullement, elle ne saurait, quoi qu'elle fasse, en agrandir, ni en diminuer la puissance virtuelle, la mesure propre et innée; tout ce qu'il lui est donné de faire, c'est de seconder ou d'entraver l'expansion de forces qui essentiellement inégales conserveront malgré tout leur inégalité. Voyez ces deux frères : sortis du même sein, couvés par la même tendresse maternelle, confiés aux mêmes instituteurs, fréquentant les mêmes sociétés, soumis sur tout point aux mêmes influences, ils diffèrent cependant d'une manière étrange. L'un est intelligent, instruit, aimable, délicat, loyal; l'autre est borné, ignorant, grossier, brutal et malhonnête. Portez ensuite vos regards aux deux extrémités de l'échelle sociale. Vous verrez d'une part un homme qui dès sa naissance a été comblé des faveurs de la fortune; ses parents unissaient à un esprit élevé un noble caractère; riches et honorés, ils n'ont rien épargné pour que l'éducation de leur enfant fût parfaite; eux-mêmes ont été ses premiers maîtres et lui ont prodigué les soins les plus éclairés et les plus affectueux; adolescent, ils l'ont introduit dans la société la plus choisie, où il a entendu le langage le plus exquis et a reçu les exemples les plus édifiants. Et pourtant il est devenu vicieux, il n'a goûté que la débauche et n'a conçu que des idées basses. Ailleurs, au contraire, un individu issu d'une humble famille a été dans son bas âge négligé ou molesté par des parents maussades et rudes; il n'a entendu que des paroles âcres, envieuses et impudentes, et pendant ses premières années il a été constamment en butte à des suggestions mauvaises; mais son naturel réagissait, et la force de ses bons instincts réussit à le préserver. Entré dans une école, puis dans un atelier, il sut bientôt captiver la bienveillance et l'affection de ses maîtres. Apre au travail, il révéla de rares aptitudes, qui cherchant leur emploi le rencontrèrent heureusement, et se déployant de plus en plus se traduisirent en services éminents, que vinrent récompenser les richesses, les honneurs et l'estime publique.

Adoucissez le contraste, et vous trouverez de nombreuses reproductions de ces types extrêmes. La nature est donc supérieure à l'éducation, mais pour ne pas fausser cette thèse, il faut la présenter sous son double aspect, et montrer à côté de la puissance des facultés subjectives l'action objective qu'elles subissent dans le milieu où elles se développent. Il y a tout lieu de croire que la même somme de facultés natives, la même quantité de tendances diverses existe chez deux peuples quelconques de races identiques ou égales, chez les Français par exemple et les Circassiens ou les Persans. Et cependant quelles différences dans les idées, les coutumes et la moralité! Notre civilisation contient encore plus de promesses qu'elle ne possède d'acquisitions, et cependant nous pouvons, sans crainte aucune d'être taxés d'outrecuidance, nous flatter d'une haute supériorité sur les habitants du Caucase ou du Farsistan. Notre chasteté, notre probité, notre zèle pour le travail, le respect que nous professons pour autrui et pour nous-mêmes, notre industrie, notre science et nos talents, sans être arrivés au point de perfection et tout en nous laissant de grands regrets à concevoir et une marge de progrès très-étendue à remplir, ne nous placent pas moins à un degré beaucoup plus élevé dans la hiérarchie des êtres moraux. Or à quoi devons-nous cette promotion, si ce n'est à des efforts énergiques et persévérants, tendant à combattre les instincts bas et dangereux de notre nature, et à développer et fortifier en nous des hautes facultés qui ont pour but le vrai, le beau, le bien? Tâchons d'apercevoir dans le lointain des temps les faits et gestes de nos aïeux du Xe siècle. Les documents qui nous les retracent sont rares et obscurs; cependant un peu d'étude nous fera bientôt reconnaître des mœurs et des usages semblables sur beaucoup de points à ceux des bandes fières et vaillantes, mais grossières et cruelles des montagnes du Caucase.

Sans aller si loin, jetons les regards autour de nous, observons les riches et les pauvres, examinons-les et jugeons-les comparativement, non comme le font les aristocrates et les démocrates aveugles et passionnés, mais de sang-froid, avec notre raison et notre équité, en véritables philosophes. N'y a-t-il pas en général chez les riches plus d'instruction, de lumières, de sagesse, de douceur, de régularité, de délicatesse et de dignité que chez les pauvres? Je me garderai bien de dire que les riches valent mieux substantiellement que les pauvres. Une telle affirmation contredirait directement ma pensée; je suis au contraire persuadé que les riches et les pauvres possèdent à nombre égal la même somme de qualités virtuelles, et c'est précisément cette identité de nature qui nous fait voir ce qui est dû à l'éducation et aux divers agents de civilisation, dont certaines classes sont munies plus abondamment que certaines autres.

Ce n'est pas, certes, la richesse ni la naissance qui sont par elles-mêmes des titres réels de supériorité. Ce ne sont que des moyens, qui négligés ou faussés s'anéantissent promptement, mais qui savamment et activement employés conduisent à des fins, dont la bonté ne peut être méconnue que par des esprits stupides ou insensés. Il est clair que le rang et la richesse ne seraient pour un homme d'une sottise et d'une perversité incorrigibles que des encouragements à ses inclinations mauvaises. Il est également vrai que l'excès des faveurs de la fortune peut causer à quelques-uns un enivrement fatal à la raison et à la moralité; et on peut même ajouter que la prospérité a souvent exercé son influence corruptrice sur des classes entières, abusées par l'amour-propre au point de s'imaginer que les avantages extérieurs dont elles étaient dotées constituaient pur elles un mérite personnel, inné, inalténable et incommunicable, tandis que les autres classes seraient prédestinées à un rôle subalterne et servile, à des sacrifices perpétuels et sans réciprocité. Mais lors même que les classes supérieures ou les aristocraties auraient été plus souvent et plus profondément perverties que l'expérience et l'histoire ne nous le montrent, il n'en serait pas moins certain que les priviléges sociaux qu'elles possèdent sont les instruments et les moteurs de la civilisation. Ces priviléges, tout le monde les convoite et cherche à les obtenir, et il serait trop triste de penser que l'objet de l'ambition universelle, que l'appât et le stimulant de la plupart des travaux de l'espèce humaine ne fussent que des sources de corruption et des aliments pour le vice.

Les hommes ont à satisfaire leur corps et à régler leur âme. Pour que cette seconde tâche puisse être bien exécutée, il faut que la première ait été entièrement remplie. Nous ne saurions vaquer aux soins de la pensée que dans le calme des appétits et des sensations physiques. Tant que cet heureux état n'est pas obtenu, nous sommes inquiétés, sollicités, tourmentés, nous ne pouvons goûter un instant de repos, et disposer librement de notre attention et de notre activité. Toute notre personne est mise en réquisition par notre corps, et il faut que notre âme comme nos organes s'emploie exclusivement à découvrir, à extraire, à façonner les matières propres à apaiser notre faim et notre soif, à nous garantir des intempéries, à nous défendre des agressions. Pour alléger le poids de cette nécessité, il ne s'offre à nous qu'un moyen, c'est d'appliquer à notre service des agents naturels, qui maîtrisés et dirigés par une habile industrie accomplissent pour nous une partie des travaux qui nous sont commandés. Les agents naturels ainsi appropriés et disciplinés sont appelés capitaux par les économistes, et l'on a dit avec raison que l'une des mesures les plus certaines avec lesquelles on peut évaluer la civilisation d'une société est la quantité de son capital industriel.

Il est une autre condition nécessaire à une production expéditive et abondante, c'est la division du travail. Tout le monde sait que le perfectionnement et l'accélération de tout travail technique croissent à mesure que son objet se concentre et se simplifie. Un individu qui voudrait pourvoir par lui-même à tous ses besoins n'y réussirait que très-imparfaitement, en y consumant tout son temps et toutes ses forces. Qu'il se rapproche de ses semblables, qu'il se concerte avec eux, et que chacun se charge d'une sorte spéciale d'ouvrages, tous obtiendront moyennant des échanges beaucoup au-delà de ce qu'aurait pu leur procurer un travail individuel, éparpillé sur une multitude de tâches particulières, successivement embrassées.

Grâce au double progrès réalisé par la formation des capitaux et la spécialisation des travaux individuels, les hommes ont pu non seulement satisfaire à leurs besoins physiques d'une manière beaucoup plus sûre et plus ample, ils sont encore parvenus à s'affranchir en partie de la servitude que le corps leur inflige. Ils ont conquis des loisirs qu'ils ont employés à travailler pour leur âme, à l'examiner, à en étudier les tendances, à distinguer les bonnes des mauvaises, et à rechercher les moyens de développer les unes et de comprimer les autres. Les hommes sont ainsi faits qu'ils aiment tous les modes d'action qui ont pour effet de donner de l'étendue et de l'essor à leur être. Ils goûtent le bien comme le mal, et quand ils donnent la préférence au second sur le premier, c'est simplement parce que certaines circonstances ont dirigé dans cette voie leur inclination. Il est entendu ici qu'il s'agit des hommes considérés en général. Qu'au contraire ils soient disposés à faire le bien par le milieu qui les entoure, ils se porteront dans cette voie avec un vrai plaisir. Etant aptes au bien comme au mal, ils jouissent de l'un comme de l'autre, parce que le plaisir consiste pour eux dans l'exercice de leurs facultés et dans la réalisation de leurs tendances.

Toutefois il y a une double raison pour que le bien l'emporte sur le mal dans les préférences humaines. Quoique les hommes perçoivent des jouissances dans la satisfaction de tous leurs désirs bas ou élevés, bons ou mauvais, et que peut-être il y ait la même quantité de plaisir d'un côté que de l'autre, la qualité cependant est loin d'être la même, et les hommes doués d'une organisation moyenne, qui auront tour à tour éprouvé des émotions spirituelles et animales et goûté les joies de la vertu et du vice, seront naturellement portés à préférer des sentiments purs, nobles, décents, gracieux, constants et généreux à des sensations brusques, âpres, grossières, confuses, infimes et éphémères. Ceci n'est pas une allégation postiche et fabriquée dans l'intérêt d'une morale pédantesque. C'est un de ces faits d'observation et d'expérience du genre de ceux que constate la physiologie. Le bien est supérieur au mal, non seulement parce que notre conscience le déclare tel, mais encore parce qu'il est plus agréable, plus attirant et nous cause des plaisirs d'un goût plus exquis.

On peut affirmer en général que les hommes préfèrent le bien au mal ; s'il n'en était pas ainsi, comment expliquer le progrès moral et intellectuel, lequel sans doute n'a pas été continu, comme on le prétend quelquefois, mais a été du moins considérable, malgré de fâcheuses vicissitudes, des défaillances partielles, des déviations temporaires et de fréquentes réactions? D'ailleurs l'amour du bien pour lui-même trouve un puissant auxiliaire dans l'intérêt bien entendu. Nos instincts égoïstes ont un essor illimité ; leur avidité croît avec leur succès, et ils ne reconnaissent de bornes que la contrainte extérieure. Se précipitant dans l'espace, bientôt ils rencontrent devant eux des forces rivales et antagonistes. De là des chocs, des luttes, des violences, qui se résolvent en victoires, mais aussi en défaites, et pour les deux partis en blessures et en dommages. Puis, si la victoire exalte et réjouit celui qui la remporte, elle laisse aussi chez celui qui en est victime des ressentiments, des haines et des désirs de vengeance qui l'ulcèrent, mais qui menacent en même temps le triomphateur et lui présagent de redoutables assauts et souvent de cruels retours de fortune. Quand l'expérience eût montré qu'il n'est pas de victoire constante et qui procure cette sécurité sans laquelle il n'est pas de bonheur réel, les hommes songèrent à s'accorder entre eux au lieu de se combattre sans fin ; ils cherchèrent à instituer parmi eux un ordre commun qui, garantissant à chacun la part qui lui revenait, prévînt ou réprimât toute usurpation et assurât à tout le monde de paisibles jouissances. Mais cet ordre social, les intérêts privés ne pouvaient pas l'engendrer par eux-mêmes, le composer avec les notions qui leur sont propres ; ils durent aller l'emprunter à un autre ordre de mobiles, à une autre source de conceptions, et demander aux sentiments spirituels, aux facultés morales les types de conduite auxquels ils devaient se conformer. Ainsi l'intérêt personnel fut amené à rechercher le bien moral pour s'en appliquer à lui-même les prescriptions, et il le cultiva sans l'aimer, mais comme s'il l'aimait en effet.

Disons donc hardiment que l'homme est naturellement porté à cultiver le bien moral, et aussi dans l'ordre intellectuel la vérité et la beauté. Mais cette culture exige certaines conditions : des loisirs, l'affranchissement des soins matériels, une éducation habile et prolongée, des lectures multipliées, le spectacle de la vie sous ses diverses faces, la fréquentation d'hommes distingués, l'action d'un milieu épuré et vivifiant. Or ces conditions sont-elles maintenant à la disposition de tout le monde ? Evidemment non. Pour en percevoir amplement le bénéfice, il faut être né dans certaines familles et surtout posséder une certaine quantité de richesses. Ces conditions sont des priviléges entés sur les principes qui régissent la famille et la propriété, principes inattaquables, si ce n'est dans toutes leurs applications du moins dans leur essence. Personne n'attaque plus de nos jours la constitution de la famille ; chacun veut maintenir l'indivisibilité du mariage et les liens qui existent entre les parents et leurs enfants ; le débat peut et doit s'élever seulement sur des points secondaires. Quant à la propriété, il y aurait lieu peut-être d'en raffermir les bases doctrinales par une démonstration mieux fondée sur la nature des choses que la plupart de celles qui ont été mises en avant ; il conviendrait aussi de rejeter le caractère absolu attribué au fait de l'appropriation individuelle, pour le ramener dans la catégorie des faits ordinaires, et sur lesquelles nos facultés d'observation et de raisonnement s'exercent en toute liberté. Mais ces discussions théoriques ne sauraient trouver ici leur place, et il suffit de constater que la propriété individuelle est sanctionnée par tous ceux que des passions exaltées ne mettent pas en contradiction avec leurs sentiments intimes.

Les principes de la famille et de la propriété étant réputés légitimes, il est aisé de reconnaître que les bienfaits puisés à cette double source ne peuvent être égaux pour tout le monde. Au moment où la civilisation fit ses premiers pas, les instruments de culture personnelle fournis par la famille et par la propriété étaient à peu près égaux pour chacun, mais en revanche ils étaient presque nuls. Ils ont dû être acquis laborieusement, lentement, successivement; et à chaque étape du progrès, quand on se mit à réfléchir sur soi-même et à faire l'inventaire des acquisitions réalisées, on fut obligé de reconnaître que le produit des travaux de la période écoulée était encore bien faible, et que la tâche de l'avenir était infiniment plus grande que celle qui venait d'être accomplie. On était parvenu à faire naître au sein de la société une certaine somme de puissances matérielles et morales ; convenait-il de les distribuer également entre tous les membres de la société ? Mais une telle répartition eût été inique, elle eût violé ouvertement les principes qui régissent essentiellement la famille et la propriété, et qui exigent que chacun perçoive le fruit de ses travaux, dispose à son gré de ce qu'il possède, et soit libre d'obéir à ses préférences naturelles dans la transmission de ses biens tant intellectuels que physiques. D'ailleurs quel eût été l'effet d'une répartition parfaitement égale de ces divers biens ? La plupart n'eussent pu être conservés, leur division les eût anéantis, ainsi qu'un être vivant soumis à la dissection. Les perfectionnements réalisés dans l'exécution des ouvrages matériels avaient procuré à la société une certaine quantité de loisirs; l'économie de temps avait été, par exemple, du centième : supposez que chaque individu eût été gratifié d'une part égale d'exemption de travail, qu'en serait-il résulté? Un bénéfice de sept ou huit minutes par journée, c'est-à-dire quelque chose d'insignifiant et de stérile, qui eût passé inaperçu dans le cours du temps. Qu'au contraire des loisirs complets aient été accordés à une personne sur cent, celle-ci aura pu les mettre à profit pour étudier, se discipliner, se policer, acquérir un fonds d'instruction et de culture qui aura de la consistance, une valeur effective et une durée certaine. Ce fond ne sera pas resté un monopole; c'est le propre des richesses morales de se communiquer sans s'affaiblir, et de se distribuer sans se diminuer. Elles se versent nécessairement dans le torrent de la circulation sociale, et entrent dans le domaine des choses qualifiées communes par les jurisconsultes, telles que l'air, la mer, les eaux courantes. Tout le monde sans doute ne pourra pas en jouir également, parce que ces dons gratuits et mis objectivement à la portée de tous ne peuvent devenir des possessions individuelles, que s'ils sont appréhendés et exploités par une capacité subjective et suffisante ; mais du moins ils existent, s'offrent constamment, et se livreront dès qu'ils trouveront des mains aptes à les saisir

Les fonds matériels sont plus facilement divisibles que les fonds moraux, toutefois il est un grand nombre de circonstances où ils ne sont efficaces que lorsqu'ils sont concentrés. Le perfectionnement de la plupart des œuvres industrielles suppose la division du travail, la diversité des tâches, et leur concours sous la direction d'un chef disposant de capitaux considérables, terrains, bâtiments, machines, véhicules, capitaux de réserve et de roulement. Rarement ce fonds matériel pourra se composer de mises égales, lesquelles d'ailleurs auraient dû être formées sous un régime qui ne serait pas celui de l'égalité des propriétés individuelles. Enfin le directeur de l'entreprise, ses principaux agents et ses correspondants n'ont pu acquérir les connaissances et les talents nécessaires que moyennant des loisirs que procure la fortune.

Une société ne peut se perfectionner simultanément dans toutes ses parties. De même qu'elle est obligée de jalonner indéfiniment ses progrès sur la route du temps, de même elle est contrainte de réserver la pleine jouissance de ses acquisitions matérielles et morales à un nombre limité de personnes. Ces restrictions, ces priviléges sont imposés par la force même des choses, et l'ami le plus fervent du peuple, le théoricien démocrate le plus avancé ne peut, s'il est observateur judicieux et sincère, ne pas reconnaître que les instruments matériels et moraux de la civilisation seraient anéantis ou stérilisés, s'ils étaient répartis avec une stricte égalité entre tous les membres du corps social.

Il peut sembler au premier abord que, puisqu'il existe une hiérarchie naturelle parmi les hommes, la hiérarchie sociale devrait s'y conformer et la reproduire, suivant la maxime saint-simonienne : à chacun suivant sa capacité, et à chaque capacité suivant ses œuvres. Sans doute il y a quelque chose de choquant dans les contradictions qui apparaissent entre les assignations de l'ordre de la nature et celles de l'ordre social. On s'irrite de voir un homme extravagant et un méchant comblés des faveurs de la fortune, et n'user des plus grands avantages que pour en faire litière à sa folie et à ses vices. Mais dans tous les rangs les organisations perverses sont exceptionnelles, et lorsque l'on veut juger une classe tout entière, il faut en considérer la valeur moyenne.

Si l'on met de côté les recrues incessantes que fait la classe supérieure parmi les plus capables des couches sous-jacentes, on peut affirmer qu'à égalité de nombre il y a dans tous les rangs sociaux, dans ceux qui sont le plus élevés comme dans ceux qui le sont le moins, la même dose d'aptitudes intellectuelles et morales, et qu'il n'y a aucun motif de choisir *à priori* l'un plutôt que l'autre pour lui confier le dépôt de la civilisation. Mais ce choix n'est pas livré à l'arbitraire des hommes, il est déterminé par une loi de notre nature, la loi de l'hérédité, qui parfois exagérée peut être aussi passagèrement méconnue et insultée par la passion ou par l'utopie, mais ne tarde pas à être réhabilitée et restaurée par un instinct profondément enraciné dans la constitution même de l'humanité.

D'ailleurs comment, à défaut de la transmission héréditaire, serait-il possible de régler la répartition des avantages sociaux, des instruments de civilisation ? Cette attribution serait remise à l'Etat, à laquelle dans ce temps-ci tout esprit superstitieux et faible suspend comme des *ex-voto* ses désirs et ses espérances. Mais qu'est-ce que l'Etat? On le suppose doué d'une intelligence et d'une vertu infaillibles ; mais comme on ne l'a jamais vu tel, c'est sans doute d'un Etat imaginaire qu'on entend parler. Cet Etat, il faudra le faire descendre un jour du ciel. Autrement il ne saurait répondre à la tâche qu'on lui impose, et à l'attente que l'on en conçoit. Tel qu'il peut être composé avec les éléments terrestres, il se montrera toujours à peu près ce qu'on l'a vu jusqu'à ce moment. Nécessairement incarné dans un petit nombre de nos semblables, et n'agissant que par leurs vues et par leurs impulsions, il sera enclin à la partialité, à l'injustice, au despotisme, à la haine et à la vengeance. Et comme on le suppose investi d'attributions gigantesques et exigeant, pour être exercées, l'emploi d'un pouvoir immense, il ne sera pas plus possible à ses sujets de le soumettre à un contrôle et de lui imposer des barrières qu'à lui-même de tempérer son enivrement et de se contenir dans son exaltation. Alors on verra de ces orgies d'absolutisme comme l'Orient seul nous en a donné des exemples.

Acceptons donc la répartition des avantages sociaux, telle qu'elle a été faite par le cours naturel des choses et dictée par nos propres instincts. Elle est loin d'être parfaite, elle offre même de graves inconvénients, mais toute défectueuse qu'elle semble, elle est encore préférable à des systèmes factices, qui blessent nos sentiments les plus profonds, et qui d'ailleurs ne peuvent aboutir qu'à des tentatives violentes et passagères, notre nature devant inévitablement réagir et l'emporter. Acceptons le principe d'une hiérarchie sociale distincte de la hiérarchie originelle, et d'une aristocratie artificielle, qui non-seulement n'est pas conforme, mais est quelquefois contraire à l'aristocratie naturelle. Du reste l'aristocratie artificielle, étant le produit du développement spontané et nécessaire de la société, peut être aussi qualifiée de naturelle, ainsi que toutes les créations de l'art qui sont engendrées par l'activité humaine, et qui répondent aux fins qu'elle se propose.

Comme il n'est rien dont les hommes n'abusent, il serait surprenant qu'ils n'eussent pas fait un mauvais usage de la hiérarchie sociale, et qu'ils n'eussent pas tourné en machine d'oppression la supériorité de rang et de fortune qui était purement destinée à conserver, multiplier et perfectionner les instruments de civilisation. Que les abus commis aient excité des ressentiments, des colères et des révoltes, il n'y a là encore rien d'étonnant. On conçoit aussi que les conséquences mauvaises du principe de hiérarchie n'aient pas été les seules qui fussent attaquées, mais que le principe lui-même ait été en butte à la même hostilité. Lorsqu'on veut avoir quelque prise sur les hommes et tenter de les diriger vers ce qui paraît être le bien, il faut savoir comprendre et admettre les vicissitudes singulières, et les impulsions diverses et opposées auxquelles ils sont en butte. Les spéculations morales ont pour matières les préjugés, les passions, les emportements, les excès, aussi bien que la raison, la prudence, la sagesse et la vertu.

Quand en 1789 l'irritation populaire éclata contre les abus de la hiérarchie sociale et notamment contre les priviléges politiques, le principe d'égalité fut proclamé dans les termes les plus impérieux, et aujourd'hui encore il serait malséant de l'attaquer de front et franchement. On s'incline devant cette idole sauf à s'en moquer par derrière, et l'on n'a pas plutôt prononcé la formule d'hommage qu'on la dément dans le discours ordinaire. Pourquoi cette contradiction? Est-ce une habitude tournée en banalité? Est-ce un reste de soumission pusillanime envers la puissance populaire, qui s'est montrée en d'autres temps si redoutable et dont on craint sans cesse la résurrection? Il y a sans doute de la routine et un peu de lâcheté dans ce respect dénué de sincérité que l'on témoigne au principe égalitaire; mais si l'on s'applique à en pénétrer la cause, on la trouvera surtout dans la légèreté des esprits, qui nourrissant une rancune profonde pour les maximes de l'ancien régime et ayant besoin de formules toutes faites pour les leur opposer, vont faire des emprunts au répertoirerévolutionnaire, faute de pouvoir tirer des idées de leur propre fond. Jadis on avait subi passivement et douloureusement une inégalité abusive ; plus tard toute inégalité fut accusée et proscrite, et l'on voulut instituer le dogme d'une égalité absolue et chimérique ; aujourd'hui on est revenu dans les usages de la vie à l'inégalité, mais le mot est encore décrié, mal famé, et on l'écarte ; on continue à rendre un hommage verbal à l'égalité, mais les paroles ne s'accordent ni avec les sentiments, ni avec la conduite, et l'on ne sait ni définir, ni articuler ce que l'on veut et ce que l'on pense.

C'est au milieu de cette confusion que j'ai tâché d'introduire la lumière de l'analyse. Uniquement guidé par l'observation et le raisonnement, j'ai été conduit à justifier l'inégalité sociale en même temps qu'à en démontrer la nécessité. Mais cette inégalité doit être bien comprise. Les membres des classes élevées, les aristocrates, pour les appeler par leur nom, trouvent dans les priviléges dont ils sont investis des droits à exercer, mais surtout des devoirs à remplir. Ils s'abusent étrangement, quand ils identifient à leur propre personne et à leur propre race les avantages externes dont ils sont dotés et les titres de supériorité qu'ils empruntent à l'éducation et à la fortune. Rien de risible comme cette vanité puérile et arrogante de certaines gens, qui s'exaltent dans leur propre opinion et prétendent au respect d'autrui, simplement parce qu'ils appartiennent à telle famille distinguée, possèdent telle quantité d'hectares, commandent à tant de valets, et dépensent tous les ans telle grosse somme en prodigalités et en débauches. Ces hommes-là sont les excroissances parasites, les caricatures et les plaies de l'aristocratie ; ils doivent en être repoussés et exclus, et comme leur oisiveté et leur ineptie leur ferment l'entrée des classes laborieuses, ils ne sauraient trouver d'asile que parmi les déclassés.

Les vrais aristocrates, au sens littéral du mot, sont ceux qui emploient utilement les dons de l'éducation et de la fortune, les instruments de civilisation qui sont remis entre leurs mains, quelle que soit d'ailleurs, cela est bien entendu, la date de la promotion de leurs familles. Ils considèrent les priviléges dont ils sont nantis, non comme des biens inhérents à leurs personnes et livrés à leur bon plaisir, mais comme des acquisitions qui ont été faites par la société toute entière et dont ils sont constitués les dépositaires, pour les conserver intactes, les augmenter sans cesse, et en dispenser les bienfaits au plus grand nombre possible de leurs semblables. Ils ne s'imaginent nullement être d'une autre engeance et d'une autre nature que les membres des classes moins favorisées. Ils reconnaissent qu'il existe un fond commun d'égalité entre eux et tous les autres hommes, et que cette identité fondamentale les oblige à concevoir aussi bien qu'à professer de l'estime pour tous ceux qui leur sont unis par les liens de la solidarité sociale; mais en même temps ils ne craignent pas d'avouer les prétentions légitimes qu'ils ont à cette supériorité relative, qu'implique l'accomplissement de leurs devoirs spéciaux. Ils se regardent comme formant l'élite du peuple; ils se savent peuple par leur origine et par leur nature première, et ils sont loin de répudier ce fondement de leur être ; seulement ils ont conscience de s'être développés, enrichis et perfectionnés spécialement et par privilége. Ne méconnaissant pas ces avantages et ne cherchant pas à les dissimuler par lâcheté, par servilité envers la démocratie, ou par basse ambition, ils s'imposent des devoirs correspondant aux droits qu'ils s'attribuent.

Cette manière de comprendre l'aristocratie peut très-bien se concilier avec le principe démocratique, mais avant de le montrer, je tiens à repousser toute complicité avec cette fausse modération, avec cet éclectisme bâtard, qui n'étudie rien sérieusement, n'approfondit rien, ne résout rien, n'a ni franchise, ni loyauté, ni courage, et consiste simplement à emprunter aux thèses et aux arguments des partis opposés quelques lambeaux, qui, rassemblés avec un art plein de ruse et de supercherie, doivent simuler l'accord des opinions adverses, mais ne sont le plus souvent destinés qu'à ménager des intelligences avec les deux camps, que l'on caresse et que l'on trompe tour à tour. Si la vraie modération est par-dessus tout estimable dans ses efforts de rechercher le bien et d'accuser le mal partout où ils se trouvent, efforts maintes fois exposés à l'animosité commune des partis contraires, en revanche la fausse modération qui fuit toute contradiction, et ne songeant qu'à exploiter tout le monde n'a que des paroles accommodantes et flatteuses, est digne d'un profond mépris, et elle appelle la réprobation de tous les honnêtes gens. Ce n'est point sous les auspices de la fausse, mais sous ceux de la vraie modération, que peut et doit s'opérer la conciliation de l'aristocratie et de la démocratie. Qu'est-ce que la démocratie, dégagée bien entendu des préjugés et des mauvaises passions, exige en réalité? Que l'égalité fondamentale des hommes et leurs droits à l'estime, aux égards et à l'assistance de leurs semblables soient reconnus, professés et respectés. L'aristocratie sainement conçue repousse-t-elle ces exigences? En aucune sorte, et elle ne fait aucune difficulté de les admettre; bien plus elle y répond et elle seule est en mesure d'y satisfaire complètement. Combattre l'ignorance et l'égoïsme, rectifier la maladresse et les abus, concevoir un ordre nouveau ou la réforme d'un ordre ancien, agir avec dextérité, sagesse et persévérance sur une multitude d'intelligences et de volontés divergentes, dévoyées et récalcitrantes, c'est là une tâche dont l'accomplissement peut être réclamé par les classes populaires, mais serait difficilement opéré par les hommes qui les composent. Cette tâche requiert des loisirs, des lumières, une expérience, un ascendant personnel, des relations sociales, un art de manier les caractères, une habitude des grands desseins et un talent de conduite, qui ne se rencontrent guère que dans les classes supérieures, où sont concentrés les moyens propres à développer ces qualités.

Ainsi l'aristocratie bien comprise s'accorde parfaitement avec la démocratie. Il y a près de quatre siècles, un Genevois, Mayerne Turquet, publia un traité ayant pour titre *la Monarchie aristodémocratique*. Ce dernier mot, bizarre au premier abord, nous paraît excellent, pour qualifier le régime que recommande la raison et qui est adapté aux sociétés modernes. L'aristocratie tirée du peuple et vouée à son service pourra très-bien s'appeler l'aristodémocratie, ou d'une façon abrégée et plus euphonique, *l'aristodémie*. Le mot est inusité et sa nouveauté peut lui donner un air étrange, mais sans parler de son origine qui est grecque et par conséquent la plus noble possible, n'y a-t-il pas lieu de penser que, s'il correspond à une idée solide et digne d'intérêt, il fera, ainsi que tant d'autres, son chemin dans le monde et finira par se faire accepter partout. Dans cet espoir j'anticipe sur ses succès futurs, et je vais user de ce terme dans le petit nombre de pages qu'il me reste à écrire.

L'aristodémie présentée au public français se heurtera, il ne faut pas se le dissimuler, à des préjugés opiniâtres. Il est convenu parmi nous que l'on doit s'incliner devant le mot : démocratie. Pour beaucoup c'est une soumission de pure forme, contre laquelle on se réserve de protester dans les entretiens particuliers et surtout par les mœurs et les manières de la vie privée. Pour le plus grand nombre la démocratie est un principe, mais un de ces principes tellement généraux, que la formule seule en est claire et que les applications restent enveloppées dans la vapeur d'un lointain indiscernable. Il n'y a là de distinct que ce que l'amour-propre désigne et met en relief, c'est-à-dire un régime sour lequel chacun se plaît à penser qu'il n'a à subir ni à respecter la supériorité de personnes.

Un sage amendement de la démocratie qui serait en même temps son véritable perfectionnement, la transformation de la démocratie en aristodémie, pourrait satisfaire ceux qui n'adhèrent que du bout des lèvres aux principes vulgairement professés, mais protestent dans le fond de leur cœur et par leur conduite privée, ceux aussi qui, pleins de ressentiment et de méfiance envers l'aristocratie, comprennent mal les théories égalitaires qu'ils ont embrassées, reculent fréquemment devant leurs conséquences, et qui, vexés par les contradictions qu'ils rencontrent dans leurs cerveaux, sont trop enclins à en expulser toute idée qui a un air théorique, à s'abandonner au cours de la destinée, et à se livrer au premier pouvoir venu qui leur promet la sécurité. Seulement la conception de l'aristodémie étant fort complexe, ainsi que toutes les théories sociales qui veulent embrasser tous les éléments de leur sujet et être complètes et solides, les esprits même les mieux disposés à s'ouvrir à la vérité auront, pour la bien saisir et la mettre en pratique, à prêter une attention et à déployer une patience, une persévérance et une fermeté, qu'il est difficile d'obtenir de notre race française, mobile, légère et promptement découragée.

A côté des partisans que l'aristodémie peut acquérir en faisant appel à leurs propres penchants ainsi qu'à leur raison, elle rencontrera des adversaires de deux sortes, qu'elle sera obligée de combattre et de vaincre, dans l'impuissance où elle sera de les persuader. Ce sont les farouches démocrates et les aristocrates entêtés. Diamétralement contraires les uns aux autres et sans cesse prêts à se dévorer quand des haines communes ne les coalisent pas, ils se ressemblent par un orgueil immodéré, une passion aveugle, et une irritabilité qui dans ses éclats brise toute raison et toute justice.

L'aristocrate infatué s'imagine que ses priviléges sont inhérents à sa personne, qu'il n'en doit de compte à qui que ce soit, qu'il peut en user suivant son bon plaisir, et que les minces sacrifices qu'il veut bien faire et les soins fugitifs qu'il daigne avoir pour ses semblables, sont des actes de pure munificence destinés bien moins à l'acquitter d'un devoir, qu'à donner des exemples de sa puissance, à constater la dépendance d'autrui, et à le rehausser dans sa propre estime et dans celle du public. Il est aristocrate de droit divin, il a été pétri d'une pâte plus fine et plus pure que les autres hommes; il est naturel, il est nécessaire qu'il domine et commande, et que les autres s'abaissent devant lui et lui obéissent. Entre lui et les autres hommes il y a différence de nature, et il ne peut exister de droit commun. Ses maximes relèvent d'une théorie, qui, s'appuyant sur la subordination naturelle des animaux à l'homme, conclut à une subordination analogue des races de couleur à la race blanche et des classes inférieures aux classes privilégiées. Ne lui dites pas que les priviléges dont il est investi ne sont autre chose que les produits des efforts successifs d'une longue suite de générations qui se sont appliquées à former et accroître le capital matériel et spirituel de la communauté, et qu'ainsi ces priviléges constituent un dépôt dont les détenteurs sont comptables envers les fils de ceux qui ont contribué à le créer. Ne cherchez pas à lui montrer que le capital social, que les instruments de civilisation spécialement confiés aux classes élevées, sont l'œuvre du progrès, et qu'ils ne peuvent être que faussés et paralysés, s'ils ne sont incessamment employés à la continuation et au développement du progrès. Ne lui tenez pas ce langage, car il ne le comprendrait pas, et il le rebuterait dédaigneusement, le réputant insensé, factieux et subversif. Il ne connaît qu'une manière d'agir envers les classes inférieures, la compression; et comme il ne saurait l'exercer par lui-même, il charge l'Etat de cette tâche et lui remet dans ce but le pouvoir le plus absolu. Dans son orgueil perverti, il se réjouit des violences et des exactions commises par un gouvernement tyrannique, parce qu'il s'identifie avec lui, et croit sa sûreté interessée aux iniquités qui se commettent. Du reste ne pensez pas reconnaître tout d'abord les sentiments qui l'animent. Il est dur, mais poli comme le marbre, et la teinture de bon ton dont il est revêtu masque les couleurs aigres et bilieuses de son caractère. Des nuances légères dans l'accent et dans le geste indiquent seules le mépris dont il est pénétré pour l'homme de plume, le pédant, le robin, le bourgeois et les gens de basse condition.

Le démocrate atrabilaire ne possède pas cet art de dissimulation. La crainte seule le force à se contenir, et quand il s'y résout, des regards obliques et farouches, des manières contraintes et saccadées, une voix rauque et entrecoupée, décèlent le combat intérieur qui se passe en lui. Rendu à lui-même, il lève un front audacieux et provoquant, son allure est impétueuse, ou son attitude contractée, comme se préparant à frapper un coup. Il semble voir partout des ennemis imaginaires et entretenir continuellement des hostilités sans objet. L'envie que son cœur distille le jette dans un état de fièvre permanent; sa vue en est offusquée, il ne sait rien discerner clairement, et les choses extérieures lui apparaissent sous l'aspect le plus fantastique. A ses yeux tout riche est un être cupide, déloyal, dissolu, inhumain, qui tyrannise et exténue le pauvre, s'engraisse de sa substance et le donne en pâture à ses vices. La violence et la ruse peuvent seuls maintenir un régime social sous lequel un petit nombre d'oisifs et de débauchés exploite, pressure et humilie la multitude des travailleurs, des producteurs véritables, des seuls hommes utiles et dignes de rétribution. L'astuce des uns et l'imbécillité des autres rendent encore pour un temps la compression puissante, mais elles ne sauraient jamais la faire légitime, et il suffit que le peuple acquière la concience de ses droits et qu'il s'ébranle, pour que tout l'édifice qui pèse sur lui s'écroule aussitôt. Il s'agit donc de veiller sans cesse et d'exciter dans le peuple une fermentation constante, afin d'amener et de hâter le moment de l'explosion et la ruine définitive de l'ennemi.

Les hommes sont ainsi faits qu'il leur suffit de s'attacher à une pensée, pour qu'au bout d'un certain temps elle passe à l'état d'idée fixe, lors même que son objet ne serait pas le but qu'ils se proposent d'atteindre, mais seulement un moyen choisi pour y parvenir. Ainsi il y a eu en France et il existe encore beaucoup de démocrates, qui après avoir songé au combat comme à un moyen de faire triompher leur cause, ont fini par l'aimer pour lui-même et par nourrir sans cesse dans leur âme des sentiments de violence et de haine. Ces dispositions sont d'ailleurs entretenues et envenimées par des individus déclassés, qui se soucient fort peu de l'application d'un système quelconque, mais cherchent, en surexcitant et en adulant bassement les passions populaires, à provoquer le renversement d'une hiérarchie sociale où ils n'ont pas trouvé place, et à conquérir au milieu de la subversion les positions lucratives et brillantes dont les ont exclus leur incapacité, leur paresse, leurs désordres ou l'ingratitude du sort. Combien dans les rangs des démagogues n'y a-t-il pas à compter d'outrecuidants déçus, de négociants faillis, de nobles ruinés, de médecins et de légistes sans clientèle, de littérateurs et d'artistes sans vocation ! Tous ces déclassés parviennent trop souvent à pallier leurs misères et leurs mensonges, et à se dérober aux investigations et à la censure du public, grâce au manque d'organisation de la société, à l'absence de discipline morale, à la dispersion des individus, à leur affranchissement de toute responsabilité, et aux facilités que rencontrent une vie clandestine.

Si la fusion de l'aristocratie et de la démocratie, si l'établissement de l'aristodémie n'avait à se défendre que de l'hostilité des aristocrates et des démocrates conformes aux types que je viens de retracer, comme ils sont heureusement en petit nombre, il y aurait lieu d'espérer une prompte conversion de la société aux idées saines et vivifiantes qui lui seraient exposées. Mais les mauvaises passions aristocratiques et démocratiques, dont les germes ont été déposés en France par l'ancien régime et par les excès de la révolution, ne sont pas confinées dans les partis extrêmes, elles ont pénétré et susbsistent dans les rangs moyens, non sans doute en gardant toute leur âcreté, mais en retenant encore une influence dissolvante et pernicieuse. Il convient, il est nécessaire de combattre cette influence à tous les degrés, en tous les temps, en tous les lieux où elle s'exerce. On risquera d'être accusé d'impolitesse, de malignité, de causticité ; mais il faut s'aguerrir contre ces clameurs, marcher droit devant soi à la lumière de la vérité, et ne pas se soucier, rire même des vaines récriminations.

C'est de l'action collective de tous que la société attend sa régénération, et chacun doit y contribuer pour sa part, en s'attachant à découvrir les remèdes opportuns et en cherchant à les appliquer en toute circonstance. N'attendez d'aucun système et surtout d'aucun expédient politique notre réorganisation sociale, c'est le contraire qui doit arriver. Ce n'est pas l'Etat qui fait la société, mais la société l'Etat. Malheureusement l'inverse de cette maxime qui a tout le caractère de l'évidence est depuis longtemps considéré en France comme l'expression de la vérité, et à aucune époque il n'a manqué de charlatans ou de visionnaires venant offrir une constitution ou un appareil de police à titre de panacée universelle ; bien plus il s'est toujours rencontré des niais accourant en foule pour accueillir et acclamer ces promesses, dont la vanité se révélait aussitôt que la crédulité avait cessé. Tâchons dorénavant de renverser l'ordre de nos idées, et commençons notre réforme par son principe. Dès que nous aurons réglé convenablement nos mœurs et nos relations sociales, notre reconstitution politique s'opérera facilement et comme spontanément. L'aristodémie, fondée dans la société, revêtira d'elle-même sa forme politique, et le *self government*, purifié de tout élément hétérogène, étendra sur nous son bienfaisant empire.

DES

FONCTIONS PUPLIQUES.

Le désir de s'élever est dans le cœur de l'homme ; il y a été et il y sera toujours. Qu'il se produise à l'état d'orgueil ou de grandeur d'âme, d'ambition ou de hauteur de caractère, de vanité ou de noble fierté, il n'a cessé et il ne cessera pas d'agir. Seulement les temps divers et les circonstances variables le favorisent ou lui font obstacle. Un régime étroitement hiérarchique le comprime sans l'étouffer et l'entrave sans l'arrêter. Un système libéral lui ouvre un large espace, où il se développe avec toutes ses tendances bonnes et mauvaises, se balançant les unes les autres et formant par compensation une résultante qui, nous en sommes convaincu, se dégage dans le sens du bien.

Le mouvement ascensionnel des individus, qui est

un des traits caractéristiques de ce siècle, est généralement considéré comme un résultat propre à la Révolution. A ce grand événement sont imputés les bienfaits comme les dommages, qui sont la suite du désir que chacun éprouve de grandir, de s'étendre et de se fortifier. Mais qu'on veuille bien comparer l'aspect que présentait la société française au moyen-âge avec celui qu'elle montra au XVIIIe siècle, on reconnaîtra du premier coup-d'œil que, durant l'espace de temps qui s'était écoulé d'une époque à l'autre, des changements profonds s'étaient opérés dans la condition et le classement des individus.

Au XIe siècle les campagnes n'étaient habitées que par des seigneurs et par des vilains plus ou moins retenus dans les liens du servage. Dans les villes se trouvaient des bourgeois presque tous ouvriers. Quant à la royauté, elle n'était qu'une seigneurie de laquelle relevaient les principaux fiefs. Son pouvoir effectif était minime ; son ascendant n'était guère plus considérable ; elle n'avait presque pas d'action loin des domaines qu'elle possédait à titre patrimonial, et ses officiers ne dépassaient pas en nombre et en importance ceux des grands vassaux.

Quelques siècles s'écoulent, et le spectacle qu'offre la France se transforme complétement. Les serfs des campagnes ont été affranchis et une partie d'entre eux est déjà devenue propriétaire. Les bourgeois des villes se sont enrichis, ils ont pris confiance en eux-mêmes, ils se sont constitués en communes, ils ont acquis une demi-indépendance, ils se sont retranchés derrière des remparts, ils ont leur garde et leur milice, ils ont leur administration, leur magistrature, leur police et leurs finances. Ils ont des suzerains, mais qui sont plutôt des protecteurs que des maîtres et qui forment comme une esquisse anticipée des monarques constitutionnels. Ici c'est un évêque, là un baron, ailleurs un abbé, en d'autres lieux le roi, qui grâce au courant des temps est destiné à conquérir partout la suprématie. La royauté, très-faible à l'origine, mais toujours une en face d'adversaires divisés, s'est progressivement agrandie; elle a habitué la noblesse à marcher à la guerre sous son commandement ; elle s'est formé une cour qui, avant d'être le siége du haut gouvernement et le foyer du luxe et des grandes intrigues, composait avec quelques bailliages disséminés tout l'appareil de l'autorité monarchique. Cette cour administrait les domaines royaux, alors très-importants, elle dirigeait les opérations militaires, diplomatiques et financières, et elle exerçait par voie d'appel une juridiction qui fut d'abord fort restreinte, mais qui, par des empiètements persévérants et continus, parvint à absorber en elle tous les pouvoirs judiciaires, et fut l'instrument le plus efficace de la centralisation monarchique.

A mesure que le temps marche, les tendances préexistantes se développent. Les grands fiefs sont réunis successivement à la couronne; les arrière-vassaux perdent peu à peu leurs droits de justice; au lieu d'amener leurs contingents aux armées royales, ils prennent rang dans les cadres et se soumettent aux règlements institués par la royauté; s'ils tentent de se révolter, leurs prises d'armes ne se terminent plus par un traité, mais par une condamnation judiciaire. Les châteaux perdent leurs prétoires, leurs fortifications, leurs insignes de domination, et ne retiennent plus que des priviléges purement utiles. Dépouillés de leur gloire et de leur puissance, ils sont envahis par la langueur, la monotonie et l'ennui, tandis que les résidences royales se remplissent d'animation, de bruit, de fracas, de fêtes et de mouvements de toute sorte, ayant pour mobiles l'ambition, l'intérêt, le plaisir et la curiosité.

Les villes exercent aussi leur attraction. Elles ont reculé leurs murs. L'industrie et le commerce, s'étant affranchis, ont pris un notable accroissement. Des bourgeois se sont enrichis, des travaux habiles et des entreprises heureuses les ont conduits à la fortune, et ils ont mis à profit leur situation nouvelle pour s'instruire et pour se policer. Ils se sont initiés aux connaissances théoriques et aux arts agréables, et ces ressources intellectuelles sont venues alimenter leurs entretiens et vivifier leurs assemblées. Cet esprit de société qui est un des apanages de la France s'est formé en même temps que la cour et la haute bourgeoisie. Il leur a dû sa naissance, et soutenu par le concours de la noblesse et des lettrés, il a été l'un des principaux agents de notre civilisation.

Il semble que l'accroissement des richesses, des lumières et de l'importance des communes eût dû non seulement consolider les anciennes franchises, mais leur procurer une grande extension. Il semble que les communes en élargissant leur sphère d'action, en s'atteignant, en se connaissant et en se liant par des rapports assidus, eussent dû traiter ensemble de leurs communs intérêts politiques, et appréciant les avantages de l'union, chercher dans une fédération des garanties pour leurs droits acquis et de nouvelles prérogatives. Le cercle des relations sociales dépassant la commune, franchissant même la province et tendant à embrasser la nation, il s'agissait pour les bourgeoisies de s'assurer de nouveaux droits sur ces théâtres d'activité jusqu'alors inconnus, et de donner de fermes appuis aux développements successifs de leur existence.

Diverses causes qui ne sont pas encore bien élucidées ont empêché qu'il ne se formât au centre de la nation une autorité représentative émanée des communes. On a prétendu que le pouvoir royal en avait tenu lieu et en avait joué le rôle ; c'est une absurdité. La théorie de la monarchie démocratique est un grossier contre-sens, et il est affligeant de voir qu'une pareille ineptie, arrangée en sophisme par des fourbes, ait réussi et réussisse encore à tromper tant de gens naïfs. La démocratie, ou pour mieux parler, la représentation nationale, bien loin d'être équivalente et de pouvoir s'identifier au pouvoir monarchique, est destinée à s'opposer à lui pour le limiter et le contenir. Sans doute il est loisible de dire que la monarchie peut et doit représenter la nation ; mais serait-il raisonnable d'entendre cette proposition en ce sens, que le monarque remplira son rôle de mandataire sans avoir reçu de mandat, contrairement même à la volonté de la personne collective dont il administrera les biens et dirigera la conduite ? Il y a dans l'énoncé de cette proposition une contradiction flagrante. Un monarque ne peut remplir de mandat que celui qui lui a été expressément conféré et qui est essentiellement révocable au gré du commettant. Ce mandat doit être accompagné de toutes les conditions q ui peuvent empêcher qu'il n'en soit fait abus, et pour ne citer qu'un point, des comptes de gestion doivent être périodiquement rendus. S'il est de l'intérêt du commettant de décider que le pouvoir qu'il confère sera transmis aux enfants du premier institué, le bon sens l'obligera évidemment à prendre des précautions plus sévères et à lier son représentant par des engagements plus étroits.

Ces principes ne sont pas contestables. Malheureu

sement, quoiqu'ils résultassent de la nature même des choses, ils ne se manifestèrent pas assez clairement aux yeux de la bourgeoisie française, pour qu'au moment opportun, au déclin du moyen-âge, elle se décidât à constituer son autorité souveraine dans le cercle de la nation, comme elle l'avait fait dans l'enceinte des communes, pour qu'elle déterminât le vrai caractère de la royauté et les conditions du pouvoir qui lui était attribué, et pour qu'elle s'assurât des moyens suffisants de surveillance, de contrôle et de répression. Peut-être l'épée des nobles manqua-t-elle à la hallebarde des bourgeois? Peut-être un peu de fierté, d'énergie et d'audace féodales eût-il été nécessaire pour donner de l'élan, de la résolution et de la persistance à la gravité bourgeoise, encore embarrassée, timide et incertaine? Les seigneurs n'eurent-ils pas l'impertinence et l'imprudence de mépriser les échevins? Ceux-ci, de leur côté, ne nourrirent-ils pas une méfiance excessive contre les brillants et arrogants châtelains dont les donjons hérissaient les campagnes? Quoi qu'il en soit, la royauté mit habilement à profit la séparation qui existait entre la noblesse des châteaux et la bourgoisie des communes, pour commettre d'incessantes entreprises sur l'une et sur l'autre, et se composer avec ses usurpations successives un pouvoir qui finit par devenir énorme et absolu.

On a dit que la royauté s'était liguée avec la bourgeoisie pour abaisser et détruire la noblesse. Cela n'est vrai qu'à demi ; la royauté travailla pour elle seule, elle se servit de la bourgeoisie mais ne la servit pas, du moins volontairement. D'ailleurs elle ne conçut jamais le dessein d'anéantir la noblesse ; elle voulut seulement se la subordonner et en faire la première assise de son trône. Elle comprit qu'elle devait multiplier au-dessous d'elle des classes soumises qui se continssent réciproquement, et qui, en pesant les unes sur les autres, formassent le piédestal de sa grandeur. Elle s'appliqua et réussit à faire pénétrer la croyance qu'en elle résidait la toute-puissance, et que d'elle devaient émaner toute autorité, tout privilége, tout honneur, toute grâce et toute garantie.

La royauté, étendant de plus en plus ces attributions, était amenée à multiplier ses agents. Elle les demanda à la haute bourgeoisie, parce que dans cette classe elle trouvait le savoir, le goût du travail et de l'ordre, l'intelligence des affaires, un esprit sérieux et discipliné et une certaine disposition à subir l'ascendant monarchique. Confinés dans l'enceinte de leurs communes, les hauts bourgeois n'en étaient pas encore venus à concevoir l'organisation d'un libre pouvoir national, à l'exercice duquel ils fussent associés, qui élargît et rehaussât leur existence, et qui sanctionnât et consolidât les constitutions communales. Ils ne s'étaient guère appliqués qu'à défendre leurs priviléges locaux, et ils avaient à cet effet traité avec la royauté comme avec une puissance étrangère. Quand la royauté pénétra dans les communes et y introduisit ses agents, ou fit remonter jusqu'à elle quelques-unes de leurs affaires, les chefs de la bourgeoisie songèrent plus à obtenir de ce pouvoir lointain et supérieur de bonnes conditions et certains avantages déterminés, qu'à s'adjoindre à lui pour agir de concert ou pour le surveiller. Les communes restèrent entièrement distinctes de la royauté, et il n'y eut pas de tentative d'opérer cette fusion, qui dans les temps modernes s'est effectuée entre le gouvernement central et les autorités locales. Les hauts bourgeois qui passèrent du service de leurs communes à celui de la royauté crurent entrer dans une sphère d'action toute différente. Ils se firent les gens du roi et se considérèrent comme voués exclusivement à leurs maîtres.

Les premières entreprises de la royauté ne la montrèrent point absolue; elle ne toucha aux communes que sur certains points, et si l'ambition la porta sans cesse à commettre de nouveaux envahissements, la prudence les lui fit déguiser sous des apparences protectrices. Quand enfin elle jeta le masque et proclama son autocratie, elle avait acquis assez de force et d'ascendant pour n'avoir à redouter aucune résistance. Les usurpations successives d'un gouvernement ne s'additionnent pas, elles se multiplient. Parvenu à un certain point de sa carrière, il s'est transformé; et sans qu'on puisse fixer le moment précis de la métamorphose, la comparaison de ce qu'il était d'abord avec ce qu'il est devenu accuse une transmutation radicale.

Le service du roi offrant de singuliers attraits, il était facile de recruter ses agents. Leur nombre s'augmenta dans la même mesure que le pouvoir monarchique. Ils se bornaient d'abord à faire des rapports, à émettre des avis et à expédier les affaires, mais leur capacité érudite et réfléchie devait prévaloir sur l'ignorance, la légèreté et la présomption des seigneurs, qui à l'origine occupaient les premiers rangs.

Les secrétaires d'état et les conseillers des cours de justice devinrent ainsi les vrais ministres et les vrais magistrats. Les rois, usant de l'accroissement de leur puissance pour l'accroître encore, se débarrassèrent, dès qu'ils le purent, de cette escorte de grands vassaux dont la fougue, la dissipation et l'arrogance les déconcertaient, et ils réservèrent leur confiance à des membres lettrés, modestes, laborieux et disciplinés de la haute bourgeoisie des communes.

Ceux-ci, en se multipliant et en grandissant avec leurs maîtres, composèrent une classe de plus en plus importante. Chargés d'exercer l'autorité royale, ils en vinrent peu à peu à s'en approprier les diverses branches. Des règles avaient été établies pour diriger leur conduite, ils en usèrent comme de retranchements pour se procurer une part d'indépendance. Dépositaires des lois, ils s'en arrogèrent l'interprétation, et alléguant qu'il était de leur devoir d'en défendre l'intégrité, ils allèrent quelquefois jusqu'à s'opposer à l'exécution des volontés royales. Leur résistance ne fut pas toujours infructueuse ; leurs services les avaient rendus nécessaires. Les fonctions qu'ils remplissaient s'étaient incarnées en eux; comme elles, ils étaient presque devenus partie intégrante du système monarchique, et ils n'eussent pu être brisés sans que tout l'édifice n'en parût ébranlé.

Un édit, qui est resté célèbre sous le nom de la Paulette, acheva de consolider la position des gens du roi, en leur attribuant la propriété héréditaire de leurs fonctions. Cet acte législatif accomplit ou plutôt consacra une sorte de révolution, qui ne fut pas sans analogie avec celle qui créa le régime féodal. Les vassaux de la couronne, en usurpant la propriété des fiefs, étaient devenus non seulement indépendants, mais à peu près souverains dans l'étendue de leurs seigneuries. Les gens du roi, en s'assurant à prix d'argent la conservation de leurs charges et offices et la faculté de les transmettre à leurs enfants, acquirent légalement la propriété de leurs fonctions, les identifièrent à leurs personnes, et tout en les gérant au nom de la royauté, lui en dérobèrent la libre disposition.

L'aliénation à prix d'argent des fonctions publiques en faveur de certaines familles semble au premier abord et est essentiellement illogique, illibérale et contraire au bon ordre. Mais, par une de ces bizarreries qui se rencontrent dans la destinée humaine, l'institution de charges et d'offices héréditaires, qui était en soi une mauvaise chose, produisit plus d'un heureux effet. Elle limita l'autocratie royale et empêcha qu'elle ne devînt tout-à-fait absolue. Elle opposa aux volontés, aux passions et aux caprices de la cour certaines règles, certaines barrières, qui sans doute fléchissaient quelquefois, mais se faisaient habituellement respecter, et qui, bien que n'étant point parfaitement conformes aux prescriptions de la raison et de la justice, et ne cédant que rarement au progrès moral, politique et administratif, n'en offraient pas moins aux citoyens d'assez fortes garanties. Assurément il y a beaucoup à regretter dans les deux derniers siècles de notre histoire, mais on ne saurait nier que durant cette période nos aïeux n'aient joui d'une assez grande sécurité dans leur vie privée, n'aient augmenté leurs richesses et leur bien-être, et n'aient ajouté une part notable au dépôt de la civilisation qui leur avait été transmis. Certes, tous ces avantages ne furent pas dûs à l'hérédité des fonctions publiques, mais du moins il nous paraît certain qu'ils n'eussent pas été obtenus, si l'autocratie royale n'avait pas été contenue par la demi-indépendance des magistratures et des charges vénales.

Il faut encore signaler à ce propos un résultat considérable et qui n'a pas été suffisamment apprécié. L'émancipation des détenteurs des fiefs avait créé durant le moyen-âge une classe ou plutôt une caste tranchée, qui pendant plus de deux siècles domina sur la France. Elle ne forma pas un corps homogène et compacte, mais elle consista en une confédération mal liée de petits despotes habituellement renfermés dans leurs domaines. Ses divisions et son éloignement dédaigneux pour les communes la conduisirent peu à peu à la décadence, tandis que des bourgeois, confidents, organes et instruments de la royauté, grandissaient avec elle, et se partageant son autorité, profitaient de tous ses progrès. Quand l'édit de la Paulette consolida dans leurs mains et dans leurs familles leurs fonctions devenues vénales et patrimoniales, il y eut sans aucun doute dans ce démembrement et dans cette aliénation de l'autorité royale quelque chose de semblable à ce qui s'était passé à l'avènement du régime féodal. L'émancipation, il est vrai, fut beaucoup moins complète ; la royauté, quoique virtuellement diminuée et démunie, demeura absolue en apparence et sur beaucoup de points en réalité, et les titulaires de charges et d'offices restèrent dépendant de leurs règles et de leurs compagnies. Toutefois on vit se constituer une classe aristocratique, fondée sur la possession personnelle et héréditaire de diverses parties de l'autorité publique, et sur une situation privilégiée, ferme et respectée.

Pour mesurer l'élévation et la puissance auxquelles était parvenue l'aristocratie bourgeoise des propriétaires de charges et d'offices, il faut se représenter quelle fut durant les deux derniers siècles l'importance des fonctions publiques. Elles communiquaient tout ce qu'il y avait en elles de poids et de prestige aux compagnies et aux individus qui les exerçaient en vertu d'un droit patrimonial. Le gouvernement n'ajoutait rien à son pouvoir, sans que ses agents privilégiés ne s'en enrichissent aussitôt.

L'aristocratie fonctionnaire ou bourgeoise nouvellement promue fut atteinte d'un sentiment fort naturel de jalousie envers sa sœur, l'aristocratie féodale. L'égalant, la dépassant même en importance, elle voulut partager son rang, ses honneurs et ses insignes. Elle convoita et obtint sans grands efforts la noblesse titulaire, et en se mêlant ainsi à la caste seigneuriale, elle se sépara de plus en plus de la bourgeoisie dont elle était issue. Le divorce éclata aux états-généraux de 1614, où le tiers-état fut presque entièrement représenté par des gens du roi. Des disputes de préséance et d'étiquette s'étant élevées, et l'ordre de la noblesse voulant maintenir des distinctions humiliantes pour le tiers-état, les députés de ce dernier ordre revendiquèrent l'égalité et alléguèrent à l'appui de leur prétention, qu'ils ne devaient pas être confondus avec le peuple.

De son côté la royauté, devenue forte et vraiment souveraine, aimait à se donner des créatures et à les multiplier. La noblesse féodale lui rappelait de fâcheux souvenirs; mais il lui plaisait d'avoir au-dessous d'elle des classes privilégiées, qui fussent associées à sa nature supérieure, qui eussent le même intérêt qu'elle à défendre des droits d'exception, qui formassent entre elle et la multitude une haute barrière, qui lui rendissent des hommages brillants et raffinés, qui réfléchissent et propageassent son éclat, et qui, tout en déployant un faste hautain, lui restassent docilement soumises. Pour que ses vues fussent remplies, il fallait à la royauté une noblesse de cour : elle mit tous ses soins à imprimer ce caractère à l'ancienne aristocratie féodale ; elle l'attira dans sa demeure, la convia à des fêtes perpétuelles, l'enrégimenta dans ses armées, l'entraîna à des dépenses ruineuses, la rétablit par des dons et des grâces, la fascina par sa grandeur, l'accabla de son ascendant et la captiva par le plaisir. En outre elle lui adjoignit une nouvelle noblesse, et elle s'appliqua à fondre celle-ci avec l'ancienne, de telle sorte qu'il ne fût pas possible de les distinguer, et que les descendants de ses antagonistes fûssent assimilés à ses créatures.

La vente des charges et des offices, qui avait été inventée pour parer au déficit sans cesse renaissant du trésor royal, était une ressource trop commode pour qu'il n'y fût pas fait de fréquents appels. De là un accroissement démesuré du nombre des fonctions publiques et de leurs titulaires. La noblesse ne fut pas moins prodiguée ; elle fut attribuée à une multitude d'emplois, tant militaires que civils ; elle fut offerte comme amorce et en quelque sorte comme prime à des prêts d'argent ; elle récompensa des services réels ; elle fut accordée à des favoris non seulement du maître suprême, mais de ses courtisans ; elle découla de la bienveillance, du caprice, de la faiblesse, de l'intrigue ; elle accompagna indûment ou non la propriété des fiefs acquis par des roturiers ; souvent même elle fut simplement usurpée, et il ne fallait pas un temps bien long pour que l'audace ou la ruse pût jouir du bénéfice de la prescription.

Cette noblesse de toute fabrique, encore un peu féodale mais surtout bourgeoise, doit s'appeler noblesse de cour, parce qu'elle émana de la cour, si ce n'est en totalité, du moins en très-grande partie, et que d'ailleurs elle se comporta comme si elle eût eu tout entière cette origine. Elle pouvait pulluler à l'infini sans dommage pour la royauté, car elle lui était subordonnée, ne possédait pas de prérogatives politiques et se glorifiait de sa soumission. Elle avait des priviléges, elle était, dans la vie privée, entourée de considération et de respect, et, dans les régions limitées de l'administration, elle exerçait avec une certaine indépendance l'autorité qui lui était déléguée nominalement et en principe par la royauté. Mais son existence au sein de la société était isolée, elle n'avait nullement la position, les racines et le ressort d'une véritable aristocratie ; elle pesait et ne s'appuyait pas sur le reste du peuple, dont elle affectait de se séparer, et que peu à peu elle s'aliéna et tourna contre elle. Malgré de brillantes apparences, intérieurement elle était faible ; elle existait pour et non par elle-même ; couronnement d'un vaste édifice, elle n'avait pas de solidarité avec les fondements qui devaient tôt ou tard, en s'ébranlant, précipiter le faîte qu'ils supportaient. Une véritable aristocratie subsiste par elle-même ; elle se fonde sur un patronage qu'elle a créé ; elle dispose d'une clientèle qui lui appartient en propre ; elle ne relève pas d'un monarque, ou si elle en a jadis émané, elle a su s'affranchir de sa domination et se reconstituer fièrement en face du trône.

Quels qu'aient été les défauts, les travers, la vanité, et la fragilité de notre aristocratie royale, ce n'est pas sans raison qu'elle a obtenu de la renommée, qu'elle a eu ses laudateurs et ses imitateurs. Elle n'a point passé dans ce monde sans laisser quelque chose de bon derrière elle, et sans avoir montré certaines qualités distinguées. Mais pour la voir sous son beau jour, il ne faut point la considérer dans son attitude politique, ni l'observer dans ses rapports avec la royauté et avec le peuple. Elle paraissait ignorer quelles étaient et devaient être l'économie générale de la nation, la nature respective et la solidarité des diverses classes, l'organisation et la pondération du système total. Elle était enfermée en elle-même, et nulle partout ailleurs. Sans dignité vis-à-vis de la royauté, elle n'avait pas de sympathie pour le peuple, elle ne révélait guère son mérite que dans l'intérieur de sa sphère et dans les rapports mutuels de ses membres.

Indépendante dans le cercle des fonctions spéciales qu'elle s'était appropriées, elle y entretenait des préjugés et de la morgue, mais aussi de l'ordre, de la fixité et de la probité. Elle possédait le genre de mérite que donne cet esprit strictement conservateur, qui repousse à la fois les envahissements du bien et du mal. Mais où elle semble avoir montré les qualités les plus remarquables, ce fut dans les salons. Là se forma l'esprit de société, qui est l'apanage de notre pays et qui s'est propagé dans le monde entier sous le nom propre d'esprit français. Les personnes qui jouissaient des priviléges du rang, de la fortune et de l'éducation, s'étant mises à s'assembler journellement pour se récréer, s'animer, se complaire, ces réunions engendrèrent une politesse, un raffinement dans le goût et les manières, une production d'idées et un développement de sentiments spéculatifs, qui marquèrent une phase nouvelle dans le progrès de la civilisation. Sans doute on était frivole, mais avec art et agrément. On dissertait sur beaucoup de sujets graves et élevés plutôt par conjecture qu'avec le savoir que donne l'expérience, mais l'intelligence ne laissait pas de s'agrandir et de se fortifier dans d'habiles gymnastiques. La galanterie tournait souvent à la licence, les liens de famille se dénouaient dans la promiscuité mondaine, et l'union conjugale était remplacée par un libre commerce; mais la volupté apprenait la délicatesse, le cœur s'instruisait à cultiver de hautes émotions, et les entraînements se paraient de poésie. Si l'on se tenait à l'écart des grandes affaires sociales et des masses populaires, on se les réprésentait théoriquement, on en discourait, et la pensée qui suppléait à l'action la préparait pour l'avenir. L'urbanité était une initiation à l'humanité, et quand le génie philosophique pénétra dans les salons élégants, il y rencontra un cordial accueil, que lui avait ménagé l'amour des nobles études et des idées libres et généreuses.

La littérature donna une forte impulsion à l'esprit de société, qui lui voua une fidèle reconnaissance, lui montra toujours une vive amitié, corrigea son pédantisme, polit son langage, façonna ses manières, et lui communiqua ce qu'il avait de spontanéité et d'inspiration. Les gens du monde s'étaient d'abord posés en protecteurs ; plus tard, quand la valeur des hommes fut mieux appréciée et fut mesurée sur un plus juste étalon, les gens de lettres furent admis dans les salons sur un pied d'égalité et même de familiarité. Ces temps sont déjà loin de nous et l'on s'en forme difficilement une idée. Sans doute les idées libérales ont fait depuis un siècle de grands progrès dans la nation ; mais les y retrouve-t-on aussi vivaces, aussi larges et aussi sincères qu'elles l'étaient jadis parmi les hautes classes ? N'y a-t-il pas lieu aussi de regretter, dans les mêmes régions, une diminution notable de goût et de zèle pour les choses intellectuelles, et une certaine dépression, un certain rétrécissement dans les âmes, devenues timides, méfiantes et ombrageuses ?

Il a été dit souvent que la littérature a engendré la révolution de 89. Elle peut accepter cette imputation, mais elle n'est pas la seule à encourir cette honorable responsabilité, et il est juste qu'elle en reporte une partie sur l'esprit de société. Elle lui était trop intimement unie, pour que l'une et l'autre ne marchassent pas au même but et ne concourussent pas aux mêmes œuvres. Les idées qui se développèrent dans le cours du XVIIIe siècle furent sinon enfantées, du moins recueillies, soutenues, réchauffées et encouragées dans le sein des salons. C'est de là qu'elles partirent, confiantes et enthousiastes, pour se répandre dans la multitude. Leur réalisation eut pour effet de détruire les priviléges de leurs premiers patrons. Ce fut précisément l'honneur de ceux-ci d'avoir provoqué les coups qui les atteignirent. Cette chevalerie libérale fut ainsi bien supérieure à la chevalerie féodale, qui avait pour mobile essentiel, non l'amour de l'humanité, mais l'honneur personnel.

Sans doute le mouvement d'opinion qui se produisit dans les hautes classes ne fut pas unanime; l'égoïsme opposa des résistances, mais il fut loin de prédominer et il ne parvint pas à entraver l'élan général. Il ne faudrait pas non plus pénétrer par un examen trop minutieux les divers motifs qui secondèrent l'esprit de temps. On y trouverait des jalousies d'ordre, des prétentions de corps, des cabales de cour trompées, des intrigues se servant d'armes de toute sorte, des passions ambitieuses, un appétit de nouveautés étranger à toute conviction, et le besoin de rompre par de fortes émotions la monotonie d'une vie blasée. Quand il s'agit des œuvres humaines, même des meilleures, il faut toujours admettre qu'il y est entré des mobiles de nature diverse, et que les sentiments élevés n'ont pu se dégager entièrement de leur fatale escorte, les instincts inférieurs. Pour définir le vrai caractère d'un grand mouvement social, il faut n'en considérer que la direction générale et laisser dans l'ombre les impulsions secondaires.

Ce décompte fait, on peut affirmer en toute assurance que les théories libérales émanées des gens de lettres trouvèrent parmi les gens du monde et dans les hautes classes des amis et des zélateurs qui contribuèrent puissamment à leur succès.

L'accomplissement de la Révolution fit évanouir une grande partie des espérances conçues. La confiance dans l'avenir avait été excessive ; aux illusions durent succéder les mécomptes, et, ainsi qu'il arrive presque toujours, la réaction qui suivit entraîna la vérité avec l'erreur, le bien avec le mal. Les nobles et les bourgeois privilégiés qui avaient appelé des réformes, n'en avaient pas mesuré toute la portée ; beaucoup s'étaient complu dans la pensée que les coups qui seraient frappés les épargneraient et n'atteindraient que leurs rivaux ; ou s'ils s'étaient résignés spéculativement à des sacrifices, ils les trouvèrent, quand il fallut les subir, beaucoup plus durs qu'ils ne se l'étaient imaginé, et ils n'eurent pas le courage d'endurer les privations et les disgrâces qui résultaient nécessairement de l'application des principes qu'ils avaient théoriquement acceptés et professés.

D'ailleurs la Révolution déchaîna des passions avec lesquelles n'avaient pas compté les premiers réformateurs dans leurs plans politiques trop semblables à des idylles. Leurs romans doux et tendres furent malheureusement interrompus par des tragédies sanglantes, et il fallait être doué d'une rare fermeté de tête et de cœur pour résister à l'effroi, au dégoût, à la colère, pour ne pas se laisser abuser par de faux semblants qui identifiaient la liberté et la licence, et pour demeurer loyalement et fidèlement attaché à des principes qui avaient été l'occasion et le masque des excès les plus condamnables.

La plupart des hauts bourgeois et presque tous les nobles désertèrent le camp de la Révolution. Quelques âmes supérieures conservèrent seules leur sérénité au milieu de tant d'orages. Elles furent soutenues par une vertu qui ne peut se rencontrer que dans quelques individus, mais jamais dans des classes nombreuses. Le commun des hommes est ainsi fait qu'on ne peut attendre d'eux qu'une dose moyenne de courage et de désintéressement. Exiger davantage serait de l'injustice et de l'imprévoyance. Les hommes ne peuvent donner et l'on n'est en droit de leur demander qu'en proportion de ce qu'ils ont reçu de la nature. Or la valeur native de la plupart des hommes est médiocre.

Les pertes subies par le parti libéral furent amplement compensées, du moins en quantité, par les recrues faites dans les rangs de la moyenne et de la petite bourgeoisie et dans les masses populaires. Des intérêts fortement excités, des ardeurs, des haines et des terreurs dévorantes engendrèrent ou simulèrent des convictions qui, pour n'être pas toujours pures, n'en étaient pas moins puissantes. On ne sait que trop quelles passions surgirent, s'irritèrent et s'exaspérèrent, quels conflits et quels chocs furieux éclatèrent, à combien de perturbations la société fut livrée, et quelle lassitude, quel découragement, quelle prostration suivirent ces violents orages. Au milieu de ce désarroi moral se leva un guerrier heureux qui promit de garantir tous les intérêts privés, tant anciens que nouveaux, à condition que la chose publique lui serait sacrifiée. La pusillanimité signa ce marché proposé par l'ambition.

L'autocrate issu de la Révolution se montra voué à une préoccupation exclusive, la constitution de son pouvoir personnel sur les bases du plus parfait absolutisme, d'abord en France, puis dans le reste de l'Europe. A l'intérieur, il n'inventa rien ; il fit de l'éclectisme. Il emprunta à l'ancien régime tout ce qui s'accommodait à ses vues despotiques, et il prit du nouveau tout ce que la nécessité lui imposait et dont il pouvait se faire un appui. Il restaura l'Eglise catholique, afin qu'un clergé complaisant lui donnât une consécration surnaturelle et prêchât dans toutes les paroisses la soumission à ses arrêts. Il rétablit une noblesse de cour, afin de rehausser son trône par des assises pyramidales, afin de s'entourer d'un cortége imposant, afin d'amorcer les anciennes familles, de les détacher de la vieille dynastie et de se réjouir dans son orgueil de leur soumission, afin aussi de captiver les notabilités nouvelles en allumant leur vanité, et de les amener à se séparer du peuple, à donner un démenti à leurs antécédents et à leurs principes, et à accepter les liens d'une servitude fastueuse. Il eut soin de mêler et de fondre autant que possible les deux éléments de la noblesse renaissante, pour que le produit de cette combinaison eût un caractère unique et propre, et fût revêtu de l'empreinte de la main qui l'avait créé. Un appel à la vanité humaine manque rarement son effet, surtout quand les voix portées à le combattre sont réduites au silence. La noblesse impériale trouva d'avides compétiteurs; elle obtint même les applaudissements d'ineptes démocrates, qui s'enorgueillirent de voir des gens de leur condition décorés de titres nobiliaires.

Sous l'ancien régime, l'aristocratie comprenait, outre la noblesse, les titulaires des charges et des offices transmissibles héréditairement. La nouvelle autocratie ne pouvait manquer de rétablir la hiérarchie des fonctionnaires, mais elle se garda bien d'aliéner entre leurs mains les divers pouvoirs dont elle les investissait. Elle voulait en avoir la libre et pleine disposition, en faire des instruments souples et dociles, et par eux enserrer, dominer et mouvoir la société tout entière, en régler toutes les actions et la tenir dans une étroite dépendance. Les mêmes agents furent remis en œuvre sous des noms différents; mais au lieu d'être dotés de certains priviléges qui eussent défendu, rehaussé et ennobli leur situation, ils appartinrent entièrement à leur maître, n'eurent de pensée ni de volonté que les siennes, et procurèrent à sa personne l'omnipotence et l'ubiquité. Cette identification dût les consoler de leur asservissement, et il leur fut loisible de s'imaginer que c'était pour eux un grand honneur d'être les organes de l'autocratie suprême. Les apologies ne manquèrent pas à cette création de l'absolutisme; on en vanta le mécanisme à la fois simple et savant, uniforme et précis dans son extrême complication. Sa grande supériorité sur l'ancien système consistait en ce qu'il éliminait toute résistance et toute entrave, et qu'il excluait tous ces priviléges surannés, qui étaient humiliants, onéreux et dommageables pour le reste de la nation. Aujourd'hui encore, la centralisation universelle et complète, qui rassemble et concentre toutes les forces vives d'un peuple en une seule personne, compte un grand nombre d'admirateurs béats et de serviteurs ingénus. On la compare volontiers à ce magnifique système solaire qui fait graviter perpétuellement et sans la moindre déviation des milliards de milliards de molécules autour d'un astre central et resplendissant. Quelle heureuse invention que la métaphore pour tenir lieu de raison et voiler les inepties !

Quelque vastes que fussent les cadres officiels, ils ne pouvaient embrasser tous les individus composant la nation. Des rejetons de familles jadis privilégiées ou distinguées y avaient pris place à côté des recrues nouvelles que la Révolution avait apportées. Mais en dehors étaient restés dans des situations privées beaucoup de nobles et de hauts bourgeois de date ancienne ou récente, qui ne s'étaient pas souciés de servir, ou qui n'avaient pu obtenir d'emploi, ou qui avaient dû se consacrer à leurs affaires personnelles. Ces hommes, dont l'existence était individuellement libre, auraient pu sans doute former un contre-poids au gouvernement, s'appliquer à le surveiller et à le contenir, si ce n'est à le diriger. Ils auraient pu constituer une opinion publique et édifier une autorité morale, destinée tôt ou tard à dominer l'autorité politique et à transformer l'autocratie en un pouvoir représentatif. Mais au commencement de ce siècle, une pareille pensée était loin des esprits : le spectre révolutionnaire planait au-dessus d'eux et les intimidait. On ne songeait pas que c'était le devoir de chaque citoyen de le conjurer par des efforts spontanés, que l'autocratie, existant en dehors de la société, n'était qu'un fragile rempart, et qu'elle était elle-même un grave danger. On était tout occupé à rattraper une fortune échappée du naufrage, ou à consolider celle qu'on avait tirée du sein même de la tourmente, ou à s'approprier les bénéfices que promettait l'industrie lancée dans des carrières aussi neuves qu'étendues. D'ailleurs l'organisation gouvernementale avait un aspect grandiose qui imposait. La résurrection monarchique avait ramené les antiques superstitions ; on s'inclinait, on admirait, et si l'on ne recherchait ni pour soi-même, ni pour un fils, l'insigne honneur de participer au pouvoir, on désirait du moins attirer sur soi sa faveur et se ménager sa bienveillance.

Lorsqu'arriva l'époque où l'absolutisme périt par ses excès, tout le monde reconnut qu'il fallait adjoindre à l'antique monarchie restaurée un appareil représentatif, qui remplît envers elle le double office de contre-poids et de soutien. Dans cette réparation du gouvernement, on se garda d'ébranler l'édifice de la centralisation impériale; on se contenta de le flanquer de deux chambres parlementaires, et de détendre les liens qui enserraient les organes de publicité. On prétendait conserver intacte la force du gouvernement et en même temps faire la part de la liberté. Autant aurait valu maintenir une affirmation et en même temps admettre la négation corrélative. Il eût fallu, pour réaliser cette prétention, que les meneurs politiques eussent à leur disposition et sussent mettre en usage la recette magique de Hegel, cette synthèse transcendentale, qui unit, concilie et absorbe l'une dans l'autre la thèse et l'antithèse. Malheureusement cette recette n'a pu encore être tirée du fond des arcanes de l'ontologie et produire le plus mince résultat.

Sitôt que l'antique monarchie eut été restaurée, un parti violent se serra autour d'elle et voulut se l'approprier. Ce parti était composé d'hommes à qui la Révolution avait ravi leurs priviléges et avait fait endurer de cruelles souffrances. Ils établissaient une solidarité complète entre eux et la royauté, se disaient les victimes de leur dévouement pour elle, prétendaient qu'elle se devait toute à eux, et cherchaient à lui persuader que d'eux seuls elle avait à attendre sa sûreté présente ainsi que la restitution de ses prérogatives perdues, tandis que partout ailleurs elle rencontrerait l'inimitié, la perfidie et l'insolence. Suivant les ultras, la royauté ne devait gouverner que pour eux et par eux, s'isoler de la nation, la répudier, mépriser les lois constitutionnelles et les éluder, jusqu'au moment où il serait possible de les briser.

Vouloir gouverner la France, en la méconnaissant et en la repoussant, était une prétention des plus absurdes. Du cercle des ultras se trouvaient exclues, non seulement les classes moyennes et inférieures ainsi que celles dont la promotion à un rang supérieur était de date récente, mais encore la plupart des descendants de familles anciennement fondées qui, nonobstant des regrets intéressés que les catastrophes politiques avaient pu leur laisser, s'accommodaient par raison ou par goût du régime nouveau, qui leur permettait de profiter de leurs avantages naturels et de donner essor à leurs facultés. Réduits à l'état de coterie hautaine, aigre et répulsive, les ultras auraient promptement succombé sous l'immense coalition qu'ils avaient suscitée contre eux, si le bon sens public n'avait été résolu à pousser jusqu'au bout l'épreuve de la conciliation de l'antique dynastie avec les institutions modernes. On sait quels furent ceux qui provoquèrent la solution finale. On peut regretter que la liberté et l'ordre public n'aient plus pour sauvegarde une maison royale, dont les fondements se dérobaient dans un passé insondable ; mais on doit aussi reconnaître que l'incomptabilité qui éclata ne fut nullement imputable à ceux contre qui avait été prononcée une exclusion radicale. La Restauration qui s'était déclarée l'adversaire de la nation, avait porté elle-même son arrêt ; son maintien eut été l'abdication même du peuple et la négation de l'ordre public.

Quand réduite à une extrémité toujours fâcheuse, la France fut obligée d'en venir à une révolution, un esprit très-clairvoyant eût reconnu qu'il fallait enfin placer, ou pour mieux dire, laisser se développer dans la nation les forces vives, qui étaient destinées à donner l'impulsion et la direction aux affaires publiques. Mais cette prévoyance manqua au grand nombre et même à la plupart des hommes éminents. Deux causes d'erreur prévalurent et offusquèrent les esprits. La peur de l'anarchie, châtiment fatal des excès antérieurs, ne permit pas de fouiller les bases de l'édifice politique et de reconnaître en quoi il était caduc. Il fallait se hâter, rétablir un ordre quelconque et se ménager un toit pour le lendemain. On se dit que les institutions n'avaient pas péché, mais seulement les hommes, et qu'en assurant par le moyen de quelques amendements législatifs la prépondérance de la bourgeoisie, on obvierait dorénavant aux abus qu'on avait eu à déplorer. Puis on n'avait pas cessé de vouer à la centralisation un culte superstitieux. Cette maxime empreinte d'une absurdité superbe : beaucoup de pouvoir et beaucoup de liberté, ne trouvait pas de contradicteurs. Les républicains l'acceptaient de même que les conservateurs les plus tenaces.

Pour tous les partis le problème politique se posait en ces termes : conquérir le pouvoir afin de dominer la société moyennant les armes et les instruments innombrables de la centralisation. On comptait qu'une fois maître de cette énorme puissance on s'emparerait du clergé par la nomination des évêques, par le relâchement ou le resserrement de la police des cultes, par des concessions ou des menaces, par des faveurs ou des rigueurs. On formerait par l'Université l'esprit des générations nouvelles et l'on s'assurerait l'avenir, en même temps qu'on disposerait de la voix éloquente du corps enseignant. Avec les tarifs de douane on soutiendrait certaines industries ou on les laisserait choir; on en créerait d'artificielles; on ferait ici l'abondance, là la pénurie; on aurait la faculté de protéger et d'enrichir, suivant l'occurrence, tantôt la propriété foncière et la production agricole, tantôt les valeurs mobilières et les manufactures. On aurait dans la main les rouages de la banque et l'on disposerait par là du crédit. On exercerait des monopoles de divers genres, qu'on pourrait multiplier sous prétexte du bien-être public. On ferait peser plus ou moins le lourd fardeau de l'impôt sur telle ou telle classe, suivant qu'on aurait des récompenses à distribuer, des amorces à offrir, des rancunes à satisfaire. On saurait se servir utilement des autorisations, des encouragements, des prohibitions et des pénalités qui ont été inventées en nombre infini pour dispenser les citoyens de veiller à leur propre défense et à leurs propres intérêts. La bonne discipline de l'armée garantirait son obéissance à quiconque en aurait le commandement. Enfin par les relations diplomatiques et l'action à l'extérieur, on réagirait fortement à l'intérieur.

Le tout était de conquérir le pouvoir. Une fois qu'on en serait devenu possesseur, on saurait bien le garder. Les attributions démesurées dont il était doté fourniraient les moyens de triompher de toutes les compétitions et de toutes les hostilités. On disposerait d'une armée de fonctionnaires qui joindraient à leurs services ceux de leurs attenants, brideraient autour d'eux les résistances, et séduiraient ou intimideraient les votes électoraux. Les assemblées parlementaires, dont la composition aurait été savamment élaborée, seraient maintenues dans la dépendance, beaucoup de députés étant liés par des emplois publics, et les autres ne pouvant conserver leur position représentative qu'à la condition de faire pleuvoir sur leurs commettants les faveurs du pouvoir. Avec un pareil système, la liberté était simplement considérée comme étant la faculté de réaliser certaines innovations et d'accomplir certaines réformes populaires sous forme de lois et par voie de coërcition morale. Il ne s'agissait pas d'amener le peuple à se gouverner par lui-même, à concevoir, discuter et mûrir des desseins destinés à se convertir par l'entremise des dépositaires du pouvoir en mesures législatives. Il n'y avait plus de délégation réelle faite aux gouvernants par les gouvernés, ni de contrôle exercé sur les premiers par les seconds. Un petit nombre d'hommes formant une sorte d'oligarchie disposaient au nom de certains principes du sort de la nation, et s'autorisaient bien plus de leurs convictions que de son assentiment présumé.

Cette manière de procéder constituait un système qui, pour n'être pas expressément formulé, n'en était pas moins compris et accepté généralement. Il avait pour support la centralisation dont l'excellence était admise à titre de dogme, et que les partis même les plus hostiles se gardaient d'attaquer, se réservant d'en user ultérieurement pour leur propre compte. Les classes laborieuses assistaient avec indifférence aux opérations gouvernementales dont les véritables vices, non plus que le mécanisme, ne leur étaient révélés. Ignorantes qu'elle étaient des choses politiques, elles devaient ne s'ébranler que sous le coup de la passion, et alors se précipiter aveuglément à la suite de démagogues et de visionnaires.

Quant aux classes élevées, non seulement elles adhéraient à la théorie de la centralisation, mais en acceptaient volontiers le régime, qui semblait leur offrir les meilleures garanties et être la condition indispensable du maintien de la tranquillité publique. D'ailleurs beaucoup de leurs membres étaient au service de l'Etat, et parmi elles régnait l'opinion que la considération et la dignité personnelles ont pour mesure le rang qu'on occupe dans la hiérarchie gouvernementale. Pour les anciennes familles, cette opinion était un héritage venu des ancêtres ; pour les nouvelles, c'était une leçon facilement apprise des premières, dont l'exemple était un objet de perpétuelle imitation.

Des ethnographes ont prétendu que l'amour des places est endémique parmi nous, qu'il est le fruit de notre vanité nationale, qui veut des distinctions extérieures et authentiques, et qui légère et mobile a besoin d'un soutien fixe et solide. Notre désir le plus vif serait de faire montre et acte de supériorité; mais nous n'aurions ni la vigueur, ni la persistance nécessaires à l'homme qui ne cherche de point d'appui qu'en lui-même, et qui ne demande qu'à ses seules facultés les moyens d'établir son ascendant sur autrui. Malgré notre amour-propre, nous n'aurions pas assez de foi en nous-mêmes pour entreprendre d'acquérir avec nos ressources individuelles quelque empire sur nos semblables, et nous croirions devoir recourir au colosse gouvernemental pour lui emprunter la force qui nous fait défaut.

Ce jugement n'est pas dénué de vérité, mais est excessif. Il prête un caractère absolu à une tendance qui sans doute tire son origine de notre naturel, mais que des circonstances particulières ont développée outre mesure et ont jetée hors des limites que d'autres conjonctures auraient pu lui imposer. Nous sommes encore sous le poids de nos antécédents historiques, mais, s'ils ont eu leur raison d'être, il ne s'en suit pas qu'ils n'eussent pu être différents de ce qu'ils ont été, et dans tous les cas ils ne sauraient pas plus commander à l'avenir qu'ils n'ont été eux-mêmes l'inévitable produit du passé. Il est bon de rechercher les causes et les effets des événements humains, et nous avons eu souvent lieu d'applaudir au zèle et aux succès de nos contemporains dans la poursuite de cette étude. Malheureusement leurs conceptions n'ont pas été réglées par une critique exacte et solide. Avides d'atteindre à des points de vue grandioses, poussés aussi par l'esprit de parti et désireux de couvrir leurs maximes pratiques de théorèmes absolus, ils se hatèrent de formuler des généralisations prématurées, élevèrent indûment des choses accidentelles, temporaires, imparfaites au rang des choses essentielles, permanentes, excellentes; confondirent l'idéal immuable, mais inaccessible, avec des réalités effectives, mais changeantes; et tout en prétendant édifier des systèmes complets et partant indiscutables, n'en aboutirent pas moins à des divisions tranchées et à des incompatibilités radicales. Ce ne fut pas seulement des questions métaphysiques et des inductions projetées sur l'avenir qui provoquèrent le choc des opinions ; ce fut même l'interprétation du passé, le jugement de faits qui à la lumière de l'histoire se laissaient voir et toucher, et qui revêtus d'une forme définitive semblaient ne pas souffrir qu'on en disposât arbitrairement.

Pour nous, nous n'admettons pas que le type de nos classes supérieures ait été définitivement arrêté durant le dernier siècle, que leur manière d'être antérieure constitue leur essence définitive, et qu'elles ne puissent dorénavant s'en écarter. Nous souhaitons qu'elles se corrigent, et nous avons l'espoir qu'elles y réussiront. Toutefois nous ne saurions méconaître qu'elles soient encore pénétrées des traditions anciennes. Si l'on excepte quelques groupes placés dans des foyers ardents d'industrie et de négoce, de rares âmes contemplatives, qui ne demandent des satisfactions qu'à leur propre spontanéité, puis un certain nombre de nonchalants sybarites et de propriétaires qui couvent de l'œil leurs domaines et leur vouent un amour plus assidu que fécond, presque toutes les autres personnes qui sont classées par leur fortune ou leur naissance dans les rangs supérieurs convoitent, soit pour elles-mêmes, soit pour leurs enfants, l'honneur ou le profit que procurent les fonctions publiques.

Est-on riche, la fortune donne de l'orgueil, mais non les moyens de satisfaire entièrement cette passion. La soumission de quelques gens à gages ne suffit point à la contenter. On a le sentiment de la valeur qu'on emprunte à l'or dont on dispose, et l'estime du public, particulièrement des pauvres, pour cette puissance métallique, vient heureusement confirmer la bonne opinion qu'on a de soi à raison de ce que l'on possède. Toutefois ce n'est pas assez. On est sans cesse frappé de la suprématie qu'exerce l'Etat, de l'éclat qu'il projette, de la crainte révérentielle qu'il inspire, des espérances qu'il excite ou qu'il décourage. En lui réside, de lui émane la force souveraine. Il s'agit donc de se livrer et de s'identifier à lui, afin de partager ses magnifiques attributs et de parvenir sans effort et sans peine à se faire respecter, obéir et admirer.

Tout homme porte en soi un aristocrate. Qu'est-ce en effet qu'un aristocrate, si ce n'est celui qui occupe un rang supérieur dans la hiérarchie sociale? Et quel est celui d'entre nous qui ne vise à s'élever au-dessus des autres ? S'insurger contre l'aristocratie, c'est se révolter contre la nature humaine, c'est attaquer un instinct qui est un élément constitutif de notre âme et un rouage indispensable du mécanisme social. Ne sommes-nous pas divers et inégaux? N'avons-nous pas chacun notre destination propre? Si par timidité ou fausse modestie nous restons au-dessous du rôle qui nous est assigné, et si nous en acceptons un qui laisse une partie de nos facultés inoccupées et stériles, nous aurons manqué à notre devoir, nous aurons porté préjudice tant à autrui qu'à nous-mêmes. Il y a une ambition légitime et obligatoire, qui nous pousse à travailler au bien public dans toute la mesure de nos forces et à nous emparer de tous les moyens d'action qui peuvent nous servir dans cette entreprise, comme il existe aussi une ambition qui n'a pour but que la satisfaction de notre égoïsme, ne tend qu'à subordonner nos semblables à notre personnalité, ne fonde notre élévation que sur l'abaissement d'autrui, et ne considère dans les prérogatives conférées ou admises par la société que des instruments à l'usage de l'orgueil individuel.

Il importerait d'examiner en chaque circonstance l'espèce d'ambition qui se produit dans l'effort que fait une personne pour parvenir à un rang plus élevé et étendre son pouvoir. Veut-elle se consacrer à ses semblables ou se les subordonner? Telle est la question à débattre. Et d'abord il faut observer que, pour remplir un devoir, la première condition est de ne relever que de sa conscience. On ne peut servir fidèlement une cause, si l'on s'est mis au service d'un homme et si l'on est à la merci de ses caprices, de ses passions, de ses travers et de ses vices. Sans doute nous ne saurions entièrement nous soustraire au commandement d'autrui, et il est une multitude d'occasions où il faut que nous nous résignions à obéir; outre la déférence à laquelle nous sommes tenus envers ceux qui nous sont essentiellement supérieurs, nous sommes obligés d'accepter la loi organique de la plupart des œuvres sociales, laquelle implique l'unité de direction et la division du travail; mais si nous sommes fréquemment assujétis à l'obéissance, il nous est permis et c'est même pour nous un devoir d'en discuter et d'en vérifier les conditions. Si le commandement du chef ou du maître est conforme à la règle, il faut s'y soumettre ; dans le cas contraire il faut y résister. Rien n'est plus simple, et dans l'un et l'autre cas c'est à la règle et non à l'homme qu'on obéit.

Pour beaucoup de fonctionnaires, il existe des réglements qui leur tracent sur tout point la marche qu'ils ont à suivre. Dès leur entrée en exercice, ils savent ce qu'ils auront à faire, et ils peuvent d'avance s'assurer de l'accord de leur conscience avec leur conduite ultérieure. Mais la tâche de ceux-ci, quoique utile et méritoire, est en général d'un ordre secondaire. Ils sont cantonnés dans une section de l'édifice politique, ils ne sont pas appelés, ni ordinairement admis à agir sur l'ensemble, sur l'organisation et sur la destinée morale de la société. Leur responsabilité est fort restreinte, mais aussi leur importance est diminuée d'autant. Ils achètent leur sécurité au prix de la plupart de leurs attributs civiques. Nous supposons d'ailleurs que la politique ne pénètre pas dans leurs compartiments administratifs, ne fausse pas leurs règlements, et ne les contraignent pas à sacrifier leur probité professionnelle aux exigences iniques des maîtres du gouvernement.

Quant aux fonctions proprement politiques, elles ne comportent pas de règles précises et fixes. C'est sur l'habileté et la fidélité de ceux qui les exercent que repose l'existence même du gouvernement, et ils ont en conséquence à porter une attention continue sur les mouvements variables de la société, pour les diriger ou les soutenir, pour les réprimer ou les fortifier, pour les combattre ou s'en faire un appui. Ils doivent modifier leurs vues, changer leurs procédés, improviser des expédients suivant les nécessités occurentes. Ils doivent sans cesse pourvoir à des cas nouveaux avec des idées qui y soient adaptées, et qu'ils ont à inventer tout en se conformant aux maximes, aux plans et aux intentions des chefs de l'Etat. Ils sont les yeux et les mains, les organes de perception et d'action de ceux qui les emploient. Leur conscience n'a plus la faculté de discerner et de choisir, de se décider ou de s'abstenir; ils sont asujétis à une dépendance absolue, qui entraîne leur âme comme leur corps et identifie leur pensée à celle dont ils sont les serviteurs.

Cette abnégation de l'indépendance personnelle n'implique pas nécessairement l'extinction de la conscience, ni le sacrifice de l'honneur, ni l'abolition de la raison. Labruyère a dit : : « Je ne haïrais » pas d'être livré par la confiance à une personne » raisonnable, et d'en être gouverné en toutes cho- » ses, et absolument, et toujours : je serais sûr de » bien faire, sans avoir le soin de délibérer ; je joui- » rais de la tranquillité de celui qui est gouverné » par la raison. » Des chefs politiques peuvent remplir le rôle de cet ami raisonnable, et des fonctionnaires retrouver sous leur inspiration et leur direction toute la probité, toute la dignité et toute la sagesse qu'ils ont aliénée entre leurs mains. Mais pour qu'il en soit ainsi, pour que les fonctionnaires, en obéissant aux ordres et aux suggestions d'autrui, croient n'obéir qu'à leur propre raison et à leur propre conscience, il faut que leurs chefs, étouffant en eux-mêmes tout égoïsme et tout esprit de domination personnelle, ne soient que les organes fidèles et comme l'incarnation d'une pensée supérieure, générale et invariable.

Evidemment, pour qu'un pareil système soit pratiqué dans un pays, il est nécessaire qu'il y existe une volonté publique, qui soit éclairée, énergique et persistante, qui ait fait la loi ou l'ait sanctionnée, et qui soit véritablement représentée par les pouvoirs de l'Etat qu'elle ne cesse d'inspirer, de contrôler et d'appuyer. Ce n'est que sous un régime sincèrement représentatif que les chefs du gouvernement se dépouilleut de leur personnalité pour revêtir un caractère général ; c'est seulement, quand ils sont les mandataires du pays ou d'un grand parti, qu'ils s'identifient à un système et ne sont autres que ce système agissant ; et c'est seulement alors qu'en leur obéissant, on sert une cause loyale et élevée et non des intérêts individuels et égoïstes.

L'homme n'est pas fait pour servir son semblable, et s'il s'y résigne, il se diminue et s'abaisse. Il peut obéir à un chef, mais à la condition que celui-ci fasse abnégation de tout ce qu'il y a en lui d'individuel et n'apparaisse que comme la personnification d'un système général. Ainsi l'absolutisme, qui n'est autre chose qu'une volonté individuelle remplaçant la volonté publique, corrompt toute obéissance et la teint d'une couleur servile, lors même qu'il agirait dans le sens du bien. Quoi qu'il fasse, ses commandements sont ceux d'un individu, et en s'y soumettant, on s'incline non devant un devoir mais devant l'arbitraire. Est-il nécessaire d'ajouter qu'il est bien difficile que cette hypothèse se réalise, l'absolutisme se refusant à tout contrôle, à toute censure, à tout ce qui retient le commun des hommes dans la voie du bien ? Comment un autocrate, qui se voit entouré d'humbles sujets, d'agents au zèle effréné, de courtisans intarissables en adulations, pourrait-il, s'il ne possède que la dose de moralité accordée au commun des hommes, ne pas croire que sa volonté soit la loi naturelle et normale du pays sur lequel il règne ? Combien l'histoire nous montre-t-elle de monarques absolus qui aient été convaincus que leurs droits impliquaient des devoirs égaux ? Combien se sont résignés à servir leurs peuples, au lieu de les dominer et de les exploiter au gré de leurs passions et de leurs caprices ? Ici les princes réellement supérieurs sont hors de cause, leur vertu ne leur permettant pas d'être ou de demeurer despotes.

L'ambitieux qui ignore la vraie grandeur et veut briller ou dominer à quelque prix que ce soit, se fait aisément illusion sur la servitude qu'il doit subir. L'absolutisme du maître l'exalte et l'enchante ; il en est tellement épris qu'il s'abîme dans son admiration, et quand il se retrouve lui-même, c'est pour convoiter de tout son cœur quelque parcelle de ce pouvoir immense qui excite ses transports. L'absolue puissance lui paraît tellement auguste, qu'il se persuade qu'en lui rendant le culte le plus humble et en lui adressant les hommages les plus rampants il ne saurait s'abaisser, mais qu'au contraire il se relève et s'ennoblit, en suspendant son amour et son enthousiasme aux pieds de l'idole. S'il est fier de son renoncement, quelle ne sera pas sa félicité, lorsqu'il participera lui-même aux merveilleux attributs qu'il révère ! Ainsi l'ambitieux s'abuse sur sa propre servilité ; sa passion pour le pouvoir justifie à ses yeux l'abdication de sa dignité; il ne sent pas sa dégradation vis-à-vis du maître, mais seulement son élévation au-dessus de quelques-uns de ses semblables; et il se montre non moins réjoui de s'humilier lui-même que d'humilier autrui. Ces aberrations si étranges sembleraient être de vaines fictions, si des exemples non lointains, mais voisins et récents, ne nous en attestaient l'existence.

Pour que les fonctionnaires de l'absolutisme ne soient pas accablés par la honte, il faut qu'ils soient soutenus par une superstition qui est leur grâce d'état. Quant aux agents d'un gouvernement libre, ils sont réservés à d'autres épreuves. Tout régime représentatif comporte et suppose la coexistence de deux systèmes au moins de politique, qui, tout en restant compris dans le cercle constitutionnel, appliquent tour à tour les principes généraux qui leur sont communs, d'une manière différente suivant les temps et les circonstances. La prédominance alternative de ces deux systèmes est nécessaire au maintien de l'équilibre de l'Etat, qui repose sur la combinaison de deux forces opposées, la force de résistance ou de conservation, et la force d'innovation ou de progrès. Ces tendances sont antagonistes sans être incompatibles. Elles sont destinées non à s'annuler, mais à se limiter en s'associant et s'opposant l'une à l'autre. Que l'une l'emporte exclusivement, la dislocation de la machine s'en suivra tôt ou tard. Nous avons eu un exemple frappant de ce fait sous un régime récent, qui fut cependant le plus libéral qu'ait eu notre pays. Les hommes sont ainsi faits que, mêmes animés des meilleures intentions et s'accordant entre eux sur les points essentiels d'un plan de vie publique, ils se divisent inévitablement sur les mesures de détail, sur l'opportunité et la proportion des changements que le temps dans sa course ne cesse de réclamer. En se divisant, ils bornent leurs points de vue; en se formant en partis, ils deviennent partiaux. Pour maintenir l'Etat dans son équilibre et dans son intégrité, il faut que son administration soit tour à tour remise aux mains des partis opposés, qu'il subisse successivement leurs divers modes d'action, et demande à chacun d'eux les réformes et les réparations qu'ils sont propres à fournir et qui se complètent les unes les autres.

Le jeu organique du gouvernement représentatif ou libéral, qui implique le triomphe alternatif des partis opposés, semble exiger et exige en effet que les agents d'un système politique suivent leurs chefs, quand ceux-ci se retirent des affaires. Ce devoir, qui paraît rigoureux, est cependant inflexible. Le fonctionnaire qui s'y soustrait perd sa dignité et ses droits à cette considération morale, qui seule donne de l'empire sur les esprits et dont l'absence ne laisse plus subsister qu'une force matérielle. Servir successivement deux pensées différentes, c'est abdiquer sa propre pensée, c'est se réduire à la condition de pure machine, et c'est se placer à un degré tout-à-fait inférieur de la hiérarchie humaine, tandis qu'en vertu du rang qu'on occupe dans la hiérarchie officielle, on prétend être entouré de respect et de déférence.

Quelque évidente que soit l'obligation de rester fidèle à la pensée que l'on a servie et de l'accompagner dans la retraite à laquelle elle est momentanément condamnée, ce sacrifice paraissait exorbitant à l'époque où notre pays jouissait du gouvernement représentatif. On ne considérait guère dans la fonction que le rang, l'importance et le profit qu'elle procurait, et, une fois qu'on en avait acquis la possession, on ne concevait pas qu'une dissidence d'opinion, souvent inappréciable pour la foule, pût imposer une démission qui semblait être une chute profonde. Une pareille abnégation était réputée surpasser le courage du commun des honnêtes gens. Elle n'était pas exigée, et elle eût été considérée comme un de ces traits de puritanisme offensants pour ceux qui n'en sont pas capables. Aussi n'en vit-on que de rares exemples, et les fonctionnaires tranquillisés sur la conservation de leurs places, presque fiers de leur inamovibilité, faisaient aisément accepter cette justification de leur conduite qui consistait à dire, qu'ils servaient l'Etat et non tel ou tel système politique.

Dans un pays où les mœurs représentatives seraient solidement établies, cette souplesse des fonctionnaires envers toute pensée politique serait sévèrement qualifiée et justement condamnée. Ce n'est cependant qu'une peccadille à côté des lâchetés et des trahisons qui se commettent en temps de révolution. Un fonctionnaire s'est voué à un gouvernement, il s'est incarné en lui, il a pénétré son âme et a rempli son langage de certains principes et de certaines maximes, il a maudit et combattu en toute occasion les opinions et les desseins contraires : une catastrophe éclate, le gouvernement tombe et entraîne avec lui le régime dont il était le support ; le fonctionnaire n'a qu'une préoccupation, celle de garder sa place et d'y rester ferme au milieu des écroulements qui se précipitent à l'entour. A ce succès il attache son honneur, et s'il l'obtient, tout est sauvé. Il devra renier sa parole, abjurer ses principes, fouler aux pieds ce qu'il avait encensé, adorer ce qu'il avait anathématisé, persécuter des amis et des bienfaiteurs, se mettre à genoux devant d'anciens ennemis qu'il méprisait. Rien ne lui coûte, sa place n'est-elle pas sans prix? Il s'abreuve de honte, mais aussi de la joie que laisse après lui un péril surmonté. S'il a sali sa conscience, l'éclat de son pouvoir effacera cette tache, et il ne lira pas de reproches sur les visages que la dépendance rassemblera autour de lui. Il continuera comme auparavant à commander; il excitera des craintes et des espérances qui lui rendront des hommages; il se fera honorer par la sottise éblouie et aduler par l'égoïsme cupide; il déploiera du faste et de la hauteur; en un mot, il sera content.

Nos contemporains ne sont point remarquables par la solidité de leurs convictions, ni par un sentiment scrupuleux de l'honneur politique. Ils ne sont pas encore parvenus à se former, concernant la chose publique, des principes inhérents à leur conscience, ils ne se sont pas rendu compte de la solidarité qui existe entre l'ordre général de la société et leurs intérêts individuels, et ils sont disposés à l'indulgence envers des défaillances de caractère qui se produisent dans les moments de crise et qui ne leur sont à eux-mêmes que trop familières. Toutefois nous devons leur rendre cette justice, qu'en présence de certaines apostasies impudentes, leur sens moral s'est révolté. S'il n'ont pas témoigné hautement leur indignation, une aversion non déguisée, un mépris ironique, des sarcasmes sanglants quoique lancés en riant, ou simplement le dégoût qui s'accentue par la manière de prononcer certains noms, ont justement flétri les renégats trop audacieux.

Nous avons distingué parmi les fonctionnaires ceux qui ont un caractère politique de ceux qui ne portent pas cette empreinte. Ces derniers, renfermés dans le cercle de leurs attributions spéciales et ne relevant essentiellement que de leurs règles professionnelles, s'ils réussissent à se préserver des envahissements et des exigences de la politique, peuvent garder leur dignité intacte ; mais ils ne sauraient participer à la vie publique que dans leur for intérieur. Il ne leur est pas permis de critiquer le gouvernement auquel ils sont subordonnés ; et s'ils le louaient, ce serait en pure perte, car la louange n'a de la valeur et de la portée que dans une bouche libre d'articuler le blâme. Quant aux fonctionnaires politiques, ils sont sans cesse appelés sur le terrain de la vie publique ; ils peuvent y déployer de larges sentiments et de vastes pensées, se tenir incessamment en communication avec la société tout entière et lui rendre d'importants services ; mais leur dignité et leur probité exigent d'eux qu'ils ne servent qu'une même pensée générale et issue d'une origine qui garantisse son impersonnalité. Cette pensée venant à être temporairement écartée, ils sont tenus de partager sa disgrâce, à moins de se renier et de s'avilir. L'élévation de leur poste est ainsi compensée par son instabilité.

Malheureusement on n'a vu qu'un petit nombre de fonctionnaires comprendre que cette instabilité est nécessaire et en accepter loyalement les effets. Ceux qui ont eu le courage de partager toutes les vicissitudes de la pensée qu'ils avaient une première fois embrassée ont été honorés, admirés même ; mais leur vertu a paru dépasser de beaucoup le niveau de l'honnêteté commune et exigible de tout le monde. Leur exemple n'a pas passé en loi. On a usé d'indulgence envers ceux qui n'avaient pas montré la même rigidité de conscience, et pourvu qu'ils ne se fussent pas donné de trop grossiers démentis, on leur a octroyé cette estime banale et médiocre que l'on accorde à quiconque n'a pas outragé la morale vulgaire. A la faveur de cette tolérance, ils ont pu jouir des avantages inhérents à leur place, et ils se sont fait respecter, obéir, envier, solliciter et flatter par la multitude.

L'alternative dans laquelle ont été placés les fonctionnaires de s'enfermer dans les compartiments professionnels qui les rendaient étrangers à la vie publique, ou s'ils s'élevaient dans une sphère supérieure, d'y être entraînés, soit à des capitulations de conscience, soit à l'abdication de toute pensée personnelle, n'a pas jeté de discrédit sur les fonctions, du moins aux yeux de la multitude, et n'a pas empêché qu'elles ne continuassent d'être le but d'innombrables convoitises. On voit toujours, dans les classes qui jouissent des priviléges de l'éducation, les places du gouvernement être ambitionnées ardemment et recherchées par des efforts de toute sorte. C'est pour occuper une place que les pères élèvent leurs enfants. Avoir un état, c'est exercer une fonction publique, c'est vivre aux frais du gouvernement et commander en son nom à autrui. Quiconque ne tire pas sa subsistance ou son luxe du trésor public et n'a pas à se parer d'un pouvoir, d'un titre et d'un relief officiels, est reputé ne rien faire et n'être rien.

Et en vérité une place est une belle et bonne chose. Quelquefois il faut la conquérir au prix d'études et d'épreuves sérieuses ; mais souvent aussi il suffit, pour l'obtenir, d'une protection, d'une parenté, de la fréquentation d'un certain monde, de quelques services rendus à un patron puissant, de quelques intrigues électorales, ou bien encore de quelque affiliation à une conspiration petite ou grande qui a réussi. Dans tous les cas, une fois qu'on possède la place, il n'est pas difficile de la garder. On peut travailler plus ou moins, la latitude est grande et le minimum de besogne obligée n'est pas fait pour désoler la paresse. Beaucoup de tâches sont collectives, et il n'est pas nécessaire que dans un attelage tous les chevaux tirent avec la même force. Puis la tradition, l'amour de la symétrie, le désir de contenter les ambitions et d'étendre la clientèle du gouvernement, ont fait créer une multitude de sinécures qui sont des paradis pour la fainéantise.

Pour compromettre sa place, il faut outrer la nonchalance. Pour être frappé d'une destitution, il faut avoir commis quelque énormité. La partialité, l'incurie et l'incapacité n'encourent que des peines légères, une réprimande, un retard de promotion, un déplacement, au plus une suspension ; et quand on n'est pas ambitieux, ni trop impressionnable, on endure sans grande peine de pareils désagréments. A moins de jouer de malheur, on est sûr de garder sa place. On peut même la considérer comme une propriété et des mieux fondées. Elle est affranchie de l'impôt ; elle ne court aucune risque ; elle n'a à craindre ni la gelée, ni l'incendie, ni les faillites, ni la dépression des cours, ni les dégradations, ni l'infidélité des gens de service. Elle produit son revenu tous les mois avec une ponctualité parfaite, et par un rare privilége sa valeur s'accroît périodiquement en vertu du fait de l'avancement en grade. Enfin lorsqu'arrive l'âge de la vétusté et que les bras qui l'exploitaient sont forcés de l'abandonner, elle fournit encore à son ancien maître une honnête subsistance sous forme de pension de retraite.

On ne saurait donc disconvenir que les places ne soient d'excellentes propriétés, et l'on comprend que ceux qui les convoitent se résolvent à de très-grands sacrifices pour les obtenir. Mais ce n'est pas tout : nous n'avons envisagé que le profit, il y a encore à considérer l'honneur. Dans un pays qui a longtemps vécu sous le régime monarchique, où l'administration est aussi centralisée que multiple, où les grandes fortunes sont rares, où l'ascendant et le prestige des anciennes familles ont disparu, on ne voit, on ne sent et on ne reconnaît que le pouvoir et la supériorité de l'Etat. Pour s'élever au-dessus de ses semblables, pour les dominer, pour être respecté, honoré et flatté par eux, il faut être quelque chose dans l'Etat ; il faut participer de quelque manière à ses superbes attributs. Ayez une place et vous aurez aussitôt du relief, de la considération et de la puissance ; vous aurez des clients, des courtisans et des laudateurs. Jeune, vous ferez un beau mariage ; les riches héritières sont réservées aux belles places. Parvenu à la maturité, vous serez un homme important, et arrivé à votre déclin, vous serez vénérable. Il y a des épithètes consacrées pour chaque sorte de fonctions : un magistrat est toujours digne et intègre ; un administrateur, toujours habile et impartial ; un professeur, toujours savant et éloquent ; un financier, toujours probe et zélé ; sans compter les qualités communes qui sont le dévouement au souverain et au pays, l'aménité du caractère, les vertus domestiques, etc. N'ayez pas d'inquiétude sur votre insuffisance personnelle, et ne vous laissez pas tourmenter par une fausse modestie. La place où vous entrez est pourvue de toute sorte de mérites, et quand vous l'occuperez, vous vous trouverez les posséder, sans que vous ayez rien à y mettre du vôtre.

Devant tant d'avantages réunis, qui pourrait contenir son ambition ? Ceux même qui désespèrent d'atteindre de si belles positions, ne sauraient se dispenser d'admirer. Séduction heureuse qui allège la dépendance ! Enlacés que nous sommes par la centralisation, il n'est pas un de nous qui ne se trouve souvent obligé de recourir aux bonnes grâces de quelque fonctionnaire. Notre ignorance des lois, des règlements et des formes nous faisant croire à un arbitraire administratif encore plus étendu qu'il ne l'est en effet, nous nous exagérons à nous-mêmes la nécessité de nous ménager la faveur des agents du pouvoir. Puis, quand même on n'aurait rien à demander pour soi, on prend volontiers le rôle de protecteur envers autrui, et l'on a besoin, pour le remplir, de crédit près de l'autorité. Pour avoir des flatteurs, il faut flatter soi-même, et pour devenir un canal de faveurs, il faut s'insinuer jusqu'à leur source et s'incliner devant elle. Enfin la seule vanité fait rechercher la compagnie des fonctionnaires. Si l'on n'est pas de leur corps, on veut être de leur monde. Comme ils sont réputés les premiers dans la hiérarchie, en s'unissant à eux par des relations de plaisir et de familiarité, on s'associera de quelque manière à leur primauté, on reflétera leur éclat, on sera jugé digne de leur être apparié.

De même que dans une armée on compte des officiers généraux, supérieurs, inférieurs et des sous-officiers, il y a également des degrés divers parmi les fonctions civiles. Les premiers rangs attirent le plus l'attention, parce que c'est là qu'il y a le plus de lustre et le plus de puissance, et que là sont les apanages des premières classes de la société. Mais des places situées plus bas, pour être plus modestes et moins bien dotées, n'en provoquent pas moins de vives convoitises dans la petite bourgeoisie et même dans le peuple. Seulement le nombre des places réservées à ces dernières classes étant relativement peu considérable, leur possession excite une ambition moins générale, et la multitude reste attachée aux professions industrielles. Mais, si peu d'individus parviennent à occuper des fonctions publiques, tous subissent leur influence qui n'épargne personne.

C'est l'ancienne monarchie qui, en absorbant en elle tous les pouvoirs et en soumettant à sa direction ou à sa police toutes les affaires sociales, a créé cette armée de fonctionnaires qui règne sur notre pays et qui l'enveloppe du réseau de la centralisation. Une des inepties de ce siècle a été de justifier, d'admirer, de sanctifier tous les faits de notre histoire, d'y voir autant d'étapes dans la voie du progrès, et de les rapporter tous à une destination noble et féconde. Cet optimisme, qui a eu pour origine l'idolâtrie de soi-même et pour instrument une logique effrénée, ayant rencontré la centralisation à chaque page de nos annales, a dû s'en constituer l'apologiste. Il l'a rendue solidaire de tout le bien accompli et lui a attribué les conséquences qui lui étaient les plus étrangères, conformément à cet adage des sophistes et des niais : *Post hoc, ergo propter hoc*. Pour nous, sans condamner d'une manière absolue tout ce qu'a fait la centralisation autocratique, nous sommes fermement convaincus que le bien qu'on lui doit aurait pu être opéré autrement, et que le mal qu'elle a causé, — il est considérable, — aurait pu être en grande partie conjuré.

Nous ne saurions nous représenter exactement l'accueil que la centralisation reçut dans ses premières entreprises ; ce que nous n'hésitons pas à affirmer, c'est qu'il fut beaucoup moins favorable qu'on ne le prétend sous l'influenee d'idées préconçues. Mais peu à peu on s'habitua au régime qui s'étendait et se fortifiait, et il trouva de l'appui dans deux sortes de dispositions, les unes actives et les autres passives. L'autocratie avait besoin, pour se fonder, d'établir au-dessous d'elle une pseudo-aristocratie, qui devait naturellement s'attacher et se dévouer à la puissance dont elle émanait. Cette hiérarchie engendrée ou retrempée par la monarchie eut une circonférence très-vaste et des degrés très-nombreux, elle s'étendit jusqu'aux classes ouvrières auxquelles se superposèrent des maîtrises, et elle forma ainsi un immense édifice qui embrassa la plus grande partie de la société. Sans doute il y eut beaucoup de situations disgraciées, non seulement à l'extérieur, mais dans l'intérieur de cette construction. Il y eût beaucoup de vexations, d'humiliations et de souffrances ; mais la résignation d'abord, puis l'habitude et une sorte de persuasion à la fatalité de l'état présent des choses, firent accepter le mal durant plusieurs siècles.

Quand les fautes et les excès de la Révolution eurent amené une réaction violente, on rentra dans l'ordre ancien avec un aveugle empressement. Les hommes et en particulier nos compatriotes sont ainsi faits qu'en certains temps ils se précipitent dans le repos, dût-il être la servitude, avec la même impétuosité et la même irréflexion qu'en d'autres temps ils se précipitent dans les aventures les plus téméraires. La centralisation monarchique ayant été rétablie, ceux qui prirent place dans la hiérarchie officielle en furent aussi fiers que réjouis; quant aux autres, ils cherchèrent à ménager les premiers et goûtèrent la tranquillité qui leur était rendue.

Mais ce bonheur n'était pas fait pour remplir et absorber constamment des âmes en qui n'était pas éteint le sentiment de l'honneur. Il était dans la destinée des partis de renaître, et l'immobilité permanente était dorénavant impossible. Quand tomba l'Empire, la centralisation dut être flanquée d'une appareil parlementaire et la police dut être détendue. Sous le régime d'une demi-liberté, les liens administratifs qui enserraient la nation se firent souvent sentir d'une manière pénible et provoquèrent de nombreuses résistances. Puis les opinions, les systèmes, les desseins politiques, se redressant, engagèrent la lutte et aspirèrent au triomphe. Le pouvoir central étant réputé disposer de la société, il fallait avant tout s'en emparer, pour être en mesure de pratiquer les idées que l'on avait conçues. La puissance morale ne suffisait pas; elle était trop vague, trop impalpable; elle n'avait pas donné assez de gages de son efficacité; elle opérait d'une façon trop lente, trop timide, trop incomplète. La puissance matérielle, celle de la centralisation, paraissait seule capable d'exécuter les entreprises projetées. D'ailleurs un parti est toujours escorté d'impatientes convoitises, et la centralisation offrait une proie trop riche pour que les chefs pussent se dispenser de la livrer aux ardents appétits qu'elle avait excités.

Sous un régime de vraie liberté, le pouvoir central est non un but, mais un moyen. Il existe en dehors des partis, et se met tour à tour à leur service, suivant la prépondérance temporaire des divers systèmes. De leur côté les partis existent par eux-mêmes, ils puisent leurs ressources et leur vitalité dans leurs idées, leurs principes et leur popularité. Sont-ils par suite d'une défaite rejetés hors du gouvernement, ils ne se sentent point annulés, ni même profondément atteints. Ils retiennent en grande partie leur crédit moral, qui est leur force essentielle, et avec lequel ils sont sûrs de reprendre tôt ou tard leurs avantages.

Que la puissance sociale soit toute dans le pouvoir central, les réformes ne pourront s'accomplir que par des révolutions. L'administration pesant sur les opinions indépendantes et empêchant les partis de se manifester, d'acquérir des prosélytes, de lutter par la discussion et de chercher le succès par les voies pacifiques, ils sont ou se croient obligés de recourir à des moyens violents. En général ils sont de bonne foi, et comme ils sont persuadés de l'excellence de leur cause, comme en outre ils ne voient de chance de réussir que dans l'emploi de la force matérielle, ils ne se font pas de scrupule, ils se font même un devoir de recourir à cette extrémité. Que le combat tourne en leur faveur, leur avènement ne rencontrera pas d'obstacle. Ils savent par expérience que l'ascendant moral sera aussitôt le fruit de la victoire.

Les gens qui vivent des fonctions publiques ou à leur ombre, lorsqu'ils voient le gouvernement qu'ils servaient ou dont ils profitaient succomber et faire place à un autre, n'hésitent pas un seul instant à abandonner le premier pour se liver au second. Comme ils n'étaient pas attachés à un système, mais simplement au pouvoir, et comme ils retrouvent celui-ci identique et intact dans les nouvelles mains qui le possèdent, ils n'éprouvent aucun embarras et se réputent fidèles à eux-mêmes, en restant immobiles dans leurs places et en continuant à remplir leurs emplois. Ce n'est pas eux ni le pouvoir qui changent, ce sont seulement quelques hommes, quelques idées, quelques institutions, qui ne leur inspirent pas une grande sollicitude.

Quant aux nouveaux gouvernants, se trouvant en présence de la centralisation, d'une machine organisée qui procure, au moins pour un temps, l'obéissance universelle, ils n'ont garde de la disloquer. Ne faut-il pas avant tout qu'ils se consolident, afin de pouvoir accomplir en toute sûreté les plans qu'ils ont médités ? Si ces plans ont simplement pour objet l'établissement d'une autocratie ou d'une oligarchie, la centralisation les servira à souhait et ils n'auront à y toucher que pour la fortifier et pour l'étendre. S'ils sont animés de sentiments libéraux, elle sera sur beaucoup de points en contradiction avec leurs idées ; mais à moins d'un mouvement d'opinion qui ne s'est encore produit jusqu'à ce moment, l'intérêt de la conservation personnelle l'emportera. On se flattera d'user libéralement d'un mécanisme illibéral, et l'on tentera peut-être quelques rectifications partielles ; mais la force d'ensemble d'un système contraire empêchera leur action de pénétrer. Aussi a-t-on pu dire justement de la France, que c'est à la fois le pays des révolutions et de la routine.

La France possède virtuellement quatre ou cinq gouvernements de rechange, et comprend un nombre au moins égal de partis, dont l'importance, la dignité et la sagesse sont sans doute très-différentes, mais qui, ayant tous eu leur période de succès, conservent leurs espérances au sein de l'infortune et comptent sur un retour de chances favorables. Non seulement séparés mais réunis, ils ne forment qu'une minorité dans le pays. A côté d'eux existe un grand parti qui se rallie tour à tour à chacun d'eux et leur prête momentanément une très-grande force, mais ne s'aliène jamais et se réserve constamment pour la fortune. Ce parti est celui du gouvernement, quel qu'il soit. Il se compose des fonctionnaires, de leurs alliés et de leurs clients, d'intrigants sans foi et sans principes, qui n'ont pour mobiles que la vanité et l'intérêt, puis d'une multitude moutonnière qui se laisse éblouir par le succès et cède à l'ascendant de la puissance, ou qui, ne consultant que l'utilité présente et ne songeant qu'à son repos, se serre autour du gouvernement existant, sans s'inquiéter s'il est bon ou mauvais, mais uniquement parce qu'il est le gouvernement.

Ce grand parti qui se qualifie de sage, parce qu'il suit toujours le succès, de conservateur, parce qu'il veille avec une constante sollicitude sur ses intérêts privés, de légal, parce qu'il obéit perpétuellement à la loi du vainqueur, tend en vertu de sa nature à modérer les divers gouvernements auxquels il se soumet ; mais la résistance qu'il leur oppose est tout au plus une force d'inertie, et elle a bientôt rencontré des limites au-delà desquelles elle s'épuise et laisse déborder les excès, les violences et les iniquités. Ce parti ne montre pas d'ailleurs plus d'énergie pour défendre le gouvernement que pour le contrôler, et quand il le voit près de succomber, il le prend en mépris et l'abandonne, ainsi qu'on voit les rats fuir un bâtiment dès qu'il chancelle. Aucun gouvernement n'a été sauvé, n'a été sérieusement défendu dans les crises périlleuses par des serviteurs, des clients et des amis dénués de conviction et attachés à la seule puissance. Le même sentiment qui engendre la soumission dans les temps de calme produit la défection dans les moments d'orage, et rien dans l'ère où nous sommes ne facilite et favorise les subversions politiques comme la passivité des citoyens envers le gouvernement.

Une nation ne peut être préservée des révolutions et couronnée de dignité civique que par des convictions et des principes politiques, qu'entretiennent et défendent des partis libres, énergiques, constants et n'attendant que d'eux-mêmes le succès de leur cause. Lorsqne ces partis se seront bien organisés, qu'ils se seront amplement livrés à une agitation pacifique et régulière, et qu'ils auront largement accompli leur propagande, la nation, mise en demeure et en mesure de se prononcer, rendra notoires et incontestables ses vœux, ses besoins, ainsi que la nature du gouvernement et des institutions qui lui conviennent. Alors et seulement alors un ordre rationnel et durable pourra s'établir; et quand il aura été clairement défini, les partis inconstitutionnels perdant l'espoir se dissoudront, ne laissant après eux que quelques individus entêtés et boudeurs. Des partis distincts subsisteront, mais seulement autant qu'il en faut pour représenter et servir les tendances diverses qui se trouvent dans toutes les affaires humaines, et dont la coexistence est nécessaire à l'équilibre social. Toute tentative anarchique ou autocratique, toute conspiration, toute surprise, tout coup de main seront rendus impossibles, et l'on n'assistera plus qu'à des luttes tempérées, loyales, courtoises et fécondes.

On dit souvent que pour qu'un peuple jouisse de cet heureux état de choses, il faut qu'il soit neuf et qu'il soit vertueux. Pour qu'un peuple sache se gouverner lui-même, il faut qu'il soit expérimenté et il suffit qu'il soit intelligent. Un peuple vertueux n'est pas de ce monde, il n'existe que dans les romans philosophiques ou dans les espaces transcendentaux. On ne saurait attendre des hommes qu'ils se dépouillent de leurs passions et qu'ils se purgent entièrement de leurs vices ; mais on peut souhaiter et espérer que par l'effet de la réflexion, de sages directions et de circonstances favorables, ils apprennent à se régir eux-mêmes suivant les meilleurs conditions.

Le *self government* substitué à la centralisation ne ferme pas la carrière aux ambitions individuelles ; elle les rend plus laborieuses et elle les ennoblit. Les partis ont besoin d'être organisés, dirigés, stimulés et soutenus par des chefs de divers degrés et formant une hiérarchie qui descende du faite jusqu'aux dernières assises de la société. Ces chefs qui sont librement choisis par leurs concitoyens, qui n'ont d'autorité que celle que leur donnent leurs talents et leur considération, et qui n'ont d'autres maîtres que leurs principes et leur conscience, forment une aristocratie à laquelle aucune autre n'est comparable. Ils ne sont pas tenus d'acheter le droit de commander au prix d'une soumission trop souvent servile ; ils ne sont pas obligés d'abdiquer leur propre pensée ou de la modeler sur un moule étranger; le pouvoir qu'ils exercent n'est pas emprunté à autrui, ils le tirent d'eux-mêmes, de leur capacité et de leur mérite ; ils ne sont pas des pièces engagées dans une machine et obéissant passivement à un moteur, ils sont eux-mêmes des sources de vie et d'impulsion; ils sont exempts des petites vanités, de la morgue et de l'étroitesse d'esprit qu'entretiennent les priviléges ; leur âme est sans cesse occupée de hautes pensées, de larges desseins et de robustes travaux ; en un mot leur existence est celle d'hommes vraiment supérieurs.

DE LA

DÉCENTRALISATION

ADMINISTRATIVE.

La destination de l'homme est de développer sans cesse son intelligence et d'accroître indéfiniment la portée de son action. De ce progrès continu dépend non seulement sa puissance, mais encore sa moralité. Le bien moral consiste dans la conformité des volontés individuelles à un ordre général, créé par elles-mêmes, issu de leur propre initiative et maintenu par leur libre concert.

Cette extension illimitée de l'activité humaine serait évidemment impossible, si les individus demeuraient isolés. Ils ne peuvent donner un plein essor à leurs facultés, ni atteindre le but de leur existence, tel qu'il vient d'être défini, qu'en s'associant les uns aux autres. Aussi l'un des caractères spécifiques de l'homme est l'aptitude qu'il montre à former avec ses semblables des associations, lesquelles ont pou effet de multiplier entr'elles les forces additionnée

Les êtres inférieurs à nous ne s'associent qu'acc dentellement et pour des œuvres très-simples très-bornées, tandis que nos vues et nos desseins q se renouvellent à tout instant et ne souffrent pas c limites, nous engagent incessamment dans des as sociations ayant pour objet des opérations extrêm ment complexes et indéfiniment prolongées, no mêlent à une multitude de groupes divers, et nou attachent les uns aux autres par des liens innombr bles.

Mais ce pouvoir qu'ont les hommes d'augment immensément leurs forces respectives en les comb nant, et de participer aux singuliers avantages q résultent de l'union des volontés et des travaux, r saurait s'exercer sans qu'il n'en résulte des contr dictions, des froissements et des conflits. Non seul ment les individus composant une même associatio mais les différents groupes sont fréquemment exp sés à subir, ou entrainés à commettre des envahiss ments et des offenses.

La plupart des contestations sont susceptibl d'être terminées, soit au moyen de règles tracées d' vance et statuant sur des cas prévus, soit par d'a miables négociations, soit par la voie de l'arbitrag Toutefois il est des injures tellement graves qu'au cune réparation volontaire ne saurait y remédier d'ailleurs l'intérêt général exige que de semblabl excès soient prévenus par la menace d'un châtimen rigoureux. Puis il est des différends à ce point ine tricables ou soutenus avec un tel entêtement, qu' ne peuvent être vidés par un accord mutuel. Da ces cas il est nécessaire de recourir à l'interventic d'une puissance supérieure, qui soit investie c droit de contraindre et de punir, conformément à des lois édictant des peines contre les coupables ou indiquant d'une manière générale les solutions applicables aux diverses sortes de contestations. Cette puissance réside dans l'Etat qui est représenté et agit par le gouvernement.

Qu'on joigne à ces fonctions de justice et de police la défense nationale et la régie des choses communes au peuple tout entier, on aura déterminé toutes les attributions qui sont essentielles au gouvernement, et qui fixent et limitent à la fois sa capacité et sa compétence. Obligé de se consacrer aux fonctions qui lui sont propres, il doit s'y restreindre et se garder de franchir l'enceinte de son domaine. Au-delà il se trouverait sur un terrain qui lui serait étranger, et où ses usurpations seraient aggravées par son impéritie.

Toutefois un préjugé contraire existe, il remonte à un temps immémorial, et il a été fidèlement transmis à travers les générations successives, jusqu'à nos contemporains parmi lesquels il se montre encore très-vivace. On conçoit aisément que les gouvernements qui en profitent se soient appliqués à le propager, mais il semble étrange que les peuples qui en sont lésés se soient complus eux-mêmes à l'entretenir. Cette anomalie serait inexplicable, si l'on n'observait que malheureusement, dans notre espèce, la faiblesse pusillanime qui s'abuse sur la protection qu'elle attend n'est pas moins commune que l'orgueil arrogant et audacieux, qui ne met aucune borne à ses entreprises.

Les gouvernements ont dû être armés d'une très-grande force, pour qu'ils fussent en état de tenir en respect les nations étrangères, d'exercer pleinement à l'intérieur leur pouvoir coërcitif, et de surmonter toute résistance tant collective qu'individuelle, s'élevant contre l'exécution des lois. Tant de puissance n'a pu être possédée par les gouvernants, sans qu'ils ne fussent tentés de l'augmenter encore. Enivrés de la force dont ils jouissaient, ils se persuadèrent facilement qu'ils étaient appelés à dominer en tout point leurs semblables, et que leur supériorité physique impliquait une égale supériorité dans toutes les sphères de l'activité sociale. Arguant de leur droit de pourvoir aux intérêts publics, ils usèrent de l'ambiguité de ces termes généraux pour les définir à leur gré et en faire sortir la justification de toutes leurs entreprises. N'avaient-ils pas d'ailleurs en main une force propre à rendre leurs arguments irrésistibles? La force a un prestige suprême aux yeux des faibles. Ils sont tellement éblouis de son éclat, elle leur fait tellement envie et ils l'estiment à un tel point qu'ils en viennent à la révérer avec une entière bonne foi. Devant elle ils se prosternent, et ils lui rendent leurs hommages avec une humilité et une admiration parfaitement sincères. Abattus et méfiants d'eux-mêmes, ils ne voient dans leurs besoins, leurs souffrances et leurs désirs de recours que près de la force prédominante, qu'ils regardent comme naturelle et nécessaire. C'est vers elle que se tourne leur espoir, et c'est à elle que s'adressent leurs vœux et leurs prières.

On a dit souvent et avec raison que les hommes qui se soumettent à une constitution politique sacrifient une partie de leur liberté, afin d'être assurés de jouir tranquillement de la part qu'ils se réservent. Evidemment ils entendent faire la première de ces parts la plus restreinte, et la seconde la plus large possible. Autrement le contrat d'association politique tournerait contre son but; il serait délusoire et absurde. Le pouvoir politique, dont la mission essentielle consiste à protéger la liberté des citoyens, contreditassurément sa destination, s'il tend à restreindre cette liberté au-delà de ce qui lui est absolument nécessaire pour accomplir sa tâche. Au contraire, plus il aura agrandi le champ de la liberté civique et par conséquent réduit à son pouvoir, mieux il aura rempli son office. Ces notions sont élémentaires, et pourtant on a sans cesse à déplorer de les voir méconnues. Qu'elles aient été ignorées dans des temps de barbarie, d'absurdité et d'oppression, cela se conçoit; mais ce qui est une véritable anomalie, c'est qu'elles n'aient pu encore pénétrer dans l'esprit d'un grand nombre de nos contemporains qui se targuent pourtant de professer des principes libéraux et démocratiques.

Le culte aveugle qui s'adressait jadis aux personnes mêmes des gouvernants, à des dynasties et à des aristocraties réputées surhumaines a heureusement disparu du sein des peuples civilisés, et si l'on a parfois à en déplorer le retour, il ne faut y voir qu'un caprice d'imagination, une aberration fortuite et passagère qui ne peut tromper longtemps le bon sens public. Le sentiment de l'égalité civique est profondément enraciné parmi nous, et chaque jour il s'étend et se consolide davantage. Mais si nos contemporains sont guéris de la superstition qui s'attache aux personnes, ils sont loin d'être délivrés de celle qui a pour objet des entités métaphysiques. L'Etat considéré d'une manière abstraite exerce sur leur esprit un ascendant prodigieux. Comparant leur petitesse individuelle à sa grandeur qu'ils ne savent pas mesurer, ils lui attribuent une puissance sans borne et une vertu suprême. Ignorant d'où proviennent ses ressources et comment elles sont alimentées, ils les supposent inépuisables. L'omnipotence de l'Etat étant ainsi érigée en dogme, les croyants se fortifient dans leur foi en suspendant des espérances sans nombre à cet être, qu'ils semblent se complaire à faire tout puissant afin d'obtenir de lui la réalisation de tout ce qu'ils désirent Forment-ils un souhait dont le prompt accomplissement rencontre quelque difficulté dans la nature des choses ou la volonté des hommes, aussitôt ils s'adressent à l'Etat. Suivant eux c'est à l'Etat qu'il appartient de vivifier l'agriculture, l'industrie et le commerce, de faire fleurir les arts et les sciences, de restaurer les mœurs et la religion, d'extirper les vices, de supprimer la pauvreté, de créditer les travailleurs, de garantir les capitaux, de réparer les désastres causés par les fléaux de la nature, de déployer une magnificence à laquelle les particuliers soient associés, et de rendre la nation à la fois aimable et redoutable aux peuples étrangers. A considérer les vœux qui s'adressent à l'Etat, les réclamations qui l'assiégent et la puissance qu'on lui attribue, nous devrions croire qu'il est un être surnaturel descendu sur terre, qu'il est une divinité qui tire d'elle-même un pouvoir infini et l'exerce avec une vigilance, une sagesse, une équité et une bonté inaltérables. Ainsi la foi religieuse qui animait nos pères et dont on déplore l'extinction revivrait dans un culte politique, et reporterait son encens, ses prières et ses sacrifices aux pieds des autels d'une divinité abstraite qui s'appelle l'Etat.

Peut-être nous taxera-t-on d'audace sacrilége, si nous osons contempler en face cette divinité, la toucher de nos mains, la saisir et la manier pour en pénétrer les ressorts et en scruter l'économie. Mais, au risque de l'anathème, ne craignons pas d'interroger l'Etat sur sa propre nature et étudions-le comme nous ferions d'un objet quelconque d'histoire naturelle. Qu'est-ce donc que l'Etat? C'est une puissance établie sur une nation pour la défendre contre les agressions extérieures, la préserver des désordres intérieurs et pourvoir aux intérêts qui sont communs à tous ses membres. La tâche de l'Etat ainsi déterminée, on comprend qu'il exige, pour s'en acquitter, de très-grandes forces, des masses d'hommes imposantes, de vastes trésors et une ample provision de ressources matérielles; et comme le bon emploi de toutes ces forces suppose une organisation homogène, il est nécessaire qu'elles soient confiées à une seule personne ou du moins à un petit nombre de personnes. A moins d'imaginer que ces personnes reçoivent d'en haut des inspirations et des vertus supérieures, on doit croire qu'elles sont soumises à la condition générale de l'humanité et qu'elles sont exposées comme nous aux erreurs et aux passions. Elles peuvent donc faillir dans leur conduite, et comme cette triste vérité si souvent démontrée par l'expérience commence à être généralement reconnue parmi les peuples civilisés, il a été jugé indispensable d'entourer les hommes d'Etat, les gouvernants, d'une surveillance et d'un contrôle. On a même été plus loin : on a pensé que puisqu'ils étaient destinés à pourvoir à la sûreté et aux intérêts généraux d'une nation et qu'ils empruntaient à cette nation tous leurs moyens d'agir, ils n'étaient à proprement parler que des mandataires, obligés de consulter et de suivre fidèlement les intentions de la personne morale dont ils tiennent leurs pouvoirs. C'est ce qu'on appelle le système constitutionnel, lequel est établi en principe et est pratiqué avec plus ou moins de sincérité dans tout Etat moderne qui prétend au titre de civilisé, qu'il revête la forme d'une monarchie ou d'une république.

On qualifie de libre le peuple qui jouit du système constitutionnel, et lorsqu'on voit un gouvernement soumis à l'action d'une assemblée représentative que seconde une presse indépendante, on est disposé à croire que rien ne manque à la liberté publique. Cette croyance repose sur l'hypothèse que les délégués du peuple communiquent sans cesse avec lui, respirent les mêmes sentiments, et sont mus constamment par le désir de défendre ses droits et ses intérêts de quelque ordre qu'ils soient. Mais en fait cette hypothèse se réalise-t-elle? Est-elle réalisable? Des hommes réunis pour gouverner, soit comme ministres, soit comme représentants, forment, sitôt qu'ils sont groupés ensemble, un corps qu'animent un esprit et un intérêt particuliers. Quelle que soit leur origine et quelles que soient leurs divisions intestines, ils sont tous des hommes d'Etat, ils participent tous au privilége de disposer de l'Etat à des degrés divers, comme ses directeurs ou ses contrôleurs, comme les détenteurs actuels ou les futurs dispensateurs de sa force active. Ils voient dans l'Etat leur propre chose, ils s'y attachent passionnément, ainsi que des moines à leur couvent, et cette passion constamment excitée déploie toute l'ambition, toute l'avidité et toute la jalousie que récèle le cœur humain.

Cette puissance qu'ils couvent de leur amour, ils veulent qu'elle s'étende et se développe sans cesse. Sa mission essentielle est de tenir tête aux nations étrangères, d'assurer la paix intérieure et de régir les affaires communes au pays tout entier. Si le premier de ces trois objets est suffisamment précis, les deux autres sont assez élastiques. De combien de manières la paix intérieure ne peut-elle pas être troublée, et jusqu'à quel degré l'Etat ne doit-il pas intervenir dans les innombrables conflits qui s'élèvent entre les hommes, pour les prévenir ou les réprimer? Les rapports de famille, d'atelier, de commerce, de religion, d'enseignement abondent en difficultés et en froissements qui suscitent des plaintes et des réclamations. Combien de personnes qui se disent lésées et qui sollicitent une protection ou une réparation! Au milieu de ces démêlés interminables, quelle puissance s'élèvera assez vigoureuse pour se faire respecter par tous, assez haut placée pour être complétement impartiale, assez intelligente pour comprendre toutes les prétentions et en déterminer la juste mesure, si ce n'est l'Etat en qui se concentrent les lumières, la raison et la force de la nation tout entière! Cette assertion sera facilement émise par les hommes d'Etat, qui viendront offrir leurs services à la multitude des gens aigris par quelque déception ou quelque rancune, et prompts à embrasser une espérances qui leur promet le redressement de leurs griefs. L'Etat est une puissance lointaine et mystérieuse qui impose par sa grandeur, devant laquelle on fléchit sans croire s'humilier, et qu'on pense pouvoir invoquer impunément contre un adversaire voisin, dont on sent immédiatement les atteintes et dont on veut avant tout se venger.

Le droit qu'a l'Etat de pourvoir aux intérêts communs à tous les membres de la nation n'est pas moins susceptible d'une interprétation indéfinie. Il existe un domaine public dont usent tous les citoyens d'une nation; ce sont les grandes routes, les voies navigables, les ports de mer, et il est évident que l'Etat doit en avoir la possession et la régie. Mais sont-ce là les seules choses dont l'usage intéresse tous les membres d'une nation? A la rigueur toute chose intéresse tout le monde. L'existence de chacun de nous est liée à un ensemble de produits matériels, d'idées, de sentiments et de faits à la création desquels chacun contribue indistinctement. Chacun agit sur tous et subit l'action de tous. Si tout acte qui intéresse la totalité des citoyens relève de l'Etat et est appelé à recevoir sa direction, il se trouve dès lors investi du droit de présider à tous les mouvements individuels. Cette conclusion n'a jamais, il est vrai, été formulée dans son intégralité, mais il n'en est pas moins certain qu'elle est la déduction forcée d'un principe fréquemment invoqué pour conférer à l'Etat quelque attribution nouvelle. On affirme sans méfiance que l'Etat doit se charger de toute opération qui, intéressant la communauté des citoyens, dépasse les facultés individuelles. Comme c'est à l'occasion d'une espèce particulière de faits que cette maxime est alléguée, on ne considère que l'avantage prochain et spécial qu'on se promet, et l'on ne se préoccupe pas des conséquences ultérieures et reculées qu'implique le principe mis en avant. On croit arriver et plus commodément et plus sûrement au but proposé en mettant en œuvre l'Etat dont la puissance est irrésistible et d'un effet immédiat, qu'en recourant à tout autre procédé dont l'action serait plus lente et plus embarrassée. C'est ainsi que sous des régimes réputés libres l'Etat a été chargé de régler les héritages, les rapports des patrons et des ouvriers, les formulaires et la hiérarchie des églises, certaines conditions de fabrication, les associations de bienfaisance, l'administration des communes et des provinces, les encouragements à donner aux travaux intellectuels et matériels, les mesures à prendre pour assurer au commerce la vente de ses produits. On a fait de l'Etat le distributeur de l'enseignement, un éleveur d'animaux destinés à former des types, un entrepreneur de manufactures, d'exploitations et de théâtres établis pour servir de modèles, le tuteur et le précepteur des comices agricoles.

Ces attributions et beaucoup d'autres, qu'il serait trop long d'énumérer sont conférés à l'Etat dans la supposition qu'il joint à la toute-puissance une capacité, une intégrité et un zèle à toute épreuve, que les affaires qui lui sont confiées ne seraient traitées par nul autre mieux que par lui, et que le bien opéré par son action n'est balancé par aucun mal considérable. Mais est-il possible de prendre au sérieux cette supposition d'un Etat parfaitement intelligent, probe et dévoué? Si l'Etat est autre chose qu'une abstraction, et si l'on doit voir en lui des hommes pensant et agissant, il faut nécessairement admettre que des erreurs se mêleront aux pensées et des vices aux actions. On aime tant à croire à la réalisation possible de ses désirs qu'on s'est évertué et entêté à personnifier une abstraction inventée à plaisir, à lui donner une intelligence, une volonté et des organes, et à imagner une série d'actes accomplis par elle en dehors des conditions ordinaires et nécessaires de l'humanité. Et quand l'expérience vient démentir ces conceptions, loin de s'en prendre à la fiction qu'on a composée, on accuse les hommes et les formes particulières qui ont été employées, on se persuade qu'en changeant les hommes ou certaines formes d'organisation, on remédiera à tout le mal, et l'on poursuit ainsi à travers les révolutions l'accomplissement d'une utopie aussi vaine qu'opiniâtre.

Mais lors même qu'on admettrait que l'Etat, ou pour parler plus clairement, les hommes d'Etat fussent doués par impossible des talents et des vertus qui leur seraient nécessaires pour diriger ou faire par eux-mêmes avec une intelligence et une probité parfaites tout ce qui ne peut être exécuté par la main des individus, serait-il bon de leur confier toutes ces œuvres collectives ? En remettant à une étroite oligarchie le soin de pourvoir aux intérêts collectifs des individus, et en déchargeant ceux-ci d'une tâche laborieuse, ne flatte-t-on pas leur paresse au détriment de leur moralité et de leur dignité? Vous les dispensez d'avoir à se concerter, à poursuivre en commun un dessein, à lutter avec les égoïsmes et les amours-propres, à subir des froissements et des contrariétés, et en même temps vous leur enlevez les occasions et les motifs qui les engageraient à se montrer prudents, réfléchis, énergiques, fermes et généreux. Vous les réduisez à une existence passive, aride et machinale. Vous avez établi un ordre abstrait, d'une magnifique structure, dont tous les ressorts sont parfaitement ajustés et dont la marche est merveilleusement exacte : à ce bel ordre, il ne manque qu'une chose, l'âme, qui réfugiée tout entière sur un point a déserté toutes les autres parties en n'y laissant qu'un mouvement mécanique.

L'homme tire principalement sa valeur morale de ses qualités sociales. Son plus haut intérêt est de les cultiver et de les développer. Il faut qu'il se sente le plus possible vivre avec les membres de sa famille, de sa corporation, de sa commune, de sa province, de son école, de son église et de sa nation. Sa vie se dilate et s'agrandit à mesure qu'elle embrasse les divers cercles sociaux, et en même temps sa personnalité étroite, son égoïsme, s'affaiblit et se dissout. Le plus vaste de ces cercles, si l'on fait abstraction de l'humanité, est, dans l'ordre civil la nation représentée par l'Etat. Sans doute de grands sentiments et de grands devoirs y sont attachés, mais ils ont leur mesure. Pour parvenir jusqu'à l'Etat, notre âme doit traverser des sphères intermédiaires. Là aussi elle doit trouver des aliments, des buts d'activité et des sujets d'exercice, dont l'absence non seulement lui interdirait de précieux modes de développement, mais encore la priverait du ressort qui lui est nécessaire pour qu'elle se porte en avant et plus haut.

Remarquez la grandeur des nations modernes et la consistance minime de l'individu par rapport à ces masses énormes. La distance où chacun de nous est de l'Etat, et la petitesse de notre rôle dans l'ensemble n'ont-elles pas inévitablement pour effet de diminuer notre affection pour la chose publique et de réduire la part que nous pouvons y prendre ? Notre patriotisme est-il comparable à celui des Grecs ? Quand Rome eut débordé de ses sept collines sur l'Egypte, la Bretagne et la Pannonie, quelle affection rencontra-t-elle dans tant de sujets, et que devinrent les sentiments des habitants mêmes de la cité conquérante, quand ils se virent mêlés à tant d'immenses multitudes ? C'est une nécessité pour les nations modernes d'être grandes. Elles ne peuvent se faire respecter les unes les autres qu'autant qu'elles se balancent dans leurs masses. Il y a en outre un certain nombre de créations qui ne se sont formées et ne subsistent que par une coopération très-étendue. Mais plus les nations sont grandes, plus les attributions des gouvernements doivent être restreintes.

Avec l'accroissement des nations a grandi l'importance des tâches vraiment essentielles des gouvernements, et qui consistent à traiter ou combattre avec les puissances étrangères et à exercer une haute police à l'intérieur. Il y a dans ces fonctions de quoi occuper le temps et les facultés des hommes d'Etat, ministres ou représentants du peuple. Elles sont trop considérables pour ne pas être absorbantes et ne pas exclure tout partage. Les hommes d'Etat ne peuvent s'en distraire qu'en les compromettant, et s'ils sont chargés d'autres affaires, ils ne peuvent y donner qu'une attention fugitive et sont obligés de les transmettre à des subalternes, qui sont sans communication avec le public, ne lui offrent aucune responsabilité, et ont pour principal souci, soit de servir les intérêts de leurs maîtres, soit de percevoir les profits de leur position privilégiée. Pour les hommes d'Etat préoccupés avant tout de leurs succès politiques, ces affaires accessoires ne sauraient être un objet de sollicitude directe et constante; mais comme elles leur offrent de nombreux moyens de séduction et d'intimidation sur les citoyens qu'elles concernent, ils en viennent bientôt à les regarder comme des armes puissantes à employer dans les luttes de parti; et c'est ainsi que les instruments d'administration et de police sont détournés de leur destination et employés déloyalement à corrompre les consciences.

Les citoyens dispersés sur un vaste territoire ne participent à l'œuvre gouvernementale que par l'entremise de leurs représentants, et ils n'ont d'action personnelle et directe que dans le choix de ces derniers. Ceux-ci, une fois élus, s'en vont loin de leurs commettants, dans une capitale, dans un milieu particulier, parmi des intérêts, des connexions et des sentiments propres à cette contrée; ils se livrent à des partis, à des coteries, à des idées et à des passions qui souvent n'ont rien de commun avec les tendances et les besoins du pays; et la représentation nationale devient ainsi étrangère et infidèle à son origine. Il est bien difficile au simple citoyen de suivre de loin, dans sa solitude et avec son inexpérience, toutes les manœuvres qui s'exécutent au foyer d'Etat. Que l'on regarde son rôle civique comme épuisé par le fait de l'élection, sa participation à l'œuvre gouvernementale sera bien minime, si elle n'est pas complétement illusoire. On ne peut vraisemblablement l'appeler à un concours direct, il ne peut y participer que par intermédiaire, et si ce moyen est vain, faut-il en conclure, comme beaucoup de publicistes l'ont prétendu, que le gouvernement du peuple par le peuple, en d'autres termes, le *self government* soit impossible dans un grand pays? Pour nous, nous n'hésiterions pas à proclamer cette impossibilité, si l'Etat n'était pas renfermé dans les strictes limites de ses attributions, et s'il était convenu qu'il dût être investi du droit d'exercer toute action qui excède la portée des facultés individuelles.

Si les affaires de l'Etat sont peu nombreuses et n'ont trait qu'aux objets vraiment nationaux, les opérations politiques se simplifieront assez et se dessineront avec assez de netteté, pour qu'avec quelque étude et quelque application le citoyen obscur puisse en saisir le sens, en discerner et en juger la conduite. Libre qu'il sera dans sa vie ordinaire de la pression gouvernementale, il examinera et discutera sans prévention, sans haine, ni crainte, ni faiblesse. Il sera rendu surtout apte à concevoir d'une façon juste les conditions, les nécessités et les possibilités du gouvernement politique, s'il a pris part lui-même ou assisté de près au règlement d'intérêts collectifs. Ou il faut exclure les citoyens de toute participation à la vie politique, ou il faut les y préparer par un apprentissage qui ne peut se faire que dans les cercles inférieurs de la commune, de la province, de la corporation industrielle, et des associations diverses qui ont pour but l'assistance, l'édification et l'enseignement mutuels. On n'acquiert l'intelligence et l'on ne s'instruit dans la pratique des choses grandes et compliquées que par gradation, en passant du simple au composé, et en embrassant successivement un horizon de plus en plus étendu. Quelle est la cause de ces agitations périodiques qui troublent la France, de cette instabilité qui l'inquiète sans cesse, de ces brusques retours de l'opinion qui se jette alternativement d'une extrémité à l'autre, de cette incapacité où nous semblons être de nous arrêter à aucun principe, et de cette inconsistance presque universelle qui dissout et pervertit les caractères, si ce n'est le manque d'éducation politique du pays. On ne sait pas ce que c'est que l'Etat, ce qu'il peut faire et ce qu'il peut donner, on se forge à ce sujet les illusions les plus singulières, on attend et on exige de lui des avantages exorbitants, des métamorphoses déraisonnables. On est du reste encouragé dans ces exigences par la théorie généralement acceptée de l'omnipotence de l'Etat, théorie qu'il se plaît lui-même à professer et à propager. Un certain temps se passe à faire des vœux et des réclamations, puis un moment vient où on se lasse et où la patience échappe. On croit qu'on a été trompé, on se persuade que la puissance publique, capable de faire tout le bien qu'on désire, se plaît à entretenir le mal; on s'irrite, on s'emporte, on renverse, on s'enivre de destructions et d'illusions nouvelles; mais les désordres appellent une force répressive qui s'avance au milieu d'un morne découragement et d'une résignation passive; à son tour le pouvoir triomphant veut aussi jouer le rôle de providence terrestre; peu à peu des espérances renaissent, elles prennent comme auparavant des proportions démesurées, et aboutissent encore à des explosions et à des avortements.

Que la puissance de l'Etat soit bornée en fait et dans l'opinion, que ses attributions soient strictement et nettement définies, les populations cesseront de lui demander ce qu'il n'est pas en son pouvoir de donner. Elles ne l'accuseront plus de leur refuser les biens qui leur manquent, qu'elles envient, et qu'elles sauront ne dépendre que de leurs propres efforts ou des faveurs de la fortune. Obligées de pourvoir par elles-mêmes à leurs besoins collectifs, elles apprendront quelles difficultés l'on rencontre, lorsqu'il s'agit d'exécuter un dessein dont le sort dépend du concours des volontés humaines, quelle patience, quelle modération et quelle persévérance il faut employer pour vaincre les obstacles qui se présentent, et dans quelle mesure il convient d'user d'indulgence ou de sévérité envers les administrateurs des affaires publiques.

En se déchargeant de leurs attributions superflues, en les restituant à des autorités spéciales, en acceptant et en favorisant la formation de groupes et de pouvoirs secondaires, les hommes d'Etat se dégageraient d'une lourde part de leur responsabilité, se débarrasseraient de tâches très-compromettantes, appliqueraient à leurs fonctions essentielles une activité plus libre et plus complète, et en même temps qu'ils s'acquitteraient mieux de leurs devoirs, ils trouveraient dans le public des juges plus modérés, plus éclairés et plus équitables. De leur côté les citoyens, satisfaits de recouvrer des droits qui leur appartiennent, puiseraient, dans les institutions qui seraient à leur portée et qu'ils mettraient personnellement en pratique, une expérience qui leur permettrait de juger sainement les affaires de l'Etat, d'asseoir solidement leurs opinions politiques, et de manifester des volontés mûries, fermes et efficaces, qui ne se laisseraient ni entraîner à la poursuite des utopies, ni accabler par le découragement, ni fouler par le despotisme.

Il importe donc à l'Etat non moins qu'aux citoyens qu'il leur remette dans la plus large mesure possible la gestion des intérêts collectifs, sauf à exercer sur les groupes et les pouvoirs spéciaux qui se formeraient, la seule surveillance qui serait nécessaire pour empêcher des conflits violents. Considérons les associations qui s'établissent naturellement entre individus liés ensemble par le voisinage, et qui se désignent par les noms de commune et de province ou département. Ces associations sont d'un genre mixte. Elles ne sont point volontaires, puisqu'elles embrassent nécessairement tous les individus habitant un certain territoire; et comme elles imposent à quiconque en fait partie des obligations indéclinables, les chefs préposés à leur gestion participent au pouvoir coërcitif de l'Etat. Toutefois elles ne peuvent vivre sainement et se développer d'une façon normale, si elles n'existent par elles-mêmes et ne sont mises en possession de leur autonomie.

Il y a dans chaque commune des choses dont tous les habitants ont à user journellement et qui excluent une appropriation privée. Ce sont les rues, les chemins, les places, les promenades, les fontaines, les abreuvoirs, les eaux courantes, toutes choses qui doivent être regardées comme le domaine public de la commune et demandent à être conservées avec soin et tenues en bon état. En outre beaucoup de communes possèdent des biens, qui par leur nature rentrent dans la catégorie des propriétés privées, mais qui, échues par une cause quelconque à des associations d'habitants, sont détenues par eux à titre de propriété sociale et indivise, et dont les fruits sont perçus par eux, soit pour devenir le profit de chacun, soit pour desservir les besoins collectifs. Ces biens, qui composent une sorte de patrimoine communal et qui consistent en forêts, en champs, en pâturages, en bâtiments, exigent une surveillance et une administration spéciales. Si l'on place dans une sphère supérieure le droit de terminer par la voie judiciaire les différends entre particuliers, de réprimer les attentats contre les personnes et les propriétés et de conjurer par des dispositions préventives les désordres généraux, graves et irréparables, il est dans chaque localité certaines mesures de police à prendre, certaines injonctions ou prohibitions à édicter pour procurer la libre circulation, préserver la santé publique, assurer la jouissance des récoltes et combattre les fléaux qui menacent la communauté, tels que les incendies et les inondations. D'ailleurs la protection qu'on attend des pouvoirs supérieurs ne s'exerce pas instantanément et immédiatement ; avant qu'elle ne se mette en mouvement, il y a des actes d'urgence à faire, et elle ne peut elle-même remplir son œuvre qu'avec l'aide des autorités locales.

La culture des sciences, des arts et des religions, l'enseignement, la bienfaisance, l'assistance mutuelle, le patronage des incapables sont des œuvres qui relèvent de pensées spéciales, et qui supposent des associations différentes de celles qu'engendre le voisinage. Toutefois lorsque les habitants d'une même commune sont disposés à s'entendre sur ces divers objets, et ce cas se présentera surtout dans les petites agglomérations, la société communale pourra se concerter pour vaquer à des œuvres qui ne sont pas essentiellement de son ressort. Chacune de ces œuvres veut être conduite sous l'impulsion d'une pensée qui lui soit propre et par des mains qui lui soient adaptées;

mais lorsqu'elles sont réduites à des termes simples, qu'elles sont définies d'une manière généralement acceptée, que leurs promoteurs naturels sont vraisemblablement les mêmes hommes que les administrateurs municipaux, et qu'en outre il existe une communication incessante et une influence réciproque entre ces administrateurs et leurs commettants, il n'y a pas d'inconvénient à charger l'autorité communale de pourvoir, toutefois sans lui conférer de privilége exclusif, aux besoins collectifs que nous venons de mentionner.

Le premier intérêt de tout individu est d'avoir un état civil authentiquement fixé, c'est-à-dire un titre déterminant le lieu et l'époque de sa naissance, ainsi que sa position de famille. A qui le demander si ce n'est à l'autorité locale ? Enfin la création, la conservation, l'entretien des choses communes, du patrimoine communal et des établissements d'utilité publique, ainsi que la gestion de la police, amènent des dépenses en personnel et en matériel qu'il s'agit de couvrir, soit avec des revenus, soit avec des impôts. De là un budget à établir, des perceptions à opérer et une comptabilité à rédiger.

Nous ne parlons pas ici du concours que les chefs de la commune sont tenus de donner à l'Etat pour que celui-ci puisse accomplir les fonctions qui lui sont propres. Ce géant serait frappé d'impuissance dans un grand nombre de cas, si les petits pouvoirs locaux ne lui prêtaient leur assistance ; mais ce que ces pouvoirs exécutent pour le compte de l'Etat doit être considéré comme tout-à-fait en dehors de leur action communale, et nous n'avons pas à en parler ici. Bornons-nous à dire en passant que si les chefs de l'Etat, ou leurs délégués ne trouvaient pas dans les magistrats municipaux une subordination suffisante, ils pourraient se donner des agents spéciaux.

Le groupement des individus dans une même commune engendre non seulement des intérêts, mais aussi des sentiments communs. Le besoin de se voir, de se communiquer, de s'entendre pour des affaires ou des plaisirs, de s'occuper les uns des autres, de se donner réciproquement le spectacle de la vie, la soumission aux mêmes influences et à ce même genre d'éducation qui se reçoit en dehors de la famille et de l'école, dans la rue, sur les promenades, en visite et par des contacts incessants, la similitude des mœurs, la conformité des habitudes et l'identité des souvenirs produisent une communauté de sentiments d'où naît entre ceux qui y participent une affection réelle et durable. On s'aime entre gens de la même ville et du même village, parce qu'on trouve dans autrui quelque chose, même beaucoup de choses de soi. Le titre de compatriote résonne au cœur, mais la vibration qu'il y cause est tout autrement forte, quand il se rapporte à une même commune, que lorsqu'il a trait à une même nation. De vives affections s'entrelaçant ainsi à de nombreux intérêts forment un lien très-serré, qui tient unis les membres d'une même commune et en fait un faisceau puissant.

Des liaisons semblables, quoique moins intimes, unissent les membres d'un même district et d'une même province. Les diverses communes ne peuvent se suffire à elles-mêmes ; il faut qu'elles échangent leurs produits, qu'elles aient des lieux de marché convenus, qu'elles coordonnent leurs voies de communication, qu'elles se cotisent pour former des établissements publics qui dépassent leurs facultés individuelles, qu'elles instituent un pouvoir arbitral qui tranche leurs différends, en un mot qu'elles reconnaissent un centre qui soit le nœud de leurs rapports et le foyer de leur vie collective. Ce centre doit être assez important pour pouvoir donner tout ce qu'on en attend, et il doit être assez rapproché de tous les points du cercle tracé alentour pour qu'on ressente partout l'action et la réaction, l'attraction et la dépendance mutuelles d'où naît la solidarité. Et de même que la commune a sa représentation et son pouvoir exécutif, de même l'association des communes doit avoir sa personnification et ses mandataires actifs dans une assemblée et une autorité provinciales.

On ne saurait nier qu'il n'existe dans toute grande nation des provinces naturelles, des groupes d'individus distincts et reconnaissables à certaines marques nettement dessinées. C'est un accent, ce sont des idiotismes, ce sont des façons particulières de penser et d'agir, ce sont des manières originales de se considérer et de se traiter, de s'aimer et de se haïr, de se respecter et de s'amuser, de distribuer son temps et de vaquer aux nécessités courantes, qui font qu'une même empreinte se dépose sur toutes les personnes habitant un certain territoire, et leur donne sous certains rapports une physionomie uniforme. Ces traits distinctifs se transmettent de génération en génération ; ils sont dus à des circonstances historiques, à des influences climatériques, aux conditions du sol, à des occupations d'une nature spéciale et principalement à l'habitude de se voir, d'échanger des idées, d'agir et se modeler l'un sur l'autre. Le caractère provincial est souvent tourné en ridicule, mais le plus souvent il n'excite la raillerie que par particularité, et celui qui raille offrant de son côté des singularités analogues, il s'en suit de justes représailles, et il n'en résulte en définitive qu'une réciprocité d'agressions aussi bien ou aussi mal fondées les unes que les autres. En ce sens les nations se comportent entre elles que les provinces, et il en est un certain nombre qui, étant à peu près égales par leurs mérites et leurs travers, sont autant l'une que l'autre autorisées à se censurer.

Le groupement des individus par province est un fait naturel et produit par la force des choses. Le présenter comme tel, c'est le justifier du moins aux points de vue social et politique. Mais ce fait n'en est pas réduit à se retrancher derrière la nécessité, et il a d'autres titres à faire valoir. Il est la source de divers modes d'association et de diverses créations et opérations qui sont d'une très-grande utilité. C'est au centre provincial ou aux centres subordonnés que se font les principales transactions mercantiles, qu'ont lieu les négociations des valeurs de crédit, que s'exercent les industries qui supposent de l'habileté et un marché étendu, que se distribue l'enseignement supérieur, que siégent les associations ayant pour but la culture et le perfectionnement des sciences et des arts, que s'organise la direction à donner aux petits établissements scolaires, religieux, moralisateurs et secourables, que se développe la société élégante et polie, que sont installés les théâtres, les musées et les collections précieuses, et que vivent les gens de loi, conseillers, rédacteurs d'actes et magistrats. Non seulement les forces individuelles déploient, quand elles sont réunies, leur puissance connue à un degré beaucoup élevé; elles révèlent en outre des aptitudes nouvelles et auparavant sommeillantes.

A ces opérations communes se mêlent des sentiments. On n'a pas des points de contact aussi nombreux, tant d'affaires à traiter et tant d'intérêts à soigner en commun, tant d'influences semblables à subir, tant de genres divers de solidarité à soutenir, sans éprouver quelque affection mutuelle. En général, l'affection a pour cause ce fait, qu'on trouve en autrui quelque chose de soi ou quelque chose pour soi. Les ressemblances des membres d'une même province et le besoin qu'ils ont fréquemment les uns des autres doivent donc susciter parmi eux une affection sincère et active. Cette sorte d'affection, comparée aux autres, se mesure par le degré de solidarité. Moindre que celle qui naît dans la famille, la corporation et la commune, elle est plus intense que celle qu'excite la nation ou l'Etat. Cette progression décroissante est forcée, et la nier serait démentir la nature des choses.

Cet attachement mutuel des habitants d'une même province est-il un bien, est-il un mal? On a voulu souvent le dénigrer sous le nom d'*esprit provincial*, ou comme on dit en Allemagne, de *particularisme*, et on l'a accusé de traverser et de combattre l'esprit national. Mais si l'esprit national est bon et honorable, l'esprit provincial ne saurait l'être moins. Tous deux sortent du même principe et reposent sur la même base. Ils proviennent de cette tendance noble et féconde que les hommes ont à unir leurs pensées, leurs forces et leurs sentiments. Cette tendance est sinon l'essence même, du moins la condition première de la moralité. A elle sont dus les plus grands succès et les plus vives jouissances que les hommes puissent recueillir. C'est en vain que les champions fanatiques de l'Etat revendiquent et veulent absorber à son profit l'activité et les affections sociales que provoque la province; ils entreprennent une lutte contre la nature des choses qui ne permet à l'homme qu'un développement successif de son être, et qui veut que son essor suive une gradation régulière, de la famille à la corporation, de celle-ci à la commune, de cette dernière à la province et de là à l'Etat. D'ailleurs cette progression croissante en étendue, mais décroissante en intensité s'arrête-t-elle à l'Etat comme à un terme extrême? Qu'est-ce que serait que cet amour de l'Etat, que ce nationalisme, s'il devait être la barrière du cœur et exclure un sentiment plus vaste, cette sympathie qui se propage parmi les nations civilisées à la suite des échanges de plus en plus multipliés d'idées, de leçons et de services? Ce serait une anomalie et une contradiction. Le nationalisme n'existe que par les mêmes causes et en vertu des mêmes principes que le provincialisme et l'humanitarisme. Vouloir absorber les deux derniers dans le premier, vouloir ainsi les étouffer et les détruire, c'est violer la loi de sympathie, c'est atteuter à des sentiments nobles et bienfaisants, à des vertus hautes et fécondes et aussi à des intérêts graves et respectables. C'est faire du patriotisme national un sentiment jaloux et exclusif, partant mesquin et offensif; c'est en faire un égoïsme étroitement grandiose et pompeusement malfaisant.

Le provincialisme et le nationalisme ne peuvent-ils être mis d'accord? A notre avis le problème est facile à résoudre, dès qu'on en a nettement défini les termes. Qu'on détermine clairement les attributions de l'Etat et celles de la province, qu'on assigne aux unes et aux autres leurs sphères respectives, et tout conflit sérieux sera écarté. Nous supposons bien entendu qu'il s'agit de provinces qui ont assez d'homogénéité pour s'unir, et qui participent également aux vues et aux intérêts collectifs qui sont l'âme de l'Etat. Si ces provinces diffèrent profondément l'une de l'autre par leur histoire, par leurs souvenirs, par leur langage, par leur constitution sociale, par leurs idées, leurs mœurs et leurs tendances, s'il n'y a entre elles aucune attraction, mais au contraire de la répulsion, l'accord est visiblement impossible ; et si un rapprochement est tenté, il ne donnera lieu qu'à des conflits incessants. L'hostilité étant inévitable et toute pensée de conciliation étant écartée, on ne s'occupera de tout côté qu'à usurper, dominer et opprimer. Le sort des armes ou de la politique donnant la supériorité à l'une des provinces, elle fera peser sur les autres un joug humiliant et insupportable. C'est le spectacle qu'offre l'Autriche où l'on voit des Allemands, des Italiens, des Hongrois, des Polonais, des Roumains et des Croates emprisonnés dans le cercle de fer d'un même empire assujéti à une famille princière. (1) Là une incomptabilité radicale amène sans cesse des froissements, des vexations, des exactions et des outrages, et la nature des choses se venge de l'injure qui lui a été faite, en suscitant des troubles continuels jusqu'au jour de l'inévitable catastrophe. D'un autre côté les provinces de l'Allemagne, disjointes les unes des autres et démembrées dans leur intérieur, souffrent grièvement des dislocations et des recompositions factices et violentes qu'on leur a fait subir. Elles aspirent ardemment à se dégager des entraves qui les retiennent, à se réunir et à se reconstituer en un corps grand, solide, énergique, où elles se sentent respirer, penser, agir en commun, et où elles puissent déployer toute leur force, maintenant dispersée, égarée et languissante.

Il n'y a pas lieu de raisonner des rapports d'un Etat faux avec des provinces inconciliables. L'absur-

(1) Bien que l'Autriche se soit singulièrement relevée, depuis que ces lignes ont été écrites, les incompatibilités naturelles qui la divisent n'en subsistent pas moins, et il n'y a, suivant nous, de salut pour elle que dans le système fédératif uni au libéralisme qui l'a sauvée naguères d'une ruine imminente.

dité n'a à fournir ni exemples, ni arguments ; elle ne donne matière qu'à condamnation. Ce que nous avons à considérer, c'est un Etat rationnel, bien constitué, composé de provinces suffisamment homogènes et susceptibles de se combiner en une nation. Ces provinces existent par elles-mêmes, et elles ont en même temps des intérêts communs et une action d'ensemble à exercer. Elles peuvent très-bien agir séparément, avec toute leur spontanéité et une entière indépendance, quand elles ont à traiter de leurs affaires respectives ; puis, quand elles auront des mesures à prendre en commun, elles pourront aussi très-bien s'entendre pour délibérer de concert par l'entremise de leurs représentants, et s'en remettre à l'assemblée de leurs mandataires du soin de prendre des décisions qui engagent tous les membres de la nation et leur prescrivent une exacte obéissance. Qu'un directoire provincial construise des routes, des canaux, des halles, des bourses de commerce, qu'il fonde des écoles industrielles et littéraires, primaires et supérieures, des hospices d'aliénés, d'enfants trouvés et d'incurables, des maisons de refuge et des caisses de secours, qu'il soutienne, encourage ou contrôle des sociétés ayant pour but le progrès et la diffusion des sciences et des arts utiles ou agréables, l'assistance, la moralisation et l'édification mutuelles, qu'il règle la police de la petite et de la moyenne viabilité, des petits cours d'eaux, des mines, des établissements insalubres, de la vaine pâture, des épizooties et des animaux nuisibles, qu'il statue sur les contestations des communes, et qu'il exerce la tutelle qu'exige l'incapacité relative de certaines d'entre elles, rien n'empêchera que les mêmes choses se fassent librement et sans le moindre obstacle ni la moindre contrariété dans toute autre province, et que de son côté l'Etat vaque aux occupations et remplisse les attributions qui lui sont propres, qu'il traite avec les puissances étrangères, qu'il lève et mette en mouvement des armées, qu'il équipe des flottes, qu'il veille à la sureté des personnes, qu'il administre la justice, qu'il observe et contienne les associations sans prétendre les mouvoir ni les contraindre, qu'il pourvoie à la grande viabilité, qu'il fabrique de la monnaie, qu'il protége dans la mesure nécessaire le travail national, qu'il fasse transporter les dépêches, qu'il surveille les banques, qu'il régisse les forêts et les divers immeubles du domaine national, qu'il perçoive les revenus du trésor et les dépense, et qu'enfin il crée et entretienne les établissements que réclame le pays tout entier et qu'aucune province ni aucune association particulière n'ont la volonté ou le pouvoir de soutenir.

Voilà deux ordres de travaux et d'attributions bien distincts, qui peuvent se déployer largement sans se froisser ni se heurter. Dans la grande sphère de l'Etat peuvent se mouvoir activement et librement les sphères bornées des provinces, sans se choquer l'une l'autre et sans rompre ni endommager leur commune périphérie. Ce ne serait que de mauvais motifs, que des inspirations coupables de l'égoïsme, qui entraîneraient l'Etat à violer l'indépendance et l'autonomie relatives des provinces. Nous comprenons que le despotisme ne puisse supporter aucune limite à son avidité. Il ne peut faire sa tâche à demi, il faut qu'il comble la mesure de ses attentats. Que sur quelques points il laisse une pensée libre et une action spontanée si restreintes qu'elles soient, au bout d'un certain temps la goutte d'eau aura corrodé l'édifice. D'ailleurs la liberté est contagieuse, et sous des influences favorables elle commet promptement de vastes et bienfaisants ravages. La monarchie française, une fois imbue de l'esprit autocratique, se devait à elle-même de poursuivre et d'anéantir toute espèce de *selbtstœndigkeit* et de *self government*, toute autonomie communale et provinciale. Les *Elus* créés par les Etats de 1356 durent échanger le mandat qu'ils tenaient des bailliages contre des offices conférés par la royauté. La juridiction des *pairs* dut être absorbée par les tribunaux de la couronne. Des *Maîtres des requêtes départis* durent faire sentir partout la main pesante de la centralisation. Richelieu dut consolider leur autorité en leur assignant sous le nom d'*Intendants* une résidence permanente. Les communes qui s'étaient montrées si énergiques et avaient acquis tant d'honneur au moyen-âge, ne pouvaient, isolées et énervées par leur dispersion, se dérober à l'envahissement du depotisme monarchique, qui tendait également à asservir les corporations industrielles, savantes et religieuses. Les mairies furent successivement entamées, jusqu'à ce qu'en 1692 une mesure générale fit de toutes des agences de la royauté.

Lorsque l'Etat est despotique et qu'il s'efforce d'annihiler toute spontanéité dans les associations provinciales et communales, il est dans son rôle naturel et il accomplit une œuvre qui, au point de vue de la logique, est irréprochable ; mais un gouvernement constitutionnel qui se livre à cette mauvaise action se trahit lui-même et prépare sa propre ruine. Toutes les libertés sont solidaires ; les hommes qui concourent à former un gouvernement constitutionnel, démocratique ou tempéré, ont pour support le principe de liberté qui partout est substantiellement identique, et ne peut recevoir sur un point une atteinte profonde, sans que tout son organisme n'en soit altéré, et qu'il ne perde une quantité notable de cette force qu'il communiquait à ses divers organes. Quand dans un système constitutionnel il y a des rouages disposés à l'usage du despotisme, il est difficile que l'intérêt personnel ou de parti ne s'en serve pas d'abord pour intimider et corrompre les sujets de l'Etat ; puis vient la tentation d'user des armes ou des amorces malfaisantes envers ceux mêmes avec qui l'on est associé; et à la corruption électorale succède la corruption parlementaire. La liberté alors attaquée au sommet cherche en vain un retranchement et un appui dans les régions moyennes et inférieures. Privée de reconfort et de refuge, elle court grand risque de périr.

Nous l'avons déjà dit, et on ne saurait trop le répéter, la pratique du gouvernement libéral a pour conditions nécessaires l'apprentissage et l'exercice de la libérté dans le cercle de la commune et de la province, sans parler des divers autres ordres d'associations, industrielles, scientifiques, religieuses, bienfaisantes, etc. Il n'y a pas véritablement de gouvernement libéralsans un concours actif des citoyens, de ceux du moins qui sont dignes de porter ce titre. Que leur coopération se borne au choix du nom d'un député, et qu'à l'égard de tout le reste ils soient inertes et passifs, l'assemblée représentative ne sera plus qu'une coterie, qu'une oligarchie adonnée à des intérêts particuliers, et sans cesse tentée d'échanger son rôle de mandataire contre celui de dominatrice. Pour nourrir en eux l'amour du bien général, les hommes d'Etat ont besoin d'être sans cesse tenus en éveil, inspirés et stimulés par l'opinion publique : or comment cette opinion se produira-t-elle si elle ne s'est formée à l'aide d'un sérieux apprentissage. Et comment les citoyens apprendront-ils à connaître et à juger les affaires si vastes et si compliquées de toute une nation, s'ils ne se sont pas préparés à aborder cet immense sujet par l'étude d'une matière analogue, mais plus simple, plus bornée et plus sensible, c'est-à-dire des affaires de la province? Comment comprendront-ils la possibilité et la manière de régler les affaires sociales par l'Etat, s'ils ne savent pas seulement comment elles se traitent dans le cercle qui est sous leurs yeux et qui leur est familier. Ils ne pourront que se soumettre avec une aveugle confiance, ou bien s'ils ont du ressort et de l'énergie, ils prétendront que les vœux que forme leur inexpérience s'accomplissent ponctuellement; et leurs illusions audacieuses et exigeantes venant nécessairement à être trompées, il s'en suivra des récriminations violentes, des colères et des renversements, spectacle auquel il nous est donné d'assister périodiquement dans notre pays, et auquel bien des gens se résignent comme à l'effet d'une maladie chronique et incurable.

Mais, alléguera-t-on, les provinces sont incapables de s'administrer elles-mêmes. Elles n'ont ni l'expérience, ni les lumières, ni le zèle, ni l'esprit de discipline nécessaires; et lors même qu'il faudrait leur accorder une certaine dose de ces qualités, elles seraient loin de les offrir au même degré que les agents d'un pouvoir central, qui est un foyer d'idées supérieures et qui porte en lui le principe d'une force et d'une organisation merveilleusement puissantes. Est-ce à cause de leur petitesse qu'on taxe ainsi les provinces d'incapacité? Mais sans remonter aux républiques de la Grèce et de l'Italie, qu'on veuille bien considérer trois Etats qui peuvent être à juste titre désignés comme d'admirables modèles, Genève, la

Hollande proprement dite et le Massachussets. Quelle intelligence, quelle sagesse, quelle profondeur, quelle fermeté et quelles vertus n'ont pas montrées ces trois Etats qui ont mérité à tant de titres d'être les modèles des grandes nations! Or quelles populations comptent-ils? L'un 50,000 et les autres environ 800,000 habitants. C'est ce dernier chiffre qui serait à peu près celui des provinces entre lesquelles la France se diviserait naturellement. Des Etats qui n'ont pas comme ceux que nous venons de citer de prétention à la reconnaissance universelle, se régissent pourtant d'une façon régulière et sensée avec une faible population. Témoins la Hesse-Darmstadt, le Nassau, le Brunswick, les duchés de Saxe. Ces petits pays, que nous sommes loin du reste d'indiquer comme des types de bonne division territoriale, sont, malgré leur mauvaise structure, assez bien ordonnés pour soutenir le parallèle avec la Prusse, et certes ils n'ont rien à envier à la vaste Autriche et à son agglomération unitaire de 36 millions de sujets. Croirait-on que de centres comme Nancy, Dijon, Grenoble, Nismes, Poitiers, Rennes, Clermont, ne partissent pas, la carrière étant ouverte, des impulsions, des instructions et des règlements assez bien conçus pour assurer le bon état des routes, des écoles, des établissements de bienfaisance, de la police rurale et industrielle de la contrée voisine? Nous avons omis avec intention de parler des cités de l'importance de Lyon, de Marseille, de Toulouse, de Bordeaux, de Nantes, de Rouen, de Lille, de Strasbourg; mais dans les villes mêmes de second ordre telles que celles que nous avons désignées, ne trouve-t-on pas parmi les manufacturiers, les négociants, les légistes, les professeurs, les ingénieurs et les gens de loisir qui cultivent leur esprit, assez de lumières, assez d'expérience, assez d'autorité morale, assez de zèle et assez de capacité pour gérer aussi bien qu'il est possible les affaires d'une province ? Si l'on ne parvient pas à découvrir les hommes que cette tâche réclame, où trouvera-t-on les hommes d'Etat ?

Il est curieux de voir comment l'Etat s'y prend, quand il prétend administrer du haut de sa grandeur les provinces. Pour s'en faire une idée, qu'on veuille bien examiner comparativement ce qui se passait avant 1789 dans les pays où l'Etat était tout puissant, et dans ceux où l'on jouissait de franchises provinciales, d'un côté en France, et de l'autre en Suisse, en Hollande, en Angleterre. La France n'avait ni chemins ni écoles, ses grandes routes étaient détestables, sa police était tracassière et inefficace, son organisation industrielle était des plus défectueuses, son agriculture était languissante, ses institutions religieuses, scientifiques, moralisatrices et secourables se traînaient paresseusement dans l'ornière de la routine. Il suffisait alors de traverser le Jura, la basse Meuse ou la Manche, pour qu'un tout autre spectacle s'offrît aux yeux. Là, grâce au principe fécond de la liberté, grâce à l'initiative, à l'excitation intellectuelle et à l'énergie de volonté qui se déployaient sur toutes les parties du territoire, l'ordre intérieur, les garanties individuelles et sociales, les voies de communication, les établissements d'instruction et de bienfaisance laissaient peu de prise à la critique. Et quand en France le pouvoir central régénéré voulut réformer l'ancien état de choses, il dut prendre des leçons près de ces provinces étrangères, qui l'avaient devancé de si loin dans la voie des réformes et du progrès.

Comment procède un gouvernement qui s'arroge l'administration des provinces ? Il délègue son autorité à un intendant, nous ne dirons pas un pacha ou un satrape. Cet intendant a pour premier but de plaire à ses maîtres. Sous un régime purement despotique, il s'appliquera avant tout à courber les volontés et à étouffer les pensées. Si l'élément représentatif subsiste au sommet de l'édifice, il s'attachera à capter ou extorquer les suffrages, à dissoudre et désorganiser les partis. Quoi de plus facile? N'a-t-il pas sous la main des milliers d'agents dressés à une obéissance passive et communiquant sur tout point avec une ponctualité parfaite l'impulsion qu'ils reçoivent de leur chef? N'a-t-il pas à sa disposition dans chaque commune un maire, un adjoint, un instituteur, un garde-champêtre, un appariteur, un cantonnier, sans cesse prêts à obéir au moindre signe et dûment instruits, dirigés et façonnés par un état-major cantonal, qui se compose d'un juge de paix, d'un percepteur, d'un inspecteur des écoles, d'un voyer et d'une brigade de gendarmerie? Comment de pauvres villageois ignorants, crédules et timides, enlacés par les liens innombrables de la centralisation, ne sachant jusqu'où vont leurs droits et leurs devoirs, subissant humblement l'ascendant de l'autorité et croyant naïvement à son omnipotence, pourraient-ils résister à l'étreinte, à la pression, aux insinuations et aux injonctions menaçantes qui ont pour but de surprendre leur vote, dont au reste ils apprécient mal l'importance et l'efficacité? Quant aux superbes qu'une pareille contrainte ne réduirait pas, n'a-t-on pas pour les séduire des ressources inépuisables, des places, des faveurs, des monopoles, des secours à allouer, soit à eux-mêmes, soit à leurs localités, et empruntés à ces fonds communs qui semblent avoir été créés pour cette intéressante destination?

Quand l'intendant aura accompli ces nobles travaux d'intimidation et de séduction, qu'il croira avoir satisfait ainsi à sa tache essentielle, et qu'il viendra à s'examiner lui-même, il s'admirera de représenter en sa propre personne le gouvernement tout entier; il se grandira, s'enflera, prendra des poses et des allures majestueuses et commandera autour de lui un profond respect et d'humbles marques de soumission. Il a intrigué pour les chefs de l'Etat, n'a-t-il pas acquis par là les titres les plus sérieux et les plus considérables à la vénération publique? Comme la grandeur sociale doit se parer de dehors qui lui soient assortis, il déploiera du faste et de la magnificence, il donnera des fêtes splendides et ne traversera la foule que dans un brillant équipage. Il dérogerait à sa dignité, s'il s'exposait au contact des gens du commun. Son rang veut qu'il soit scrupuleux et exclusif dans ses relations. Il ne fréquentera donc que les familles culminantes, qui placent entre elles et le reste de la population la barrière de la hauteur et du dédain. Cependant il faut bien parfois qu'il en vienne à vaquer aux soins administratifs. Comment s'en acquittera-t-il? Où a-t-il fait son éducation? Où et comment s'est-il pourvu de la science requise? Il arrive de la capitale, où il s'est adonné au métier de postulant; il a étudié dans les écoles des salons et des antichambres; il a fait l'aimable, a pris la mine d'un homme de bonne compagnie, et est allé jusqu'à se donner des airs capables. Tout ceci est très-avantageux, mais ne procure néanmoins ni le savoir, ni l'expérience, ni l'habileté, ni la consistance nécessaires pour administrer une province. Il y a donc lieu de suppléer par quelque combinaison à ce qui peut manquer à l'intendant. A cet effet on a imaginé des machines ingénieuses, appelées bureaux et composées d'employés et de règlements. Les employés sont des forces obéissantes dont les règlements sont les régulateurs. Ces machines, une fois montées et ajustées, accomplissent la totalité du travail administratif avec une docilité, une uniformité et une continuité invariables, et pour les mettre en mouvement il suffit de l'impulsion la plus simple. Quelle merveilleuse invention pour décharger l'intendant de toute obligation de capacité, de zèle et de dévouement! Il lui suffit de presser un peu de la main, et tout marche symétriquement et savamment, sans qu'il ait besoin de rien connaître, ni de rien diriger. Il n'a pas à se donner plus de soins que le joueur d'orgue de Barbarie. Il tourne une manivelle et il se trouve faire de la musique.

Quel chef-d'œuvre que la bureaucratie! Et comme elle laisse loin derrière elle la *mull-jenny* et le métier Jacquart! Mais si cette machine aux opérations de laquelle ne concourent ni intelligence, ni conscience, ni zèle, ni talent, accomplit néanmoins un travail si parfait, pourquoi ne la mettrait-on pas au service d'une autorité vraiment provinciale, d'une autorité sortie des flancs de la province, remplie de son âme et formée de sa substance? Il n'y aurait plus lieu d'objecter une prétendue incapacité, l'incapacité des premiers de la province comparés à l'intendant! La machine fonctionnant sous l'œil et sous la main du conseil et du directoire provinciaux ne perdrait pas sans doute ses vertus essentielles et ne s'acquitterait pas moins bien de sa tâche automatique. Ce conseil et ce directoire institués, il suffirait, pour la translation du pouvoir, de transporter les cartons, les employés et le mobilier de l'hôtel de l'intendance dans les bâtiments affectés à l'autorité provinciale. Ce serait une simple affaire de voituriers, de porte-faix et de tapissiers.

Près de chaque directoire seraient installés quatre ou cinq bureaux. A la tête de l'un serait un ingénieur en chef assisté d'ingénieurs de district et d'agents-voyers de canton. Là seraient régis les services concernant les routes provinciales, les chemins vicinaux et cantonaux, les bâtiments publics, la distribution des eaux, le desséchement des marais, les concessions d'usines et de mines et l'autorisation des établissements insalubres (1). Un second bureau, ayant pour chef un recteur, dirigerait les colléges et les écoles qui doivent être entretenus par la province, ou qui, fondés et stipendiés par les communes, appellent cependant la tutelle d'une autorité supérieure. Un troisième aurait à s'occuper de la police rurale, industrielle, commerciale et sanitaire, des établissements de bienfaisance et de répression et des encouragements à donner aux sciences et aux arts utiles et agréables. Il aurait aussi à recueillir les documents statistiques. Un quatrième aurait pour attribution la surveillance de l'administration des communes. A ces deux derniers seraient attachés des inspecteurs ambulants. Le cinquième bureau, qui serait le siége du secrétariat général et qui serait spécialement sous l'autorité du président du directoire, correspondrait avec les pouvoirs extérieurs, centraliserait les écritures, garderait les archives, et serait chargé de la conservation du do-

(1) Il est à remarquer que dans un pays, où la circulation générale est desservie par des chemins de fer, toutes les routes empierrées dites auparavant nationales redescendent dans la catégorie des routes provinciales. Nous nous trouvons sur ce point en accord avec le Conseil général des Hautes-Pyrénées, qui dans l'émission récente de son opinion a été sans doute inspiré par le ministre des finances, M. Fould.

maine, de la poursuite des actions, de la préparation du budget, du soin de la trésorerie, de l'ordonnancement des dépenses, de la comptabilité, et du concours à donner à l'agence des contributions directes pour la répartition de l'impôt. Voilà, sauf omission et correction, le tableau sommaire des attributions que la nature des choses confère aux administrations provinciales, et qui peuvent être distraites, non seulement sans inconvénient mais avec un immense avantage, des intendances qui les ont usurpées. Nous n'avons pas besoin de parler des conseils d'instruction publique, de santé, de beaux arts, d'agriculture, d'industrie et de commerce, qu'il y aurait lieu d'adjoindre aux directoires provinciaux mais dont le rôle serait purement consultatif.

Nous avons attribué à l'autorité provinciale un droit de surveillance sur les actes des administrations communales et même un droit de direction sur certains établissements fondés et entretenus par celles-ci. Dans un pays qui a été longtemps dépouillé de ses franchises locales, où les communes rurales sont petites et mal éclairées, et où les villes attirent et retiennent la partie la plus policée et la plus intelligente de la population, on peut et on doit concevoir des doutes sur la complète aptitude des gens de la campagne à concevoir et à mettre en pratique des mesures d'intérêt public, à reconnaître l'accord du bien général avec celui des particuliers, et à créer et diriger des établissements qui sont le produit d'une pensée un peu élevée. C'est pourquoi nous croyons qu'il convient de faire rentrer le plus grand nombre possible de chemins dans la catégorie cantonale, de soumettre les écoles à une direction supérieure, de charger l'assemblée provinciale de la confection des règlements concernant la police rurale et la police sanitaire, et même de subordonner à l'approbation du directoire les délibérations et les arrêtés réglementaires des officiers municipaux, sauf à se relâcher sur ce dernier point, quand l'éducation des communes sera plus avancée.

Nous voulons pour les communes toute la somme de liberté dont elles peuvent en user. Ce que nous leur enlevons d'attributions ne leur est pas positivement ravi, mais est transféré non loin d'elles et non hors de leur portée. Elles conservent une action effective quoique médiate sur le pouvoir qui les remplace. Les choses se font dans un cercle rapproché et par des hommes connus, élus, contrôlés et pénétrés de l'esprit ambiant. Avec eux il y a une tout autre familiarité et de tout autres garanties qu'avec les suppôts étrangers et superbes du pouvoir central. D'ailleurs, tout près de chaque commune, il y a de petits centres, où ne saurait s'exercer aucune autorité propre, mais où peuvent et doivent se grouper les communes, non pour agir, mais pour articuler des vœux et des remontrances. Ces petits centres sont les chefs-lieux de canton où se forment naturellement des assemblées de délégués de communes, de même que dans les chefs-lieux de district s'exercent sous une forme subordonnée des pouvoirs qui ont été détachés de l'autorité provinciale pour la commodité du service. Le district et le canton ne sauraient avoir d'existence propre, être le siége d'une volonté spéciale et d'une autorité active. Ils sont simplement les intermédiaires par lesquels s'opèrent les communications des deux corps doués d'une vie propre et ayant droit à l'autonomie, la province et la commune.

Cette double autonomie conjointe et solidaire de la commune et la province nous paraissent être à la fois des conséquences tellement rigoureuses et des appuis tellement indispensables du principe de la liberté politique, qu'il nous est impossible d'expliquer par des raisons sérieuses l'attachement d'un grand nombre de libéraux sincères au dogme imposteur de la centralisation. La logique étant complétement en défaut, il nous faut recourir à l'histoire pour découvrir l'origine de cette singulière anomalie. Nous sommes forcés de l'avouer, ce sont les pères de notre église politique, ce sont les Constituants de 1789 qui ont proclamé, au nom des principes libéraux, la nécessité de subordonner complétement les corps provinciaux à l'action centrale du gouvernement. Ils prétendaient que toutes les parties de la nation devaient obéir à un mouvement uniforme dont l'initiative ne pouvait partir que de l'Etat. Ils avaient été amenés à établir cette maxime par les circonstances exceptionnelles où ils se trouvaient placés; malheureusement ils confondirent le transitoire avec le permanent, le relatif avec l'absolu, et ils érigèrent en axiôme ce qui ne devait être qu'un conseil dicté par une crise formidable mais passagère.

La loi organique de janvier 1790 réglant la constitution des assemblées administratives, déclare que « les administrations de département seront chargées, sous l'autorité et l'inspection du roi, comme » chef suprême de la nation et de l'administration générale du royaume, de toutes les parties de cette » administration. »

Et l'instruction relative à l'exécution de cette loi dit formellement que « le principe constitutionnel » sur la distribution des pouvoirs administratifs est » que l'autorité descende du roi aux administrations » de département, de celles-ci aux administrations » de district, et de ces dernières aux municipalités. »

Ainsi, pas d'existence ni d'attributions propres aux départements ou provinces. La pensée, la volonté, l'autorité est unique. Il ne s'agit pas de coexistence harmonique ni de libertés coordonnées. Ce n'est pas l'union ; c'est l'unité pure, exclusive, n'admettant ni partage, ni contre-poids. Y avait-il là un fanatisme d'unité tel que nous le voyons se montrer si souvent parmi nous, avec son entêtement aveugle et sa logique effrénée ? Nous ne le croyons pas. Les Constituants professaient peut-être les mêmes idées que les centralisateurs passionnés de notre temps, mais ils n'étaient pas atteints de la même déraison. Eux avaient une raison qui pouvait être décisive à leur époque, mais qui de nos jours n'existe plus. Ils avaient à refaire instantanément l'œuvre de deux ou trois siècles. Ils avaient à créer un monde nouveau contre lequel de puissantes haines étaient conjurées.

En dépit des théories optimistes ou serviles qui ont eu cours trop longtemps, il est aujourd'hui reconnu par tous les esprits sensés, qu'à travers les progrès accomplis dans la société française durant les deux derniers siècles le pouvoir politique fit constamment fausse route. Le moyen-âge avait légué aux temps modernes des éléments sociaux de diverses sortes qu'il s'agissait de constituer en forces politiques et d'organiser en un système cohérent. Nous ne voulons pas nous amuser à refaire le passé de notre pays : en supposant que les principes qui nous sont chers eussent prévalu et eussent présidé aux destinées de la nation, ils eussent rencontré dans des événements imprévus, dans des circonstances fortuites, dans ce qu'on appelle les jeux de la fortune, des conditions variables d'application qui ne permettent de former aucune conjecture sérieuse sur les résultats qu'ils eussent amenés. Ne cherchons donc pas à reconstruire un passé que nous ne pourrions retracer que d'une façon purement romanesque ; mais en rejetant ce genre de composition dans la catégorie des récréations intellectuelles, et en concentrant notre regard sur la réalité, nous devons observer avec un très-grand soin l'état où l'absolutisme monarchique trouva la France, et ce qu'il fit de ce grand pays lorsqu'il se le fut approprié.

Il n'est plus permis maintenant aux gens honnêtes et sensés de dire qu'au XVIe siècle et même au XVIIe la France avait besoin de l'absolutisme, qu'elle le désirait, le réclamait et en attendait l'achèvement et le perfectionnement de sa destinée. Dans un pays où existaient des corporations industrielles, des communes, une noblesse féodale, des églises, des compagnies de savants et de légistes comme la France en montrait alors, il est déraisonnable d'affirmer qu'il ne pouvait y avoir d'intelligence, de capacité et d'activité gouvernementales et administratives que dans la royauté. Il ne nous est pas loisible d'exposer ici les causes qui empêchèrent ces divers éléments de la société de se consolider et de former, en se coordonnant et en se combinant, un système qui unît l'indépendance et la vitalité de toutes les parties à la bonne économie de l'ensemble. Nous constatons seulement que les éléments d'un système libéral étaient présents, et que, si un bon vent au lieu d'un mauvais avait soufflé sur notre pays, les germes qu'il portait en lui, heureusement fécondés, eussent produit sans crise violente un ordre politique, qui eût donné satisfaction à l'honneur, à la raison et aux intérêts de tous les citoyens. Au lieu de respecter et de cultiver ces germes, la monarchie s'appliqua pendant deux siècles à les étouffer. De la noblesse elle fit une tourbe de courtisans, de la haute bourgeoisie un troupeau de fonctionnaires, et au lieu de réformer les corporations industrielles, elle se contenta de les asservir. Les municipalités et les Etats provinciaux ne furent plus que des agences royales. Le clergé catholique fut assujéti, et il reçut pour indemnité la permission fatale et l'incitation perfide de persécuter les dissidents. Les Universités, parquées dans leur autorité étroite et surbalterne et n'acceptant aucune communication avec l'esprit public, s'engourdirent dans une immobilité pédantesque et sénile. Les corps judiciaires, à la fois dépendants et privilégiés, ne sortirent de leur morgue dure et entêtée que pour se livrer à des tracasseries maladroites et stériles. Enfin les paysans négligés et dédaignés furent retenus dans les liens d'une vie purement animale.

Quand les conseils généreux et sages de Fénélon, de Vauban, de l'abbé de Saint-Pierre, du marquis d'Argenson eurent été rejetés comme de vaines utopies, quand le sceptre royal eut passé dans les mains des royales prostituées et que le dernier mot du système eut été articulé par des hommes de l'espèce de Meaupeou et de Terray, il devint manifeste que le temps des réformes était passé, et que tant de griefs accumulés ne pouvaient produire moins qu'une révolution. Elle éclata sous le coup des plus nobles desseins et des plus belles espérances. Ses promoteurs étaient des hommes savants, purs et dévoués; mais leurs adversaires étaient des gens égoïstes, aveugles et obstinés, et leurs auxiliaires étaient des foules qui devaient se montrer ignorantes, passionnées et inégales, tantôt emportées et violentes, tantôt décontenancées et passives. D'un côté des rancunes implacables, de l'autre de déplorables excès vinrent battre en brèche l'œuvre des Constituants. Ce fut pour parer à ces dangers formidables qu'ils voulurent armer le pouvoir central d'une très-grande force, qui lui permît de vaincre partout les résistances et les insurrections qui surgiraient contre la loi nouvelle.

Cette pensée était sage, mais dans son exécution ils commirent deux fautes graves. La première fut de poser en principe absolu, que tout pouvoir et toute action mettant en mouvement les autorités locales et les corps particuliers doit provenir de l'Etat, tandis qu'il convenait seulement, par mesure transitoire et par suite de circonstances extraordinaires, d'investir le chef de l'Etat d'une puissance dictatoriale sur toutes les parties de la nation. La seconde faute fut de désarmer en fait le pouvoir central, dans le même temps qu'on lui conférait en principe de si énormes attributions. Pour tout ce qui concernait l'administration non seulement des affaires locales mais des affaires de l'Etat, la loi de janvier 1790 ne donnait au roi pour agents que les membres des conseils départementaux et communaux qui étaient tous issus de l'élection populaire.

M. Duvergier de Hauranne a parfaitement démontré que l'accord ne pouvait s'établir entre l'assemblée constituante et la royauté, et que les décisions législatives ne pouvaient recevoir leur entière exécution, qu'autant que les ministres fussent extraits de l'assemblée même, en exprimassent la pensée et exerçassent en retour sur elle une influence efficace. Les Constituants, mus par un désintéressement excessif ou par un sentiment de défiance envers la royauté, prononcèrent l'incompatibilité entre la qualité de représentant et les fonctions de ministre. Ils craignirent sans doute que la royauté ne séduisît les ministres et que ceux-ci ne corrompissent les membres de l'assemblée. Ce fut la même défiance qui empêcha de donner à la royauté des agents d'exécution lui appartenant en propre, et qui la força de recourir aux élus du peuple qui composaient les conseils de commune et de département. Ces hommes apportèrent autant d'inexpérience que d'ignorance à une tâche immense et hérissée des plus grandes difficultés. Tandis qu'il eut fallu des talents extraordinaires, on ne vit se présenter presque partout que l'incapacité. Ou voudrait-on que ces élus du peuple, subitement promus à des fonctions si graves et si laborieuses, eussent acquis la connaissance des affaires publiques, l'art de traiter avec les hommes, la prudence, la sagacité, la vigueur et la ténacité requises en ces moments critiques? L'assemblée constituante eût-elle trouvé dans le conseil de la royauté des ministres capables, dévoués et résolus, que tous les efforts de ceux-ci eussent été paralysés par l'impéritie ou le mauvais vouloir des agents départementaux et municipaux. Les institutions de l'époque ont une part incontestable dans la responsalité des désordres qui éclatèrent si malheureusement.

Fut-ce uniquement un sentiment de méfiance envers la royauté qui décida les Constituants à confier aux élus du peuple toute fonction administrative qui devait s'exercer dans la commune ou au chef-lieu du département? En opposition au principe de l'omnipotence administrative de l'Etat que les Constituants professaient, n'étaient-ils pas mus à leur insu par l'amour de la liberté qui les pénétrait si profondément? Sans se l'avouer et même quelquefois par des déclarations explicites, ils reconnaissaient le droit des citoyens de régler personnellement, ou par représentation, les affaires, soit privées, soit communes, qui les concernent à l'exclusion des autres individus ou des autres associations. Et en effet ils avaient doté les départements et les communes de toutes les institutions et de toutes les franchises que nous revendiquons pour ces associations. Singulière anomalie! les Constituants, qui proclamaient en principe l'omnipotence administrative de l'Etat et la dépendance des provinces, édictaient des lois organiques qui frappaient l'Etat d'impuissance et émancipaient les provinces. Ils refusaient à l'un ce qu'ils voulaient lui donner, et accordaient aux autres ce qu'ils leur déniaient. L'Etat désorganisé tomba bientôt en ruine, et sur les débris de l'autorité les passions déchaînées se précipitèrent dans la guerre civile.

L'histoire de la Convention n'est autre que celle d'une guerre continue. Alors on vit se déployer les désordres et les calamités que toute guerre entraîne avec elle, les violences, les meurtres, les ravages, les spoliations, les soupçons cruels et les mesures expéditives et sans pitié. La nécessité du moment fit créer sans système et sans parti pris d'avance les pouvoirs nécessaires au gouvernement de l'Etat. Un ministère fut établi, extrait cette fois de l'assemblée, sous le nom de *Comité de salut public*. Les représentants du peuple en mission firent office d'agents supérieurs du pouvoir exécutif, dont les agents subordonnés furent les comités révolutionnaires distribués sur tout le territoire. Nous ne nous arrêterons pas sur cette phase de notre histoire qui, Dieu merci! ne nous offre aucun exemple à suivre, et ne nous montre guère dans ses terribles conjonctures que des maux à éviter.

La guerre ayant cessé au 9 thermidor, des hommes généralement honorables essayèrent d'en prévenir le retour par l'établissement de la Constitution de l'an III. Ils avaient pour but principal de mettre un frein au despotisme, à l'emportement et aux passions intestines d'une assemblée unique, et d'empêcher la résurrection des clubs incendiaires et des mouvements désordonnés qui avaient entraîné les communes. Mais leur création des municipalités cantonales ne fut pas heureuse, et ils ne surent pas donner au pouvoir exécutif la force d'action et de répression qui lui était indispensable. Quelque malheureuse que fût la société, et tout mal doté que fût le Directoire, ce gouvernement rendit de grands services. Des bouches et des plumes vénales ou étourdies ont fait pleuvoir sur lui l'outrage et la calomnie. La justice du temps saura, nous l'espérons, répartir équitablement la sévérité, l'indulgence et l'éloge sur les accusateurs et sur les accusés. Sans doute elle n'accordera pas au Directoire sur tous les points en débat un verdict d'acquittement, mais elle n'absoudra pas non plus les sycophantes et elle stigmatisera la bassesse.

A propos du gouvernement qui suivit le Directoire, il serait ridicule de parler de liberté provinciale, communale ou autre. On marcha droit au rétablissement de l'ancien régime ; les noms seuls et les hommes furent changés. Les masques dont on se couvrit d'abord tombèrent peu à peu, et l'autocratie nouvelle ne se distingua de l'ancienne que par une habileté supérieure et une activité infatigable. L'appareil agissant fut construit dans le même système, mais fut pourvu d'un mécanisme plus savant, mieux ajusté et plus énergique. Quelques rouages usés, parasites ou contrariants furent écartés, et la machine fonctionna pendant quelques années avec une singulière puissance. L'orgueil despotique l'avait créée, les excès de ce même orgueil en amenèrent la destruction.

Ce n'est pas ici la place de juger, sur un examen détaillé, le gouvernement qui succéda. Qu'il nous suffise de dire, toutes réserves faites, qu'en somme ce fut un gouvernement libéral. A cette heure où les passions allumées, il y a quarante ans, ne sont plus que de la cendre, et où la mémoire d'étranges épreuves nous présente de si graves leçons, le jugement sommaire que nous venons d'énoncer paraît se généraliser dans les esprits sensés et honnêtes. Quand sous la Restauration l'esprit libéral, qui avait à lutter contre de graves obstacles mais avait cependant la faculté de se développer, fut enfin parvenu à triompher au sein du parlement, un ministre aimable, organe de ce mouvement, pensa qu'il devait à sa cause le rétablissement de quelques libertés provinciales et communales. Il présenta un projet de loi, mais les haines de parti encore trop vivaces s'embusquèrent derrière une frivole question de forme, et repoussèrent, avant d'avoir eu à la discuter, une des mesures qui tendaient à la conciliation. Peu de temps après le gouvernement déclara la guerre au pays, qui ayant remporté la victoire institua un gouvernement, dont l'origine, la nature et les prérogatives ne furent plus équivoques.

Le gouvernement de Juillet fut le plus libéral qu'ait eu la France, ce qui à la vérité n'est pas beaucoup dire. Créé par la liberté et pour la liberté, il devait l'introduire dans toutes les parties de l'organisation politique et notamment dans l'administration départementale et communale. Des lois promulguées en 1831, en 1833, en 1837 et en 1838 instituèrent des conseils municipaux et généraux issus de l'élection, et déterminèrent leurs attributions respectives. Mais en cette circonstance comme en beaucoup d'autres le gouvernement procéda par la voie du juste-milieu. Sans doute il faut se tenir à égale distance des deux extrêmes, quand l'un et l'autre conduisent au mal, mais non quand l'un est le bien et l'autre est le mal. La modération qui fuit les excès est excellente ; celle qui évite systématiquement les partis nets et tranchés, et au lieu de considérer le bien en soi, se borne à envisager les difficultés opposées et les prétentions rivales pour s'accommoder avec elles et pour transiger, la modération qui prend pour guide non la raison mais la tactique est souvent trompeuse, et, quand elle réussit, elle n'a droit qu'à ce genre d'estime qu'on accorde au succès. La politique de juste-milieu ne peut donc être jugée simplement sur sa dénomination, il faut l'examiner dans le détail de ses actes et la soumettre à la pierre de touche des principes, pour reconnaître dans quels cas elle fut vraiment sage ou ne fut que timorée. En ce qui fut fait pour l'organisation départementale et communale, nous croyons qu'on suivit un juste-milieu entre le bien et le mal, et que les restrictions apportées au développement de la pensée première eurent pour effet de l'altérer et de la fausser.

Il faudrait entrer dans une critique un peu minutieuse, pour faire ressortir les imperfections des lois de 1831 et de 1837 concernant les municipalités ; nous nous bornerons à protester contre la soumission des communes à l'autorité préfectorale. Ce n'est pas à cette autorité, c'est à celle de l'administration proprement départementale qu'il convient de les subordonner. Mais cette administration elle-même n'existe pas dans le système des lois de 1833 et de 1838. Il y a bien des conseils généraux de département, mais leurs attributions, en tant que délibératives, sont toutes mutilées ; quant à leur puissance active, elle est complétement nulle. C'est le préfet seul qui agit, qui prend les mesures d'exécution, qui nomme les agents, qui les dirige et qui dispose de tout le matériel. Avec l'ascendant que lui donnent ses fonctions et que corrobore sa qualité de représentant de l'Etat, il aborde un conseil composé d'un petit nombre de membres issus des diverses parties d'un grand territoire, inconnus les uns aux autres, étrangers à l'art de la discussion et à la tactique des assemblées, mal initiés à la connaissance des règles administratives et des affaires à traiter, et presque uniquement soucieux de l'intérêt d'un canton particulier. Le préfet a fait élaborer et préparer par ses bureaux toutes les délibérations, il arrive muni de toutes ses pièces, il a le verbe haut, tranchant, impératif, on ne sait ou on n'ose lui résister, il propose, il presse, et il enlève les décisions avant qu'on ait eu le temps d'étudier les questions et de se consulter. Après une semaine de ces exercices, un festin à l'hôtel de la préfecture passe par là-dessus, et tout est dit pour un an.

Le rôle des conseils départementaux ne peut être sérieux qu'autant que leurs membres sont convaincus de l'importance de leur mission, qu'ils sont munis de pouvoirs effectifs, qu'ils appliquent à leur tâche une capacité et une résolution suffisantes, et que leur pensée est servie par des agents qui leur sont propres et dépendent d'eux entièrement. Il convient que leurs assemblées soient nombreuses, fréquentes et animées, que l'opinion publique y ait accès et y circule, que leurs délibérations aient été préparées par une étude sérieuse des questions, par l'examen préalable des documents, par les discussions de la presse locale, par les conversations particulières, et, qu'une fois arrêtées, l'exécution en soit poursuivie par un pouvoir essentiellement départemental, par un directoire sorti par l'élection des flancs du conseil du département, logé dans son propre hôtel et pourvu d'agents et de bureaux qui lui appartiennent exclusivement. C'est seulement, quand les conseils départementaux se sentiront exister et agir par eux-mêmes, qu'ils prendront cœur à leur besogne, que leurs commettants s'intéresseront à leurs travaux, et qu'il y aura réellement une vie et des libertés provinciales.

Ce résultat ne pouvait être obtenu par les lois de 1833 et de 1838. Bien plus, il ne fut pas même recherché. On ne songea pas à organiser les provinces, on se proposa simplement d'établir un contrôle près des préfectures. On voulut bien introduire la liberté dans l'administration départementale, mais on ne lui accorda qu'un rôle négatif. Les conceptions, l'impulsion et l'action durent toujours partir de la préfecture, de l'agence du pouvoir central; et l'intervention des mandataires des départements dut se borner à l'examen, au conseil et à la surveillance. Cette parcimonie dans les concessions faites aux départements n'est pas seulement imputable à la politique du juste-milieu, elle fut principalement due à la superstition qui courbait alors presque tous les partis devant le dogme de l'omnipotence de l'Etat. Les constitutionnels et les radicaux tenaient cette croyance par héritage de leurs ancêtres de 1789 et de 1792. Quelques légitimistes feignaient de la répudier, mais le gros du parti ne pouvait renier les traditions de la monarchie de Louis XIV et de l'administration de M. de Villèle. Quant au gouvernement proprement dit, la crainte malheureuse qu'il avait eu d'enfoncer ses racines au-delà de la croûte superficielle des électeurs censitaires, et la défiance très-mal fondée qu'il avait témoignée envers les couches inférieures lui auraient représenté comme dangereuse toute action un peu vive exercée dans le cercle départemental, lors même que les partis eussent voulu la permettre ou la provoquer. Mais le ministère n'eut pas de lutte sérieuse à soutenir. Le principe de l'omnipotence de l'Etat qu'il invoquait était également reconnu à gauche, à droite et au centre, et l'on ne vit s'élever que de rares et timides protestations.

Disons-le, cette unanimité ostensible de confession de foi cachait des arrière-pensées qui avec des buts différents étaient de la même espèce. Depuis cinquante années la France était lancée dans la voie des révolutions ; elle en était à sa septième ou huitième constitution, en attendant les neuvième et dixième. Trois ou quatre partis existaient, inconciliables, intraitables et résolus à s'anéantir l'un l'autre. Ils ne pouvaient se dissimuler que la grande masse de la population étant au fond assez indifférente, étant dépourvue d'éducation, d'expérience et de ressort politiques, n'étant guère attentive en temps ordinaire qu'à ses intérêts personnels, et ne se mouvant qu'à certains intervalles par passion et par saccade, ils n'avaient à attendre ni de son ensemble, ni d'aucune de ses parties un concours soutenu et suffisant, et qu'en conséquence ils ne pouvaient se l'approprier et en rester maîtres qu'en la maniant et en la brassant d'autorité. Une fois le coup de main exécuté et la victoire remportée, aucun d'eux n'aurait pu affermir son triomphe qu'en usant de l'omnipotence de l'État. Tous étaient donc intéressés, en vue de leur succès présumé, à conserver intacte la puissance suprême qu'ils espéraient bien exploiter à leur profit. De telles pensées ne s'exprimaient pas tout haut, mais il n'était pas besoin d'une très-grande sagacité pour percer les enveloppes dont s'entourait la circonspection.

Si nous ne nous abusons, une nouvelle expérience de vingt années n'a pas déposé ses leçons dans les esprits, sans avoir modifié ces pensées de domination exclusive et despotique, et sans avoir fait naître des dispositions plus modérées, plus équitables et plus libérales. Si nous ne concevons pas un vain espoir, on est disposé à se laisser vivre les uns à côté des autres, et à permettre à chacun d'agir et se développer dans sa propre sphère et dans des rapports de conciliation et d'harmonie avec autrui. Pour nous, cherchant à nous élever au-dessus des péripéties politiques, nous avons eu simplement pour but d'étudier, au point de vue des principes et de la nature des choses, les corps provinciaux et communaux et leurs rapports avec l'Etat. Nous avons revendiqué pour eux le droit d'exister par et pour eux-mêmes, droit inhérent à toute association humaine ayant pour but d'accomplir en commun une œuvre utile et légitime, qui dépasse les facultés et les ressources individuelles. Et nous croyons avoir montré que l'autonomie des provinces et des communes, indispensable à la satisfaction de certains besoins spéciaux, est non seulement une condition nécessaire au développement et à l'ennoblissement de la personnalité humaine ainsi qu'à l'exercice général de la liberté, mais est encore un des fondements de l'ordre public et de la discipline sociale.

Nous sommes loin d'avoir épuisé ce sujet, nous n'avons voulu en tracer que les lignes principales. Nous n'en sommes pas malheureusement arrivés à ce degré d'avancement où il s'agit de préciser les détails, et l'objet auquel il faut s'attacher maintenant est la démonstration des principes. Aussi croyons-nous devoir terminer ici cette étude par quelques considérations touchant les rapports des provinces entre elles et avec l'Etat.

Il est clair que les départements actuels sont trop petits. Ils ont été taillés avec la pensée d'empêcher toute action collective hors de la capitale. D'ailleurs, à l'époque où ils furent découpés, les rapports de distance étaient tout autres qu'ils ne sont aujourd'hui. En ce qui regarde le mouvement des hommes, les distances, on le sait, ne se mesurent pas sur l'espace de terrain, mais sur le temps mis à le parcourir. C'est en ce sens que l'on dit communément que la création des chemins de fer, des chemins vicinaux et cantonaux et l'amélioration des routes nationales et départementales ont abrégé les distances. Cette diminution peut s'évaluer en moyenne aux deux tiers des anciens chiffres. Sur certaines lignes, elle est beaucoup plus considérable. Or le groupement des individus en une province s'opère naturellement suivant les conditions de distance. Un centre s'élève entre un certain nombre de communes, suivant que les habitants de celles-ci ont la faculté de s'y rendre dans l'espace moyen d'une journée. Les anciennes provinces étaient évidemment trop étendues. Si la raison normale des distances a présidé, il y a soixante-dix ans, à la formation des départements, il est manifeste qu'aujourd'hui la surface de ces cercles peut et doit être au moins doublée. Il n'est pas moins vrai que les relations des départements se sont accrues, et il y a lieu d'aviser aux moyens de régler, par voie de syndicat, les rapports administratifs des départements ou provinces.

Nous réclamons pour les provinces une autonomie

spéciale, mais nullement une indépendance absolue. Tout en admirant les fruits qu'a portés le fédéralisme dans la Grèce ancienne, en Suisse, dans les Pays-Bas et aux Etats-Unis, nous avons l'histoire et la situation de la France trop présentes à l'esprit, pour ne pas reconnaître que notre pays doit avoir une politique unitaire. Nous sommes disposé à faire de grands sacrifices à ce principe. Ainsi nous accordons à l'Etat la pleine administration de la police des personnes et de la justice tant civile que criminelle. Nous lui remettons le soin de la conservation et du perfectionnement de nos codes civil, criminel, de commerce, de procédure et d'instruction criminelle. A lui de surveiller les banques, l'enregistrement des actes et la gestion des officiers ministériels. Nous admettons même qu'il détermine législativement les règles générales suivant lesquelles doivent opérer les administrations provinciales et communales. Enfin nous acceptons pour elles la subordination à un pouvoir de haute censure, auquel seraient déférés les actes de ces administrations attaqués, soit par les agents de l'Etat, soit par les simples particuliers, pour lésion de droits individuels, violation de la loi ou abus d'autorité. Seulement nous voudrions que ce pouvoir ne fût pas remis à des hommes engagés dans les luttes toujours passionnées de la politique, à des ministres ou à leurs agents, mais une autorité arbitrale, à un conseil d'Etat indépendant, à un sénat modérateur et régulateur, en un mot à un corps que nous avons plus à désirer encore qu'à définir.

Ordre et liberté, activité fertile et réglée, développement des sentiments de sympathie et de solidarité humaines, apprentissage et exercice des hautes qualités morales, de la prudence, de la sagesse, de l'équité, de la générosité, de l'énergie et de la persévérance appliquées à la vie sociale, tels sont les buts auxquelles tendent les vues que nous avons exposées touchant l'autonomie des communes et des provinces.

DU

POUVOIR JUDICIAIRE.

Il n'est pas un publiciste digne de ce nom qui n'admette en principe la séparation des trois pouvoirs, législatif, exécutif et judiciaire. La liberté publique réclame impérieusement cette division. Si les hommes qui ont mission d'édicter les lois étaient en outre chargés du soin de pourvoir à leur exécution, il y aurait tout lieu de craindre qu'ils n'assortissent les règles générales de la législation aux intérêts particuliers dont ils seraient touchés dans l'exercice du gouvernement. Puis, étant les auteurs des prescriptions qu'ils auraient à accomplir et n'ayant dans le cours de leurs fonctions à rendre compte qu'à eux-mêmes de leur propre conduite, ils échapperaient à tout contrôle et à toute responsabilité. Plongés sans cesse dans l'enivrement irrésistible que cause la toute-puissance, ils éprouveraient si souvent et à un si haut degré la tentation d'obéir à leurs fantaisies et à leurs passions, qu'il serait extrêmement difficile que le devoir conservât sur eux de l'autorité. En vain des épreuves périodiques viendraient les remettre en présence d'électeurs qui seraient appelés à les juger ; ceux-ci ne pourraient, au sein de comices fugitifs, examiner et discuter les actes d'une administration embrassant une étendue immense et d'innombrables détails. Ils ne pourraient que répudier leurs anciens mandataires et en choisir de nouveaux. Mais lors même que les maîtres de la veille n'auraient pas réussi, par l'intrigue et l'intimidation, à déjouer toute critique et à prévenir toute tentative d'affranchissement, et qu'ils auraient eu à essuyer la juste sévérité d'un arrêt populaire, leurs successeurs, placés dans les mêmes conditions qu'eux et subissant les mêmes excitations, seraient entraînés à commettre les mêmes fautes, les mêmes envahissements, les mêmes abus de pouvoir.

Quelque grande que soit la puissance des représentants d'une nation, elle est limitée par la nature même du mandat qui la constitue. Si une nation ne peut pas tout sur elle-même et si elle est obligée, dans l'usage qu'elle fait d'elle-même, à observer les règles de la morale et du droit, à plus forte raison ses simples mandataires sont-ils tenus de se renfermer dans les bornes du pouvoir qui leur a été conféré. Descendent-ils de la haute sphère législative où ils ont à tracer des prescriptions purement générales, et s'emparent-ils du maniement des forces destinées à procurer l'éxécution des lois, ils trahissent doublement leur devoir, en détruisant en eux l'esprit d'impartialité supérieure qui est le propre du législateur, et en ajoutant à leur pouvoir moral des armes dont le libre exercice les invite à la licence et à l'usurpation.

La même confusion et les mêmes abus existeraient, si les détenteurs du pouvoir exécutif envahissaient l'enceinte du parlement et fabriquaient des lois que leur dicteraient leurs convenances personnelles. Disposant de forces immenses, ils doivent être sans cesse contenus par l'ascendant d'une autorité supérieure, de laquelle ils reçoivent des règles générales de conduite et des instruments d'action, et à laquelle ils sont tenus de rendre compte de la mission qui leur a été confiée. Ayant en outre à user de contrainte dans une multitude de cas infinie envers les simples citoyens, soit pour obtenir des prestations que l'Etat exige, soit pour réprimer les prétentions illégales et des entreprises coupables, ils ne pourraient être livrés à leur libre arbitre, sans que les droits individuels ne fussent fréquemment mis en péril. Lorsque le pouvoir exécutif se porte de tout son poids sur les individus, il faut qu'une contre-force intervienne, pour en contenir et en mesurer l'action. Il faut qu'une autorité s'interpose et déclare quand et comment il convient d'appliquer la loi. Cette contre-force, cette autorité spéciale et distincte est la magistrature judiciaire.

Le pouvoir exécutif se compose d'hommes qui, pour se maintenir dans la position qu'ils occupent, pour la fortifier et l'étendre, ont besoin de nombreux points d'appui. Ils relèvent d'un système pour lequel ils ont à recruter sans cesse des partisans. Ils démêlent dans la foule des adhérents et des adversaires, qu'il s'agit les uns de soutenir et les autres de combattre. Puis ils ont des préventions et des passions personnelles ; habitués à commander, ils aiment à recevoir des hommages, des marques de soumission et de déférence; ils se complaisent dans la protection et voient de mauvais œil ceux qui ne se soucient pas de leurs bonnes grâces et affichent de l'indépendance; ils sont accessibles aux préjugés de famille et de coterie, aux affections, aux antipathies et aux rancunes particulières. Encadrés dans une hiérarchie officielle, ils sont plus façonnés à obéir aux ordres d'en haut qu'à interroger leur conscience, et quand ils se sont conformés aux prescriptions supérieures qui ne peuvent statuer sur chaque cas, ils croient volontiers avoir épuisé leur tâche et être dispensés de toute autre responsabilité envers autrui.

Lors donc que des agents d'exécution armés de la toute-puissance de l'Etat ont à exercer quelque acte de coërcition envers de simples citoyens, isolés, faibles et d'ailleurs assujétis à une exacte obéissance, il est nécessaire que s'interpose une autorité purement morale et légale, une magistrature dégagée des intérêts et des passions qu'engendre le maniement du pouvoir, uniquement vouée à l'étude, à l'interprétation et au culte de la loi, destinée à en déterminer la stricte application par des déclarations ou des jugements solennels et à garantir ainsi à la fois l'action régulière du gouvernement et les droits des individus.

Il est clair que la magistrature ne peut remplir sa destination qu'autant qu'elle jouit d'une indépendance complète de pensée, laquelle n'est assurée que par une égale indépendance de situation, d'origine et de constitution. Il faut que la magistrature existe par elle-même, ne relève que de la loi et de sa conscience, s'oppose librement au pouvoir exécutif comme une force modératrice et régulatrice, et s'impose aux citoyens comme une autorité à la fois inflexible et tutélaire.

Ces vérités ne sont pas contestées dans le langage de la théorie, mais il importe d'examiner si elles ont été sincérement et réellement mises en pratique ; il importe de scruter les conditions d'indépendance qui ont été fournies à la magistrature et de reconnaître si elles atteignent complétement le but proposé.

Il convient d'abord de dissiper une confusion de mots, que trop souvent l'on rencontre et qui est faite pour jeter du trouble dans les idées. Beaucoup de personnes, poursuivant une unité abusive dans leurs spéculations politiques, attribuent une pleine souveraineté au pouvoir législatif, font du pouvoir exécutif le ministre de ses volontés, et pour que les intentions du premier soient parfaitement remplies, ils accordent au second des facultés d'action illimitées. Quand le parlement a tracé ses instructions, les agents qui les ont reçues doivent être en état de les exécuter, sans être entravés par aucun obstacle ; ils sont responsables de l'accomplissement des volontés suprêmes et ils ne pourraient s'acquitter de leur tâche, si quelque autorité rivale venait à travers leurs opérations. Il faut donc que le pouvoir exécutif soit un et indivisible, qu'il soit concentré dans une seule main et que tous les éléments du système obéissent à la même impulsion.

Il est faux d'abord qu'un parlement, qu'un pouvoir quelconque, puisse être réputé souverain. La souveraineté n'est que dans la nation, en tant qu'elle garantit la liberté de tous ses membres, en tant qu'elle se régit par le droit. Un parlement n'est, comme l'indique son nom d'assemblée représentative, investi que d'un simple mandat qui n'est valable que sous certaines conditions que nous n'avons pas à énumérer en ce moment. Ce n'est que sous ces restrictions que ses décisions sont légitimes et sont susceptibles d'être transmises au pouvoir chargé d'en procurer l'exécution. Puis, dans le domaine de l'action, le pouvoir exécutif ne saurait évidemment être plus absolu que le pouvoir législatif dans la sphère de la délibération, et nous avons montré que dans le cours de ses opérations, quand il est sur le point d'atteindre directement les simples citoyens par voie coërcitive, une autorité judiciaire doit s'interposer pour garantir les droits individuels. Sans doute la magistrature judiciaire concourt à l'exécution de la loi, en en prononçant l'application aux individus, mais comme elle doit accomplir sa tâche spéciale avec une pleine indépendance, il faut qu'elle existe complétement par elle-même, et qu'elle ait une assiette distincte, séparée et solidement retranchée. L'application de la loi n'en est pas l'exécution; confondre ces deux termes, c'est écarter, ou du moins subordonner et fausser l'intervention judiciaire, support indispensable de la liberté et élément essentiel de l'ordre public. En face et séparément de l'administration qui exécute la loi, doit être organisée la magistrature qui l'applique.

Le problème ici posé présente des difficultés sérieuses. Il s'agit d'organiser une autorité qui existe par elle-même, se lie aux autres ressorts de l'Etat et soit subordonnée à la souveraineté nationale. Elle doit être pourvue de science, de désintéressement, d'impartialité, de gravité et d'ascendant. Elle doit être assez puissante pour imposer ses arrêts, sans qu'elle soit armée d'aucune force matérielle et sans qu'elle soit exposée à la tentation, ni qu'elle ait la faculté d'envahir le domaine de l'administration. Organe de la loi, elle doit dans les divers cas particuliers en déclarer, expliquer et développer les intentions, en se gardant de les altérer, d'y rien ajouter, d'y rien retrancher, et d'empiéter en quoi ce soit, par de trop libres interprétations, sur les attributions législatives. Destinée à la fois à sanctionner l'action légitime des agents de l'administration et à garantir les droits des citoyens, elle doit ne fléchir ni devant les uns, ni devant les autres, n'avoir rien à attendre de leur faveur, ni rien à craindre de leur ressentiment.

La magistrature judiciaire ne peut émaner du pouvoir exécutif, dont elle doit rester séparée et indépendante, ni des justiciables à la merci desquels elle ne doit pas se trouver. Il est non moins inconvenant qu'elle soit créée par le pouvoir législatif, qui doit s'abstenir de toute immixtion dans l'application des lois par lui édictées, et qui d'ailleurs est impropre à organiser et à surveiller un service actif dans tous ses détails.

La volonté publique s'en remettra-t-elle à la magistrature du soin de se recruter elle-même, de se constituer et de se discipliner ? Mais ce serait introduire dans l'Etat un élément anormal, réfractaire et dissolvant, une oligarchie bientôt héréditaire, vouée au culte de ses propres priviléges, envahissante, rebelle, bornée et opiniâtre, plaçant au premier rang son intérêt et au second celui de la justice.

On le voit, l'embarras est grand. Cherchant une source pure d'où puisse émaner une magistrature vraiment indépendante, nous avons été amené à rebuter successivement le pouvoir exécutif, le pouvoir législatif, le suffrage populaire et la magistrature elle-même. Et en effet la magistrature devant être à l'abri de toute influence et particulièrement des instigations de l'égoïsme, elle ne peut provenir d'aucune source unique et directe, sans en suivre le cours et sans en recevoir constamment l'impulsion. D'où l'on est induit à conclure que, pour assurer l'indépendance de la magistrature, il faut recourir à une combinaison mixte qui en dérobe l'origine, à une coopération de plusieurs facteurs qui se neutralisent réciproquement et dont l'action s'arrête aussitôt que leur produit est formé.

Les hommes qui réunissent l'ensemble des qualités requises pour l'exercice de la magistrature, qui joignent l'érudition à la sagacité, la rectitude de l'esprit à la droiture du cœur, l'humanité à la sévérité, une mâle indépendance au culte du devoir, ne sont en aucun endroit très nombreux, et la liste énumérant leurs noms ne peut avoir une grande étendue. Dans chaque localité une personne éclairée et impartiale l'aurait bientôt composée. Or la rédaction de cette liste étant évidemment la première opération qu'il convient d'exécuter dans la série des épreuves qui doivent présider à la création des magistrats, nous avons tout d'abord à nous demander à qui doit être confié ce travail préliminaire.

Est-ce le suffrage public qui sera chargé de la désignation des candidats judiciaires ? Sans doute il est quelques célébrités appuyées sur une supériorité réelle qu'il pourra proclamer ; mais il ne parviendra pas à découvrir, dans les retraites obscures de l'étude ou dans l'enceinte étroite d'une profession spéciale, le mérite solide et rare, mais sans éclat, qui ne se révèle qu'à des regards exercés et pénétrants. Il ne s'agit pas ici d'une déclaration de sentiments, de vœux, de principes généraux, qui cherchent à s'incarner dans la personne d'un représentant unique destiné à siéger dans une assemblée, où il peut figurer simplement à titre d'opinion ; il s'agit de procéder à une sorte d'expertise psychologique, et de vérifier les qualités intellectuelles, morales et techniques d'un certain nombre de personnes, dont la plupart n'ont pas une notoriété populaire, et qu'il n'est possible d'apprécier qu'à l'aide d'un esprit cultivé et moyennant des enquêtes et des recherches multipliées. C'est donc à des notables que cette expertise doit être confiée. Or, comment seront-ils choisis? Convient-il de les faire élire par des comices spéciaux? Aucune raison grave ne s'y oppose; toutefois il nous semble que l'on pourrait se dispenser d'ajouter cette manœuvre particulière au jeu déjà fort compliqué du régime représentatif, en empruntant les notables dont il est ici question à un corps déjà constitué, indépendant du pouvoir exécutif, étranger à la magistrature, soustrait en cette circonstance à la pression populaire, habitué aux investigations dans la région qui l'entoure et suffisamment pourvu de discernement; nous voulons parler du conseil général, du pouvoir délibératif des départements.

Une liste de présentation issue de ce corps n'établirait aucun lien entre les conseillers qui la rédigeraient et les magistrats ; car elle ne porterait que des candidats ; puis elle serait assez nombreuse pour comprendre tous les hommes qui seraient dignes d'y figurer, et qui se considérant non comme élus mais simplement comme désignés ne se croiraient engagés à aucune reconnaissance pour cette simple indication; enfin cette liste ne serait qu'une ébauche et subirait des contrôles, des révisions et des annotations qui pourraient en modifier considérablement le caractère (1).

D'abord la magistrature locale serait invitée à dresser subséquemment une liste parallèle, ou à joindre à la première liste un supplément, en établissant un ordre de mérite que lui suggéreraient

(1) Ce système de présentation n'est pas sans précédents. La constitution de l'an VIII prescrivait la formation de listes de confiance destinées à fournir des candidats pour toutes les fonctions publiques. De premières listes dites *communales* contenaient un nombre de noms égal au dixième des citoyens appelés à y coopérer. Puis les citoyens compris dans les listes communales d'un département désignaient un dixième d'entre eux qui formait une seconde liste dite *départementale*, dans laquelle devaient être pris les fonctionnaires publics du département. Enfin les citoyens portés sur la liste départementale désignaient un dixième d'entre eux, qui composait une troisième liste comprenant les citoyens de ce département éligibles aux fonctions publiques nationales. Le sénat était chargé d'élire les juges de la nation. — Notre intention n'est pas assurément de désigner à titre de modèle la Constitution de l'an VIII. Nous n'ignorons pas du reste qu'elle n'a jamais été sérieusement appliquée. Elle avait été composée par Sieyès sous l'impression de la fatigue et du découragement; néanmoins son auteur, tout en se proposant pour but de soustraire la machine de l'Etat aux impulsions populaires, n'avait pas voulu la livrer au bon plaisir des gouvernants. Son dessein avait été de construire un mécanisme qui se soutînt et se réglât par lui-même. Cet automatisme gouvernemental est incompatible avec une vie politique, robuste et féconde, mais il nous paraît tout-à-fait conforme aux conditions d'existence du pouvoir judiciaire. La constitution belge, qui a été sagement mise en garde contre les abus de la centralisation, contient (art. 99) les dispositions suivantes : Les juges de paix et les juges des tribunaux sont nommés directement par le Roi. — Les conseillers des cours d'appel et les présidents et vice-présidents des tribunaux sont nommés par le Roi, sur deux listes doubles, présentées, l'une par les cours, l'autre par les conseils provinciaux. — Les conseillers de la cour de cassation sont nommés par le Roi sur deux listes doubles, présentées, l'une par le sénat, l'autre par la cour de cassation. — Toutes les présentations sont rendues publiques, au moins quinze jours avant la nomination. — Les cours choisissent dans leur sein leurs présidents et vice-présidents.

ses notions personnelles. Ensuite cette liste double ou complétée serait livrée à la publicité et offerte à la critique de tous pendant un espace de temps déterminé. La censure publique ainsi exercée ne manquerait pas de relever les omissions ou les interpolations qui se manifesteraient.

Après avoir subi le contrôle de la publicité, la liste serait transmise à la cour dont le département ressortît. Celle-ci, profitant des observations qui se seraient produites, rappelant ses souvenirs et munie de tous les renseignements nécessaires qu'elle aurait eu soin de rassembler, qualifierait les divers candidats, en tracerait les portraits et les classerait conformément à ses descriptions. La liste ainsi annotée et éclairée serait adressée à l'autorité supérieure, qui personnifie l'ensemble de la magistrature, forme le lien de son union, veille à la conservation de ses priviléges ainsi qu'au maintien de sa discipline, et préside à ses relations avec les autres corps de l'Etat. Cette autorité qui n'a nul ordre, nulle impulsion, nulle direction à donner à la magistrature, est simplement destinée à lui procurer l'unité d'une personne vivante et active, lorsqu'elle a besoin de cet attribut.

Dans le personnage muni de cette autorité et que nous appellerons *grand chancelier*, on ne saurait voir le fonctionnaire connu sous le nom de ministre de la justice. Celui-ci, qui d'ailleurs est faussement dénommé puisqu'il n'administre pas la justice, est impropre à remplir le rôle élevé que nous venons de définir. Il est membre du pouvoir exécutif, auquel il a été associé au nom et dans l'intérêt d'un parti ; il sert une cause particulière avec une affection, une ambition et un dévouement peu compatibles avec l'impartialité qui est l'attribut fondamental de la magistrature; il est essentiellement chargé de présider aux opérations de la police, à la recherche, à la poursuite et à la répression des délits, fonction qui ne saurait s'allier avec le pur arbitrage judiciaire; il n'a ni l'indépendance, ni le désintéressement, ni le calme, ni la hauteur d'esprit qui doivent animer les juges et l'autorité qui les crée.

Le grand chancelier, tel que nous le concevons, serait étranger aux intérêts, aux ambitions, aux passions de la politique militante. Il n'aurait pas d'autre mission, d'autre point de vue, d'autre honneur, d'autre but que la garde des priviléges de la magistrature, le maintien de sa discipline et le recrutement de ses membres. Il serait à la fois inamovible et strictement renfermé dans ses fonctions spéciales, qui formeraient tout son horizon et absorberaient toutes ses pensées. Ses éminentes prérogatives seraient fondées sur une incapacité radicale et perpétuelle, qui lui interdirait tout autre genre d'action.

Recevant des cours les listes de candidatures discutées et annotées, il les examinerait avec un zèle scrupuleux, et, à l'aide de documents de toute sorte, qu'il aurait pris soin de réunir, il s'appliquerait à l'étude du personnel judiciaire, ainsi que fait un naturaliste qui, mis en présence des milliers d'espèces que lui offre un règne ou un ordre de créatures, n'en est nullement ébloui, ni troublé, mais parvient au moyen de patientes études, de comparaisons multipliées et de classements ingénieux, à se former une idée nette et précise de chacun des objets soumis à sa vue. Le grand chancelier réussirait également à acquérir des notions suffisamment exactes sur les nombreux individus désignés à son examen. Sans doute il ne pourrait les examiner par ses propres yeux, mais trouvant rassemblés devant lui des portraits de chacun d'eux tracés par diverses mains, il lui serait possible, moyennant de judicieuses comparaisons, de recomposer toutes les figures avec une exactitude suffisante.

Une vacance viendrait-elle à s'ouvrir, le grand chancelier aurait ses candidats tout prêts ; mais lui appartiendrait-il d'accomplir la nomination ? Nous croyons qu'ici l'intervention d'une autre autorité serait encore nécessaire. L'ordre judiciaire relevant immédiatement du souverain ne peut émaner en tout ou en partie que de ce maître suprême qui, il est vrai, est hors d'état dans cette circonstance d'agir par lui-même, mais doit se prononcer par l'organe d'un réprésentant. Dans le système représentatif qui admet et requiert l'assistance d'un prince, celui-ci est réellement et doit être réputé mandataire de la nation ; autrement son existence serait anormale et inconstitutionnelle. Comme l'action qu'exerce sur lui le suffrage populaire n'est qu'indirecte, ses attributions sont nécessairement bornées. Ainsi il ne légifère pas, il n'administre pas, il ne juge pas. Toutefois son rôle, pour être limité, n'en est pas moins essentiel et important ; il consiste à relier les divers pouvoirs agissants, à ménager leurs relations, à maintenir l'harmonie et la cohésion du tout, à représenter l'Etat dans son unité, et à remédier occasionnellement aux défaillances et aux crises qui en menaceraient l'intégrité. En cas de discord présumé de l'opinion publique avec le parlement, il dissout celui-ci et en appelle aux comices populaires. Il s'interpose dans les luttes parlementaires pour donner à la volonté de la majorité une sanction incontestée, en promulguant les lois qu'elle a votées et en appelant à exercer le pouvoir exécutif, en créant ministres, les hommes d'Etat qu'elle a désignés en les adoptant pour chefs. Il représente la nation vis-à vis de l'étranger, sans toutefois diriger par lui-même les négociations diplomatiques; il déclare la guerre sans la faire ; il est le chef des armées sans les commander ; il prête l'autorité de son nom aux règlements administratifs sans les rédiger et aux arrêts judiciaires sans les édicter ; enfin il semble parfaitement apte à instituer les magistrats en revêtant de sa sanction les choix que lui proposerait le grand chancelier.

Sans doute en cette circonstance il prendrait l'avis de ses conseillers naturels, les ministres, mais ceux-ci n'agiraient pas alors comme membres du pouvoir exécutif, ils n'auraient pas à traiter une affaire, qui leur fût propre, leur responsabilité ne serait pas directement engagée, et ils n'exerceraient pas sur la décision à intervenir la pression dont ils usent dans les matières administratives et qui se fortifie en cas de différend d'une menace de démission. Leur rôle serait purement consultatif, et d'ailleurs la portée des suggestions qu'ils adresseraient au prince ne dépasserait pas le pouvoir attribué à celui-ci et consistant dans la faculté, non de choisir, mais simplement d'exclure.

Si l'élément royal n'avait pas été admis dans l'organisation du régime représentatif, il y aurait lieu de recourir à un procédé d'institution différent. Le président d'un Etat purement republicain n'occupe pas précisément la même place et ne remplit pas les mêmes fonctions qu'un prince constitutionnel. Le premier est en fait comme par le titre chef du pouvoir exécutif ; il identifie à sa personne les ministres qu'il choisit; il dirige effectivement et sous sa responsabilité la politique active; il ne règne pas, mais il gouverne et il administre; il s'adonne tout entier à un système spécial de conduite; il appartient à un parti qui l'a promu, auquel il se doit et dont il suit l'impulsion; il en épouse les intérêts, les sympathies, les préventions, les desseins et les passions; il n'a pas et ne peut avoir cette haute impartialité qui est l'attribut et le devoir d'un prince essentiellement neutre envers les diverses opinions, habituellement inactif, et simplement destiné à intervenir dans de rares circonstances pour assurer l'ordre et l'harmonie dans les diverses parties de l'Etat et pour sanctionner au nom du souverain certains établissements et certaines existences officielles

Dans un état purement républicain, le grand chancelier choisirait sur les listes de candidats et instituerait les juges, mais avec l'assistance d'un conseil qui serait extrait de la cour suprême, ou mieux encore du sénat. Quelques explications sur le pouvoir sénatorial nous paraissent ici nécessaires. On admet généralement qu'un sénat est un élément indispensable de tout système représentatif, que la constitution de l'Etat comporte ou non une royauté, qu'elle soit unitaire ou fédérative, qu'elle soit démocratique ou témpérée; mais il ne nous semble pas qu'on ait posé solidement les bases et défini nettement les attributions de ce haut conseil national, hors le cas où il est naturellement destiné à représenter des corps provinciaux doués d'une large autonomie, des états particuliers coexistant au sein d'un même peuple. Dans les pays centralisés le problème de l'organisation du sénat attend encore une solution définitive.

La raison est d'accord avec le sentiment public pour exclure de l'enceinte sénatoriale les titres héréditaires. Depuis que le droit de propriété de l'homme sur l'homme a été frappé d'une condamnation absolue, nul pouvoir politique ne peut être exercé qu'au nom de la nation et en vertu d'une délégation spéciale. Une seule exception est admissible en faveur de la royauté, dans les pays où la pensée générale a besoin d'envisager l'unité nationale et politique dans une personnification vivante, et où l'inexpérience du régime représentatif réclame un instrument de coordination, au milieu des divers modes d'action spontanés, effectifs et décisifs. Mais cette exception est corrigée par le caractère essentiel de neutralité et par l'inaction habituelle de la royauté, qui d'ailleurs n'est nullement souveraine, mais est purement représentative et emprunte son origne, ses attributs, sa raison d'être au vrai souverain, à la nation. Quant aux membres du sénat, quel intérêt public pourrait légitimer leur avènement par voie d'hérédité? Que représenteraient-ils sous un régime purement et universellement représentatif? Quelles garanties de capacité offriraient-ils? A-t-on trouvé un moyen d'assurer la transmission des qualités paternelles dans l'espèce humaine comme dans les races animales? Ne voyons-nous pas le plus souvent les enfants démentir les espérances qu'avaient fait concevoir les vertus et les talents de leur père? La certitude de posséder par droit de naissance un rang élevé, un grand pouvoir, d'abondantes richesses n'est-elle pas une invitation à la mollesse et à la fainéantise, une excitation à l'orgueil, à l'arrogance et au dédain d'autrui? Le mérite qu'exigent de hautes fonctions peut-il s'acquérir autrement que par des efforts qu'aiguilionne une vive concurrence, par un travail obligé et opiniâtre, et par une application constante à gagner l'estime publique?

Sans doute, si l'on consulte l'histoire, on trouvera des titres héréditaires de pairie que ne désavoue point la logique. Lorsqu'il existait dans un Etat des seigneuries patrimoniales, qui étaient des démembrements de la puissance souveraine et qui disposaient du triple pouvoir militaire, judiciaire et administratif, il était naturel que leurs détenteurs siégeassent dans le haut conseil national destiné à éclairer, à soutenir et à contenir le monarque. Les suzerains jouaient dans cette assemblée un rôle analogue à celui que remplissent actuellement les députés des Etats dans les parlements soumis au régime fédératif.

On pourra, même dans le présent, alléguer l'exemple d'une pairie héréditaire qui ne choque pas le sentiment public. Mais cette pairie, qui rappelle et a pour origine un conseil de suzerains, fait partie d'une constitution qui, bien que remontant à des temps reculés, a su, moyennant des additions et des concessions opportunes, traverser le cours des âges et suffire aux besoins politiques des générations modernes. Les pairs ou lords qu'elle mit constamment en œuvre, s'étant animés de son esprit et s'étant conformés à ses conditions, perpétuèrent dans leurs familles des principes et des modes de conduite qui, ayant efficacement contribué à la prospérité nationale, leur concilièrent ainsi qu'à leurs descendants le respect public et les firent considérer comme les défenseurs nés de la loi et des libertés civiques. On se représenta du moins leur existence comme inhérente à la constitution dont ils partagèrent la durée, la consistance et l'ascendant. Grâce à cette solidarité, ils ont échappé jusqu'à ce jour aux atteintes de la critique rationnelle, et ils continueront d'exister jusqu'à ce que les déductions successives du système représentatif prononcent contre eux un arrêt irrévocable.

De l'existence factice et temporaire de lords incorporés à une antique constitution et voués traditionellement à son maintien, il n'est pas assurément permis de conclure à la possibilité d'investir de nos jours certaines familles, si haut placées qu'elles soient, de priviléges parlementaires. La raison appelée à poser les bases d'une institution n'invente pas des anomalies. Elle peut admettre ou tolérer certaines contradictions qu'implique le respect d'un passé qui est une recommandation et une garantie pour le présent, mais jamais elle ne se résoudra à se donner un démenti pour complaire à des vanités particulières, à des prétentions égoïstes ou à des manies d'archaïsme. D'ailleurs où trouver, sur une autre terre que celle qui nourrit les lords, des familles dont les ancêtres se soient montrés les champions de la liberté et se soient fait un devoir de transmettre leurs principes, leurs convictions et leur zèle à des descendants, gardiens vigilants et fidèles de ce précieux dépôt ? Sur le continent les familles historiques se sont principalement signalées par leur dévouement à l'autocratie royale, par leur complicité avec le despotisme et par leur application constante à se séparer dédaigneusement du peuple, à le tenir dans un état de servitude politique et à fonder leur grandeur sur son abaissement. Certes de pareils antécédents sont bien peu faits pour provoquer les sympathies d'un peuple rentré en possession de lui-même et le déterminer à des actes de confiance extrême. Quand, pour assurer le maintien temporaire d'anciennes pairies, la double condition d'un préjugé enraciné par des siècles dans l'esprit public et d'une longue suite de services rendus à la cause libérale est réputée nécessaire, il serait absurde de vouloir insérer dans un système représentatif, dicté par la raison, des pairies improvisées en faveur de familles qui ne rappellent que des souvenirs antipathiques à la multitude, et qui, loin de corriger par leur esprit traditionnel et leurs intentions présumées l'anomalie qu'elles constitueraient, ne feraient au contraire que l'aggraver. Quant aux familles nouvelles dont l'illustration a un caractère vraiment libéral, le principe qu'elles représentent n'exclut-il pas toute revendication de priviléges héréditaires? Et d'ailleurs, la popularité dont elles jouissent ne désigne-t-elle pas suffisament leurs membres aux suffrages des comices électoraux?

Dans la plupart des Etats constitutionnels de formation récente, le prince a été investi du droit de composer lui-même l'assemblée sénatoriale. Mais cette combinaison qui suppose le fait contingent d'un principat ne satisfait nullement aux conditions du problème. Elle confond et dénature deux situations essentiellement distinctes. Le prince et le sénat ont sur certains points une mission commune; ils sont destinés à maintenir l'Etat en équilibre, à le mettre à l'abri des entraînements irréfléchis, des témérités, des désordres, des usurpations, des entreprises violentes, tentées par l'ambition des individus ou par l'audace des partis. Mais ce rôle conservateur est rempli d'une façon diverse par l'un et l'autre de ces deux pouvoirs. Le prince, habituellement réduit au rôle d'observateur, n'intervient dans la lutte que lorsqu'elle est près de se consommer et qu'il s'agit d'en consacrer le dénouement légal, ou lorsque, menaçant de dégénérer en sédition, elle appelle une action répressive. Le sénat est dès l'abord engagé dans la dispute. N'étant pas mu directement par l'impulsion populaire, mais se dirigeant selon des maximes qui sont le produit de son expérience et que sa fixité a consolidées, il oppose à des délibérations précipitées le contre-poids de sa prudence. S'il ne lui est pas donné de vider le différend par un arrêt définitif, lequel est de la compétence exclusive du souverain, du moins il interpose entre le dessein et l'exécution un délai salutaire, un examen public et approfondi, de graves remontrances, des conseils imposants, et au moyen de cette procédure solennelle il invite à la réflexion, dispose à la sagesse, tempère et éclaire les populations, qui en vertu d'un droit inélectable sont appelées à se prononcer en dernier ressort.

Le prince n'a de force dans certaines circonstances qu'en vertu de son incapacité légale dans toutes les autres. Cette force qui lui est exclusivement propre et qui est strictement renfermée dans certaines attributions, il ne peut la communiquer à un corps qui lui est étranger et dont la sphère d'action lui est interdite. Que le prince soit chargé de créer et de recruter le sénat, il sera inévitablement entraîné dans le champ-clos de la politique militante ; là il se compromettra, il dépouillera son caractère d'impartialité, il entrera sans cesse en conflit avec les opinions et les partis, et il suscitera contre lui des animosités et des rancunes qui le déposséderont de son autorité morale et ébranleront profondément sa position. De son côté le sénat, ne puisant dans son origine aucune puissance réelle, traînera une existence débile et précaire; il sera hors d'état de remplir effectivement le rôle que lui aura assigné le texte de la Constitution ; il figurera uniquement comme un vain objet de parade et n'apportera aucun secours au prince de qui il sera émané et qui n'aura pu lui infuser de la vitalité.

C'est également un non-sens que d'emprunter le sénat au même principe générateur que celui qui donne naissance à la chambre des députés. Ces deux assemblées ont deux missions essentiellement distinctes : l'une est destinée à représenter et à formuler immédiatement les idées, les impressions, les désirs et les volontés de la nation ; l'autre recueille ces émissions spontanées et directes de la pensée publique, pour les soumettre au contrôle d'une raison calme, rassise, expérimentée, murie et maîtresse d'elle-même. Pour que l'assemblée sénatoriale oppose au courant populaire des digues qui le contiennent, en tempèrent l'impétuosité, et amènent les matières impures qu'il charie à se précipiter, il faut qu'elle ait en elle une force propre qui puisse lutter contre les flots. Si au contraire elle tire son origine et son impulsion de la puissance qu'elle est appelée à modérer, elle sera entraînée elle-même et coulera passive au sein du fleuve comme une épave incertaine.

Le sénat doit être emprunté aux foyers de réflexion et de sagesse qui existent dans la nation, et d'où émane une autorité notoire et incontestée qu'il puisse s'approprier. Sans doute dans les pays complétement soumis au régime représentatif tout pouvoir sort du peuple ; mais ce principe suprême et universel n'est pas identique et homogène dans toutes ses parties, il est multiple et complexe, il contient des éléments de diverse nature, et les tendances morales qui s'y produisent non-seulement diffèrent par leur origine, mais en outre subissent dans leur cours de profondes modifications. Il est même des conceptions et des mouvements qui, tout en répondant aux instincts et aux besoins de la multitude, ne naissent que dans certains groupes d'élite que la nature ou la fortune se plaît à favoriser.

Si l'on veut être certain de trouver constamment dans le sénat les traditions de l'expérience politique, il convient sans doute de les aller chercher dans l'enceinte où se discutent et se résolvent les affaires publiques ; il convient d'extraire successivement du milieu des députés et de transporter dans la chambre sénatoriale des séries d'hommes d'Etat représentant les diverses phases accomplies et résumant en eux les souvenirs et les conseils du passé. Chaque législature, en se retirant, déposerait dans la haute-chambre son contingent et, si l'on peut dire, son alluvion de pères conscrits, qui joindraient à la science acquise et à l'ascendant de la réputation personnelle l'autorité morale que leur prêteraient les assemblées dont ils seraient issus.

Dans toute société bien organisée il existe des corps existant par eux-mêmes et ayant à leur tête des hommes qui en expriment à un degré supérieur l'esprit, les tendances et les aptitudes, les besoins et les volontés. On peut mieux concevoir que citer ces sortes de hauts colléges. On en trouve une ébauche dans les conseils généraux des départements et dans les conseils municipaux des grandes villes. On n'en aperçoit qu'une fiction dans ces comités composés par le gouvernement, qui sont censés représenter les intérêts agricoles, manufacturiers, commerciaux, financiers, scientifiques, religieux, philanthropiques, pédagogiques de toute la nation. Notre institut en offre un exemple digne d'être remarqué plutôt encore que d'être pris pour patron. Mais que l'on suppose que ces conseils soient bien organisés, ne pourraient-ils être réputés et constituer les organes éminents de la sagesse du pays, et ne seraient-ils pas propres à opérer le recrutement de l'assemblée sénatoriale, à conférer à leurs élus une suffisante autorité, et à faire naître en faveur de ceux-ci une forte présomption de capacité.

Les sénateurs ainsi promus devraient être inamovibles. Ce n'est qu'à cette condition qu'ils pourraient interroger librement leur raison, en suivre fidèlement les conseils et opposer une résistance efficace à la précipitation populaire. Sans doute les résolutions bonnes ou mauvaises de la multitude finiraient, en s'obstinant, par triompher; mais du moins elles auraient subi des délais et essuyé des remontrances propres à calmer leur ardeur, à ranimer contre elles d'utiles contradictions, à donner ouverture à des inspirations meilleures et à provoquer de salutaires réflexions. Il en est d'un peuple comme d'un individu; à moins de lui enlever avec la liberté de conscience et de décision son caractère moral, sa dignité, sa virtualité, sa valeur intrinsèque et essentielle, on ne peut l'empêcher absolument de commettre des fautes; mais on doit placer sur sa route un système d'épreuves qui l'oblige, toutes les fois qu'il forme un dessein, à se replier sur lui-même, à s'examiner sérieusement et à écouter les avis de la raison et de l'expérience.

Le point le plus difficile dans l'établissement d'un sénat, tel que nous le concevons, est d'assurer son crédit, sa puissance d'opinion. Un des moyens les plus efficaces d'atteindre à cette fin consisterait à le doter de ces divers attributs de haute juridiction qu'exercent en France la cour de cassation, la cour des comptes et le conseil d'Etat. L'impartialité supérieure qu'il serait appelé à montrer dans ces graves matières, l'attente publique qui serait fréquemment suspendue à ses décisions, et les garanties qu'il offrirait contre l'arbitraire des pouvoirs actifs, contribueraient singulièrement à rehausser son ascendant et à consolider son autorité.

Pour en revenir à l'institution des juges, le sénat pourrait très-bien, à défaut du prince, remplir cet office par l'entremise d'une commission permanente qui assisterait le grand chancelier. La magistrature veut avant tout être indépendante, ne relever que d'elle même et de la loi, et ne devoir son origine à personne qui puisse ultérieurement prétendre exercer sur elle les droits de créateur. Or elle n'aurait à craindre aucune entreprise dommageable du sénat que nous venons de définir. Ce sénat n'a pas d'initiative, pas d'action finale, pas d'intérêt direct dans les débats qui s'agitent au sein du pays. Il n'est pas à proprement parler pouvoir législatif et gouvernemental, puisqu'il ne conçoit pas les résolutions publiques et que, s'il les discute et les suspend, il ne saurait les annuler. Il ne s'immisce point dans le pouvoir exécutif et n'a pas qualité pour désigner ou diriger les hommes qui doivent le gérer. S'il participe au pouvoir judiciaire, ce n'est que par exception. Il ne pénètre dans ces diverses sphères que pour y maintenir l'ordre et la régularité. Il ne lui siérait pas d'aller à la découverte des juges à élire ; mais il pourrait parfaitement statuer sur les choix à faire, quand tous les éléments d'information seraient réunis sous ses yeux.

Le système de nomination des juges de première instance ou de tribunal qui vient d'être exposé est également applicable aux juges d'appel ou de cour. Seulement les listes de candidature dressés par les conseils départementaux du ressort présenteraient des noms moins nombreux et choisis avec un soin encore plus scrupuleux. Le contrôle public s'exercerait avec plus de sévérité, et les cours apporteraient dans leurs annotations une connaissance plus exacte des personnes et un discernement plus certain. Quant à la cour de cassation, ce serait à la renommée à en désigner les membres. Les cours d'appel et les conseils départementaux produiraient des candidats, et le grand chancelier formerait une liste publique et permanente ; mais l'importance des fonctions à conférer et la notoriété des personnages appelés à les briguer seraient telles que l'attention universelle ne manquerait pas de se porter sur ce point. Des débats nés à se sujet sortiraient des réclamations irrésistibles

Nous avons demandé que les juges tant de cassation et d'appel que de première instance soient nommés directement sur des listes spéciales de candidature. A notre avis, la magistrature ne doit s'ouvrir qu'à des hommes faits, éprouvés, et dont le caractère soit non moins garanti que la capacité. Nous repoussons tout moyen d'introduction intermédiaire et préparatoire. Un stage d'initiation fait dans des bureaux , ou dans un cabinet ou sur un siége d'auditeur, a pour résultat de ménager aux jeunes gens qui y sont admis l'accès de la judicature. S'il peut leur procurer quelque instruction pratique, il a pour effet beaucoup plus certain de les dispenser des efforts par lesquels un homme acquiert et déploie une valeur personnelle.

Un apprentissage, poursuivi même avec zèle sur les marches d'un tribunal, ne saurait en aucune façon doter celui qui s'y livre des qualités que donne seule la nature, l'intelligence pénétrante et solide, la loyauté et la fermeté. L'âge des néophytes ne permet pas à leurs chefs d'apprécier sûrement leurs aptitudes; des succès scolaires n'attestent que très-imparfaitement les facultés de leur esprit, et nullement la pureté et la vigueur de leur caractère. Au milieu de l'obscurité dont leurs dispositions naturelles sont enveloppées, ils n'ont guère que le patronage pour recommandation. S'ils étaient purement soumis à un essai et s'ils devaient être rejetés en cas de démérite, leur initiation serait sans inconvénient; mais nous savons que l'admission à un degré quelconque d'un individu dans une compagnie judiciaire est réputée lui imprimer un sceau indélébile et une sorte de consécration. S'il faut attribuer aux magistrats le privilége de l'inviolabilité, il convient du moins qu'il ne soit conféré qu'à des hommes parfaitement éprouvés et assez avancés dans la vie pour qu'ils puissent offrir tous les gages qu'on est en droit de leur demander.

Parvenus à l'âge viril, à l'âge requis pour l'exercice des fonctions judiciaires, les hommes révèlent toute leur valeur personnelle et sont classés par l'opinion suivant l'ordre de leur mérite. Il convient que dès lors ils reçoivent les destinations qui leur sont respectivement appropriées. S'il existe dans la magistrature deux degrés dont l'un exige plus de capacité que l'autre, il faut placer d'emblée au premier rang ceux des candidats qui se distinguent par une évidente supériorité ; et ce n'est qu'exceptionnellement qu'il y aurait lieu d'opérer des promotions en faveur de personnes qui auraient d'abord été réputées ne devoir occuper que les secondes places.

Le principe de l'inamovibilité de la magistrature est aussi incontesté en théorie que méconnu et faussé dans l'application. Il est censé être en vigueur, quand il préserve les juges d'une destitution arbitraire. Sans doute la conscience des magistrats a besoin de cette assurance pour garder toute son intégrité ; mais le cœur humain n'est-il pas ému par l'espérance autant que par la crainte, et les amorces de l'ambition ne peuvent-elles pas le détourner de la droite voie aussi bien que la menace d'une déchéance ? Supposez une hiérarchie qui soit divisée en degrés multiples : cinq ou six catégories de tribunaux de première instance surmontées par trois ou quatre étages de cours d'appel, et couronnées par une cour de cassation; supposez en outre que dans chacune de ces compagnies des primautés soient accordées à des premiers présidents, à des présidents de chambre ou vice-présidents; supposez enfin que cette longue suite d'échelons doive être parcourue par quiconque aspire à gravir jusqu'au faite, y aura-t-il place quelque part, dans cette gradation interminable, pour la fixité, pour l'inamovibilité. A chaque pas la tentation d'avancer se fera sentir. Ce sera un aiguillon qui forcera la marche. Ce sera une obsession qui dominera l'esprit et ne le laissera pas maître de lui-même.

Pourquoi des distinctions entre des tribunaux, entre des cours, dont la juridiction, dont la nature des fonctions est identique ? Pourquoi une si énorme distance entre un premier président de cour et un juge de tribunal inférieur ? Pourquoi le premier est-il si rehaussé et le second si abaissé ? N'ont-ils pas l'un et l'autre le même office à remplir? N'ont-ils pas semblablement à édicter une sentence sous la double dictée de leur conscience et de leur raison? La magistrature veut être entourée dans tout son ensemble d'un profond respect, parce que tous ses membres sont à un égal titre les interprètes de la loi. Or ce respect ne sera-t-il pas singulièrement altéré, s'il rencontre dans les rangs inférieurs de la hiérarchie judiciaire des situations subordonnées, diminuées et dépréciées? Et les magistrats subalternes sauront-ils conserver intact le sentiment de leur dignité, quand ils se verront réduits à une condition qui leur paraîtra infime par rapport aux siéges culminants de leurs suzerains? D'un autre côté l'habitude qu'on aura prise de ne leur accorder qu'une faible considération, n'induira-t-elle pas à une grande négligence dans leur recrutement? N'admettra-t-on pas facilement une corrélation entre la médiocrité de leur existence et la médiocrité du mérite que l'on peut exiger d'eux? La valeur des personnes diminuant successivement du sommet jusqu'à la base, le grand nombre des assises intermédiaires aura nécessairement pour effet d'amener au dernier degré une déplorable réduction. Ce résultat aura surtout lieu, s'il existe un noviciat ouvert à des jeunes gens, dont la recommandation consiste dans le crédit de leur patrons et qui, tout inconnus qu'ils soient, n'en sont pas moins associés aux priviléges de l'ordre judiciaire et consacrés par cette incorporation. Une fois initiés, ils sont réputés inviolables; et si plus tard, comme le cas devra souvent se présenter, ils se montrent médiocres, on les destinera sans scrupule aux places qui paraîtront correspondre à leur médiocrité.

Ce système de hiérarchie judiciaire aux degrés multiples et subordonnés semble fabriqué à l'instar de l'organisation du personnel militaire ou administratif. Rien de plus faux et de plus pernicieux qu'une pareille assimilation. Dans une armée ou dans un service administratif il doit y avoir unité d'action. La pensée doit nécessairement venir du sommet et rencontrer dans toutes les parties inférieures des instruments soumis et dociles. Un chef doit présider à tout l'ensemble, et tous ceux qui sont appelés à le seconder ne sont que des agents assujétis envers lui à une complète obéissance et à une étroite responsabilité. Tout autre est la situation des magistrats chargés de rendre la justice; leur rôle, leurs rapports mutuels et leurs devoirs respectifs sont tout-à-fait différents. Chacun d'eux n'a à s'inspirer dans l'exercice de ses fonctions que de la loi et de sa raison, n'a de compte à débattre qu'avec sa conscience. S'il arrivait qu'un soi-disant chef voulût dicter ou seulement suggérer une décision au magistrat réputé le plus humble, le droit et le devoir de celui-ci seraient de repousser hautement une prétention qui serait justement qualifiée d'insolente. La nature même des fonctions judiciaires en exclut tout commandement de chef à subalterne, toute direction et tout influence personnelles, par conséquent toute hiérarchie impliquant une dépendance ou une subordination quelconques.

Le despotisme ne peut tolérer l'indépendance de la magistrature. Il ne lui suffit pas de formuler son bon plaisir en des lois qu'il proclame lui-même, ou qu'il dicte à des suppôts travestis en législateurs et destinés à mystifier l'opinion publique par la ridicule parodie d'une représentation nationale; il lui faut encore disposer à son gré de l'interprétation et de l'application des lois et tenir dans sa main les ministres de la justice. S'il ne lui est pas toujours possible d'aller droit à son but en instituant de simples commissaires révocables à tout moment, il n'y parviendra pas moins, par une voie détournée, en créant une hiérarchie aux degrés multiples, en semant dans tous les rangs une ambition impatiente et insatiable, en plaçant au sommet une direction suprême et en établissant de haut en bas des liens d'étroite subordination. Après quoi il pourra sans crainte reconnaître et feindre d'appliquer le principe de l'inamovibilité ; son arbitraire n'aura rien à souffrir de son hypocrisie ; ainsi masqué, il se déploiera plus à l'aise et cumulera la maligne joie de la tromperie et le bénéfice du succès.

Sous l'ancien régime la magistrature était affectée de plus d'un vice. Ses charges étaient vénales et héréditaires, c'est-à-dire livrées souvent à l'incapacité intellectuelle et morale. Elle formait une oligarchie séparée de la société, irresponsable envers l'opinion publique et très-difficilement accessible aux pensées de correction et de réforme qui se dégageaient du progrès de la raison et des mœurs. Elle constituait une hiérarchie qui s'étalait du pied jusqu'au faite de la société, et rabaissait d'autant plus les degrés inférieurs que les degrés supérieurs étaient plus élevés. Gonflée de ses priviléges et saturée de son importance, elle se réputait consacrée, infaillible et inviolable ; elle ne pouvait s'imaginer qu'il y eut en elle rien à blâmer, à rectifier, à perfectionner. Les lois dont elle avait reçu la garde et qu'elle s'était appropriées, les arrêts qu'elle avait elle-même édictés sous forme de réglement d'administration générale, la jurisprudence qu'elle avait établie, les maximes qu'elle s'était posées, elle les estimait à l'égal du droit naturel et les déclarait immuables. Dans son infatuation d'elle-même, elle ne pouvait rien comprendre et n'opposait que le dédain aux réclamations que la conscience et le bon sens élevaient contre une législation surannée, pleine d'obscurité, de complications et d'ambages, sur nombre de points inique et empreinte de cruauté. Pourtant, malgré tous ces vices, l'ancienne magistrature française, sans mériter le moindre regret, n'a pas laissé derrière elle un trop mauvais renom. On lui a beaucoup pardonné, parce qu'elle s'était montrée jusqu'à un certain point indépendante du pouvoir monarchique et qu'en certaines circonstances elle avait lutté contre son despotisme. Sans doute cette résistance n'était pas toujours éclairée, ni judicieuse. Souvent elle était mue par la jalousie, les préjugés, l'amour de la popularité, l'ambition, le désir d'usurper. Elle s'exerçait sur des sujets qui sont hors de la compétence judiciaire, et se produisait à l'aventure et sans les connaissances spéciales et pertinentes que requéraient les matières en discussion; elle était fort inégale, se montrant altière, hardie et agressive, quand l'adversaire faiblissait; puis timide, molle et même tout-à-fait nulle, quand elle rencontrait de l'énergie et de la résolution. Néanmoins, quelque rares, mal conçus et égoïstes que furent ces efforts, la postérité les a honorés, non pour les intentions directes qui les enfantèrent, non plus pour les résultats auxquels ils aboutirent, mais pour l'esprit d'indépendance qui les suscitait. Or cette indépendance de conduite, que manifesta la magistrature française, fut uniquement due à l'indépendance d'origine de ce corps et à la fixité de position, à l'inamovabilité véritable de chacun de ses membres.

Il s'agit dans ce temps-ci de reconstituer une magistrature qui ait les mérites de l'ancienne sans en avoir les vices. Il s'agit de fonder une magistrature qui soit vraiment indépendante, vraiment inamovible, et entourée d'un profond respect. Nous avons proposé un système de nomination qui nous a paru propre à assurer la pureté de son origine ; suivant nous il convient que les candidats soient choisis parmi des hommes mûrs, suffisamment éprouvés et donnant toute la mesure de leur capacité intellectuelle et de leur valeur morale. Appréciés ainsi dans le présent et pour l'avenir, ils doivent être d'emblée et pour toujours destinés aux postes qui leur sont appropriés, sans qu'ils puissent être promus autrement qu'en subissant les conditions imposées aux simples candidats. Il convient d'ailleurs qu'il n'existe que deux rangs de magistrats, les tribunaux de premières instance et les cours d'appel, dont les membres respectifs soient parfaitement égaux.

Cette égalité est commandée par la nature des choses, et elle ne peut être enfreinte sans que l'institution judiciaire ne soit altérée dans son essence même. Le magistrat ne doit relever et s'inspirer que de sa conscience. Celui qui reconnaîtrait un chef dont il subirait la contrainte, la direction ou l'influence, se dépouillerait de son caractère constitutif, abdiquerait son autorité morale et commettrait une véritable prévarication. Les divers offices remplis par les présidents de cour, de chambre, de tribunal, de section, tels que la police des audiences, la réception des requêtes, les décisions à rendre en cas d'urgence, la correspondance avec le dehors, ne sont point supérieures mais accessoires aux fonctions proprement judiciaires. Ils ne sauraient former un titre de suprématie, et celui qui les exerce doit agir, non en son nom personnel, mais comme délégué de sa compagnie. C'est à ses collègues qu'il appartient de lui confier ces soins multiples, qui peuvent du reste être divisés entre plusieurs membres.

Nous ne parlerons pas de ce qu'on appelle la représentation. Pour notre part nous ne regardons nullement comme nécessaire que la magistrature donne des dîners, des bals, des concerts, à l'instar des préfets et des receveurs généraux. Elle n'a pas à payer la rançon de son opulence, ni, pour gagner du crédit, à employer les séductions de la somptuosité et de la magnificence. Les magistrats sont de graves personnages, qui n'ont à capter la bienveillance, ni l'indulgence de personne ; ce n'est pas le luxe, mais l'autorité morale qui les relève et leur donne de l'éclat, et ils n'ont aucun besoin d'avoir à leur tête, sous le nom de président, un maître de cérémonies mondaines, un entrepreneur de fêtes professionnelles, qui parsème de fleurs le prétoire et y introduise la troupe folâtre des grâces, des ris et des jeux.

Une hiérarchie, qui établit une énorme distance entre le sommet et la base, a pour effet inévitable d'abaisser extrêmement les étages inférieurs. Un simple juge est diminué de toute la hauteur dont un premier président s'élève au-dessus de lui, et il se trouve en quelque sorte dégradé. Un juge d'appel est aussi rapetissé d'une façon moindre, il est vrai, mais encore regrettable. La position d'un premier président d'une cour semble appeler sur lui la plus grande somme de respect qui puisse être attribué à la magistrature : s'il existe au-dessous de lui vingt situations dont l'importance soit décroissante, le respect décroîtra dans la même proportion, et il sera réduit à une très-faible dose quand il descendra au dernier étage. Or un pareil résultat n'est-il pas déplorable? Tout ministre de la justice n'est-il pas, à un titre égal, l'organe de la loi, et en cette qualité ne doit-il pas être entouré d'un respect profond et entier? Pour qu'un magistrat jouisse intégralement de cet apanage, ne faut-il pas qu'il soit placé dans l'opinion au même rang, ou a peu près, que ceux qui remplissant les mêmes fonctions que lui sont en possession de la plus haute estime? Et s'il est déprimé par une hiérarchie multiple, sa considération et son caractère public n'en recevront-ils pas une fâcheuse atteinte?

On alléguera le besoin d'établir une autorité chargée du maintien de la discipline. Mais n'est-il pas possible de satisfaire à cette nécessité au moyen des compagnies elles-mêmes? Ne pourraient-elles pas être armées d'un pouvoir disciplinaire sur leurs membres? N'existe-t-il pas en tout cas des cours d'appel pouvant en cette matière exercer leur juridiction sur les tribunaux de première instance, et au-dessus d'elles une cour de cassation pouvant étendre sa surveillance sur toute la magistrature?

Quant à la prérogative attribuée aux présidents de désigner les candidats aux siéges de la magistrature, elle nous paraît tout-à-fait incompatible avec les conditions d'existence de l'ordre judiciaire. Elle met dans la dépendance d'un chef des magistrats qui ne doivent relever que de la loi et de leur conscience. Même après leur nomination ils ne peuvent effacer en eux l'empreinte de leur origine, qui se ravive, toutes les fois qu'ils songent à quelque avancement ultérieur, ou à l'introduction dans la carrière de leurs enfants, de leurs neveux, de leurs protégés. Devant ce maître qui dispose des admissions et des promotions, ils se sentent diminués et inférieurs, lors même que la servitude de l'ambition personnelle ne pèse pas sur eux. Ils ne se croient plus collègues mais subordonnés. S'il faut que les magistrats soient affranchis de tout engagement personnel envers les justiciables et le pouvoir exécutif, à plus forte raison doivent-ils être exempts de tout lien avec l'un d'entre eux, qui par un privilége anormal acquerrait un ascendant destructif de l'égalité mutuelle et de la liberté de conscience, attributs essentiels et nécessaires aux ministres de la justice.

Une cause qui tend à diminuer sensiblement l'autorité morale des magistrats est leur trop grand nombre, inconvénient qui existe dans la plupart des Etats de l'Europe. On sait qu'une fraction est d'autant plus petite que son dénominateur est plus grand. De même la quantité de respect que le peuple accorde à la magistrature s'affaiblit singulièrement par rapport aux individus, lorsqu'elle se répartit sur une multitude de têtes. L'estime devient banale, s'émousse et s'atténue. Puis le nombre des fonctionnaires dépassant la mesure du travail, il en résulte beaucoup de sinécures, où l'on ne craint pas de loger des incapacités. Le niveau moyen du mérite s'abaisse, et le public qui a sous les yeux plus d'un exemple d'impéritie et de nonchalance se met à exercer sa critique, à laquelle le discernement ne préside pas toujours. Les bons sont exposés à pâtir pour les mauvais et à recevoir les contre-coups des attaques que l'infériorité de ceux-ci justifie. L'honneur du corps est atteint, et en même temps le respect dû à la justice.

Il convient que les magistrats soient peu nombreux, afin qu'il y ait nécessité de les choisir tous avec un soin scrupuleux, que tous aient à remplir une tâche effective et importante et que la somme de respect qui s'adresse à l'ensemble ne subisse pas, en se répartissant entre les individus, une trop grande division. Il convient que les magistrats, ainsi réduits au moindre nombre et tous égaux les uns aux autres dans chacune des deux classes, la cour suprême mise à part, soient largement rétribués, afin que leurs émoluments indiquent et soutiennent la hauteur de leur situation, attirent la capacité et répondent à ses justes exigences.

Non seulement le personnel de certaines compagnies pourrait être réduit, mais en outre beaucoup de siéges pourraient être supprimés. Il s'en suivrait probablement l'obligation pour les magistrats d'exercer une partie de leurs fonctions d'une manière ambulatoire. Pour nous, nous ne verrions pas d'inconvénient mais seulement des avantages dans cette habitude, qui d'ailleurs est celle de la plupart des serviteurs de l'Etat. La facilité des communications l'a délivrée des fatigues, des ennuis, des pertes de temps. *Major è longinquo reverentia.* Notre grand désir de voir se rehausser et se fortifier le respect de la magistrature éveille notre attention sur tout ce qui peut contribuer à ce résultat; et, à ce propos, nous ferons remarquer que des magistrats qui n'apparaissent dans un pays que pour y rendre la justice ont, aux yeux de la population, plus de prestige que si tous les jours on les observe dans le relâchement inévitable de la vie ordinaire. Puis n'ayant pas de relations personnelles dans la localité, ils sont mis à l'abri non seulement de toute tentation, mais de tout soupçon de partialité. Une ordonnance de 1190, désignée sous le nom de Testament de Philippe Auguste, exigeait des sénéchaux et baillis qu'ils prêtassent le serment de ne faire aucune acquisition d'immeubles dans leurs ressorts, de n'y pas contracter mariage, et de ne pas permettre que leurs enfants, leurs sœurs, leurs nièces, leurs neveux s'y mariassent. Qu'on veuille bien jeter les regards sur telle et telle petites villes et y considérer la situation de trois petits juges besoigneux, pressés par leurs familles et leurs coteries, tracassés par leurs affaires privées, relégués, trop souvent pour cause d'incapacité, dans un poste réputé inférieur, quelquefois même pénitentiaire! Que devient en ce lieu la majesté de la justice? La magistrature est-elle destinée à servir de refuge à ceux qui ont désespéré de réussir dans les professions libres? Ne doit-elle pas plutôt être le terme de l'ambition de ceux qui s'y sont le plus distingués?

Le désir que nous éprouvons de voir la magistrature réintégrée dans toutes ses prérogatives essentielles nous porterait à revendiquer pour elle les attributions qui lui ont été indûment soustraites, pour être transférées à certains conseils qualifiés tribunaux administratifs. Mais nous n'avons à nous occuper ici que de l'organisation et de la magistrature et non de sa compétence. Nous ne saurions donc entreprendre l'énumération, ni l'examen des divers genres d'affaires qui sont sortis du droit commun judiciaire, et ont été livrés à des juridictions exceptionnelles et anormales. Qu'il nous suffise de citer les contestations qui s'élèvent entre l'administration et les entrepreneurs de travaux publics ou les fournisseurs de matières, concernant le sens ou l'exécution des clauses exprimées par les adjudications ou les marchés; les demandes en indemnité des propriétaires à raison de dommages causés par des ouvrages publics; les contraventions commises en matière de grande voirie....

La magistrature doit former dans l'Etat un corps parfaitement distinct, se soutenant et se subsistant par lui-même, mais non isolé; et elle a besoin d'auxiliaires qui l'assistent, la complètent et la suppléent, de jurys qui prononcent sur les questions de fait, de justices de paix qui vident les affaires de peu d'importance, et d'un ministère public qui soit chargé de la police, de la recherche et de la constatation des délits, qui adresse des réquisitions aux juges instructeurs et aux tribunaux, et exerce sa surveillance sur les causes intéressant les mineurs et l'ordre public.

Dans tout débat judiciaire il y a deux objets à considérer, le point de fait et le point de droit. Pour les bien établir, il faut les envisager séparément. Avant de chercher quelle est la règle légale qui est applicable et d'où la conclusion, c'est-à-dire la sentence, doit sortir, il faut que les faits soient nettement définis. Tout raisonnement, au reste, est tenu de procéder ainsi. Or l'investigation et la constatation des faits suppose et exige de tout autres facultés et de tout autres dispositions d'esprit que la détermination et l'application des principes. La première de ces tâches requiert simplement de l'attention, de la sincérité et du bon sens; en outre il arrive souvent que pour s'en acquitter l'intelligence doive user d'arbitraire, recourir à des conjectures, à des présomptions, et se fier à de simples vraisemblances. Au contraire, une fois les faits posés, tout arbitraire doit être rigoureusement exclu des opérations intellectuelles qui ont pour but d'appliquer les principes. Ici la science et la logique doivent seules agir en compagnie de l'intégrité.

La mission de la magistrature étant de dire le

droit, de déclarer avec une précision et une exactitude inaltérables quelles sont la volonté et la portée de la loi dans tous les cas donnés, il ne faut pas que son caractère soit exposé à des changements et sa marche à des déviations par la nécessité de jouer tour-à-tour des rôles différents, tantôt d'interpréter arbitrairement des faits, tantôt de tirer rigoureusement les déductions des principes. Il convient donc qu'elle soit renfermée dans sa tâche spéciale et que la matière de ses jugements, consistant dans les points de fait, lui arrive suffisamment éclaircie et définie, pour que les déclarations du droit puissent être portées avec une certitude aussi infaillible que le permet l'humaine faiblesse.

Quelqu'ait été l'origine du jury, que ses membres aient été ou non de vrais juges, qu'ils aient rempli une fonction déléguée ou se soient appuyés sur un titre, soit personnel, soit domanial, qu'ils aient été créés ou ressuscités par des motifs rationnels ou d'une façon empirique, ou pour restreindre les prérogatives du pouvoir judiciaire, il n'en est pas moins vrai que leur institution répond actuellement à un besoin impérieux, à la nécessité de faire trancher les questions de fait par une autre autorité que la magistrature.

Il importe non seulement de dispenser les magistrats d'opérations intellectuelles qui sont essentiellement conjecturales, mais encore de les délivrer de la responsabilité, des soupçons et des récriminations qui s'attachent inévitablement à l'exercice d'un pouvoir arbitraire. Un jury échappe par sa nature même à ces graves inconveniens ; il est impersonnel et anonyme ; il ne consiste à vrai dire que dans une sorte d'abstraction, dans un cadre dont le contenu change incessamment. On ne peut s'en figurer les membres que comme une généralité de notables, représentant et servant la société par des déclarations précises et authentiques dans les divers cas judiciaires qui sont posés quotidiennement devant les tribunaux. De scrupuleuses précautions doivent être prises pour que le choix des jurés soit aussi excellent que possible ; mais si quelque erreur vient à être commise par eux dans leurs verdicts, du moins leur institution est sauve, parce qu'elle existe, abstraction faite des personnes que tour-à-tour et momentanément elle met en jeu ; et de son côté la magistrature demeure hors d'atteinte, renfermée qu'elle est dans un domaine où la science, la logique et la probité rencontrent un terrain ferme et ne sont exposées à aucune embûche.

Après les explications que nous venons de donner, faut-il ajouter que nous regardons l'action du jury comme aussi légitime et nécessaire en matière civile que dans les affaires criminelles ? Dans tout jugement civil, le dispositif est précédé de l'énoncé et de la définition des faits de la cause ; non seulement cet exposé peut, mais il doit être séparé de la mention des principes légaux, de la discussion à laquelle leur application donne lieu, et de la sentence qui forme la conclusion. Il n'y a donc nulle difficulté à procéder séparément à la détermination des faits, et à confier cette opération à une autorité distincte de la magistrature, c'est-à-dire à un jury. Cette pratique est suivie depuis un temps très-long en Angleterre, où elle ne présente nul inconvénient et ne produit que de bons effets. Il y a deux mille ans, elle était observée à Rome et elle était inhérente à une jurisprudence, qui a été la source et le modèle des législations modernes, et que nos juristes dans l'excès de leur admiration ont qualifiée de raison écrite. Le cours des âges, décoré par la voix universelle du nom de progrès, aurait-il donc abouti à nous faire rétrograder au-delà de l'époque romaine?

En France, non seulement le jury a été destitué de toute attribution en matière civile, mais il semble qu'on n'ait admis qu'à regret son intervention dans les affaires criminelles; car sur ce terrain on lui a retranché la moitié de sa compétence. Par souvenir de l'ancienne division du grand et du petit criminel, on a distingué les faits punissables en crimes et en délits, non en consultant la nature des fautes mais le degré des peines qui leur sont infligées. Puis sur cette distinction purement factice, on a établi deux ordres de juridiction, l'un dit criminel, l'autre dit correctionnel; et tandis que le jury était introduit dans le premier, il était exclu du second.

Si l'on examine et si l'on compare entre eux la plupart des faits criminels et des faits correctionnels, tant sous le rapport de leur caractère odieux ou dangereux et des mesures de répression à leur appliquer que des garanties que les inculpés sont en droit d'invoquer, on ne découvre aucune de ces différences tranchées et substantielles qui nécessitent ou autorisent l'emploi de deux système profondément inégaux de juridiction et de procédure. Dans beaucoup de cas les différences sont si faibles que la ligne séparative des deux régions reste indécise et se laisse facilement franchir. Souvent l'on voit le ministère public, soit pour simplifier sa besogne, soit pour assurer le résultat auquel il tend, faire passer dans la catégorie des délits certains faits qualifiés crimes par la loi. Un mot barbare a été créé pour désigner cet usage, on dit qu'un crime a été *correctionnalisé*.

Evidemment la justice répugne à un pareil arbitraire. Evidemment aussi elle exige que des faits dont la nature est la même soient soumis à des juridictions et à des procédures semblables. S'il existe d'un côté certaines garanties réputées indispensables, soit à la société, soit aux inculpés, il faut que de l'autre côté se retrouvent les mêmes garanties. Si l'intervention du jury est regardée comme nécessaire dans les affaires dites criminelles, on doit également la considérer comme indispensable dans les procès dits correctionnels.

Le jury, dont la destination propre est de servir de complément, de contre-poids et d'appui à la magistrature, est en outre susceptible de produire un effet qui, bien qu'accessoire, n'en est pas moins très-important. Il constitue pour les hommes qui s'appliquent sérieusement à ses travaux une excellente école de politique. Le meilleur moyen de s'instruire des devoirs du citoyen est de participer de quelque manière à l'exercice des fonctions du gouvernement. L'une des plus graves est sans doute l'administration de la justice, d'où dependent à la fois la sûreté de l'Etat et les intérêts les plus chers des particuliers. Les jurés sont, pendant leurs sessions passagères, chargés de la mission la plus importante, leur verdict a l'autorité de la loi ; leur responsabilité est immense ; ils ont à se dire que sur eux repose l'ordre public. Quelle impression profonde ne doivent-ils pas rapporter de cette solennelle épreuve ! Et quel ne doit pas être leur respect pour la loi dont ils ont été l'incarnation temporaire !

La bonté d'un état consiste avant tout dans la valeur morale des citoyens. Considéré en lui-même et indépendamment des individus qui le composent, il n'est rien qu'une abstraction, une entité logique, une formule sans substance et sans réalité. Quelque parfait qu'on le suppose, ce ne sera qu'un vain fantôme, s'il ne se manifeste pas dans des êtres vivants, dans des citoyens, qui le constituent effectivement et en dehors de qui il n'existe pas. Toute la science et tout l'art politiques doivent donc avoir pour but de faire de bons citoyens. A défaut de cette condition, toutes les combinaisons théoriques qu'on imaginera se dissiperont en fumée. Quelques hommes doués d'un génie ou d'une habileté supérieure pourront en certaines circonstances mettre en branle des multitudes ignorantes, incultes et habituellement passives, susciter en elles des mouvements impétueux, les passionner pour une cause ou les pousser avec force dans une voie particulière d'activité : mais ces entraînements n'auront pas de suite, pas de durée, pas de résultat efficace, et ajoutons, pas de mérite réel ; car ils ne seront pas dus à une volonté réfléchie, consciencieuse, sûre d'elle-même, de son énergie, de sa persévérance et du but qu'elle se propose. A des élans passagers de zèle, d'enthousiasme, de fierté, de dévouement succéderont bientôt des égarements, des excès, des revers, puis de longues phases de découragement et de torpeur.

Il n'y a d'Etat solide, bien constitué, digne d'estime et de respect que celui qui s'appuie sur l'intelligence et la moralité politique des individus qu'il embrasse. Il n'y a d'ordre véritable que celui qui résulte de la bonne volonté des citoyens. C'est à la former qu'il faut avant tout s'attacher. Que la connaissance et l'amour de la loi deviennent universels, et la plupart des difficultés s'applaniront. Aucun moyen ne doit donc être négligé pour parvenir à cette fin.

Or, parmi les divers instruments d'éducation civique, figure au premier rang le jury, dont l'importance sous ce rapport ne saurait être trop appréciée.

Il est déplorable de voir des jurés répugner à des fonctions qui les honorent, les considérer comme une tâche pénible et ingrate, s'en plaindre, les décrier et chercher le plus possible à s'y soustraire. De sots railleurs viennent ensuite broder sur ces doléances les plaisanteries les plus incongrues. Parce que les jurés sont tirés de la foule et qu'ils y rentrent en descendant de leur banc, parce qu'ils n'ont ni rang, ni titre, ni costumes officiels, parce qu'ils ne reçoivent ni honneurs, ni richesses pour l'accomplissement de leur devoir, ils ne mériteraient ni respect, ni considération. Cette opinion appartient à des âmes qui n'estiment que ce qui leur fait envie, que ce qui tente leur vanité et leur cupidité, à des âmes basses ou aveugles, incapables de comprendre le devoir et la dignité du citoyen, faites pour obéir au despotisme et goûter les viles récompenses de la servitude.

L'importance que nous attribuons au jury nous fait désirer, dans le choix de ses membres, un scrupuleux discernement. Il est clair qu'on ne peut sans absurdité confier cette opération aux agents du pouvoir exécutif. La désignation des jurés doit émaner de l'estime publique, et il nous semble qu'il pourrait y être procédé suivant le mode que nous avons indiqué pour la rédaction des listes de candidats aux sièges de la magistrature. Les assemblées départementales dresseraient également des listes de jurés, d'où un tirage au sort extrairait les contingents des diverses sessions. Les jurés devant être des hommes intelligents, éclairés et considérés, il conviendrait que les listes où ils seraient inscrits fussent proportionnées aux ressources locales, de manière à comprendre tout les noms dignes d'y figurer et à n'en recevoir aucun autre. Peut-être cette épuration aurait-elle pour effet de rappeler fréquemment les mêmes personnes. Celles-ci porteraient alors la peine de l'incapacité ou du défaut d'éducation de leurs compatriotes, et ce serait une raison entr'autres qui les inciterait remédier à ce mal. Du reste, en pareil cas, le devoir parle plus haut que la gêne aux oreilles d'hommes d'élite qui apprécieraient comme il faut l'honneur de leur mission.

Quelquefois les jurés français ont laissé à regretter de la faiblesse ou de l'impéritie dans les causes politiques. Nous devons avouer que l'éducation civique de nos compatriotes est encore très-peu avancée, et que leur haute réputation est due plutôt à des traits de lumière jetés par quelques esprits supérieurs, aux reflets qui se sont multipliés autour d'eux, et aux contre-coups passagers de leurs impulsions, qu'aux bonnes dispositions permanentes de la multitude. Nous avons encore à accomplir de longs travaux avant de justifier la haute opinion que nous avons de nous-mêmes et à laquelle, malgré notre présomption déplaisante, les nations étrangères se sont souvent associées. Ainsi il importe que, lorsque la confiance succédera en nous à l'abattement, nous nous disposions à la modérer et préparions des digues propres à contenir la nouvelle réaction en sens contraire qui ne manquera pas de se déclarer. Une juridiction politique, placée dans une sphère qui soit hors de l'atteinte des partis, est de première nécessité. Elle suppose des jurys spéciaux qui seraient tirés des milieux les plus recommandables, des assemblées départementales par exemple, et seraient soustraits autant que possible à toute pression extérieure.

On a vu dans notre pays des hautes cours de justice constituées suivant cette idée et répondant à l'attente qu'on s'en était formée.

De même que le jury complète la magistrature, les justices de paix la suppléent pour ces petites affaires, dont il est dit : *de minimis non curat prœtor*, qui n'intéressent gravement ni l'honneur, ni la fortune des citoyens, ne motivent que de légères condamnations, et veulent être expédiées avec célérité. Comme leur décision n'exige ni une vaste science, ni une intelligence rare, mais seulement du bon sens, du zèle, des connaissances locales et de l'intégrité, elle peut être remise à des juges formant une ordre spécial et recrutés dans une classe beaucoup plus étendue que celle qui est appelée à fournir les magistrats des cours d'appels et des tribunaux de première instance. Et comme les juges de paix doivent être nombreux et disséminés sur tout le territoire de l'Etat, il faut aller les chercher dans les campagnes aussi bien que dans les villes.

Il convient de procéder à la nomination des juges de paix suivant un mode analogue à celui que nous avons proposé pour les rangs supérieurs de la magistrature. Quelque petites que soient les affaires qu'ils ont à traiter, ils ne sont pas moins souverains dans leur prétoire, ils sont des organes directs et irresponsables de la loi, ils sont associés par la nature de leurs fonctions à la majesté de la justice qui se manifeste surtout par eux aux yeux des populations. Fréquemment ils ont à remplir un ministère de conciliation, dont ils ne peuvent bien s'acquitter que s'ils exercent un ascendant personnel sur les parties contendantes. Dans les cas de désordres et de flagrant délit, ils sont appelés à interposer sur le champ leur autorité qui, pour être efficace, doit être respectée. Il faut donc que le mode de leur nomination présente des garanties, qui témoignent de leur mérite et assurent autant que possible leur indépendance et leur considération.

La subordination des juges de paix au ministère public est une violation flagrante des principes sur lesquels repose la magistrature. Cette dépendance dénature leur caractère, diminue en eux le sentiment de leur dignité, affaiblit leur conscience, et porte atteinte au respect qui leur est dû. Un abus beaucoup plus grave encore et tout-à-fait intolérable est la prétention que s'arrogent les agents de l'administration d'user à leur gré des juges de paix, d'en faire leurs suppôts et leurs instruments, de les employer à des recherches de police occulte, à des inquisitions, à des négociations et à des manœuvres d'intimidation électorales. De pareilles exigences dégoûtent à juste titre les gens honorables et ne sont subies que par des faméliques, peu scrupuleux sur les conditions de leur gagne-pain. Que les officiers du ministère public et de l'administration aient des auxiliaires qui leur soient propres et leur prêtent sur tout point leurs yeux et leurs bras, ceux-ci pourront, en s'adonnant exclusivement à une tâche spéciale et nécessaire, se comporter avec honnêteté. Ils répondront à certains besoins, sans compromettre un intérêt d'un ordre supérieur, et, grâce à cette séparation des rôles, la justice et la police seront également satisfaites.

En Angleterre, les fonctions de juges de paix sont recherchées et remplies non par des individus besoigneux qui, dépités de ne pas avoir réussi ailleurs, se rabattent sur ce qui leur paraît être un pis-aller, mais par des personnes riches et considérées qui tiennent à honneur d'exercer les attributions les plus modestes du pouvoir judiciaire. Des commissions sont délivrées à quiconque se recommande par une bonne position et par une réputation honorable. Sans doute la France ne manque pas de gens de loisir suffisamment instruits et d'un caractère estimable; mais ils sont la plupart rassemblés dans les villes, ils s'intéressent trop peu à la chose publique pour s'y adonner autrement que sous l'aiguillon de riches salaires ou de distinctions brillantes; ils ont trop de souci des rangs hiérarchiques, et ils n'ont pas assez de discernement pour reconnaître dans des fonctions modestes en apparence l'importance effective qu'elles recèlent. Malgré ces motifs d'éloignement il ne serait pas impossible de rendre plus attractives les justices de paix, si elles étaient affranchies de leur assujétissement injustifiable envers le ministère public, si elles étaient rehaussées par le mode de nomination et l'indépendance des titulaires, et si les devoirs qu'elles imposent étaient allégés par la multiplication des siéges. Assurément les candidats ne feraient pas défaut, si à l'accroissement de l'aisance dans les campagnes correspondait un progrès égal dans l'éducation politique. A cet égard il y a beaucoup à regretter, à réformer, à améliorer, et la tâche est non moins pressante qu'étendue.

Il nous reste à parler du ministère public. Ce n'est pas que nous considérions cet organe de l'Etat comme faisant partie intégrante de la magistrature; nous croyons au contraire qu'il existe une différence profonde et une incompatibilité radicale entre ces deux ordres de fonctions. Ils sont par leur nature et doivent être en réalité aussi séparés l'un de l'autre que le sont leurs objets respectifs, la police et la justice. Le premier de ces offices ressort essentiellement du pouvoir exécutif; il ne peut être rempli que par un ensemble d'agents institués, organisés et dirigés par une pensée unique, sans cesse active et disposant à son gré de tous ses auxiliaires. Ceux-ci sont assujétis à une obéissance absolue; ils sont suspendus à des ordres qu'il ne leur est pas permis de discuter ni d'interpréter, mais qu'ils sont tenus d'exécuter docilement, ponctuellement, sans autres modifications que celles que réclament les exigences du service. S'ils agissent par eux-mêmes, ce n'est qu'en s'inspirant des intentions dont ils sont les instruments. Comme ils appartiennent à un système dont tous les éléments sont étroitement coordonnés et soumis à une impulsion unique, ils sont nécessairement incorporés dans une hiérarchie où le commandement, partant d'en haut, se transmet de degré en degré, sans souffrir la moindre résistance. De ces conditions d'existence résultent des habitudes, des mœurs, un esprit d'un genre particulier.

Tout autres sont les devoirs, la situation et les principes des ministres de la justice. Ils sont les interprètes de la loi et non les serviteurs d'une volonté personnelle. Ils ne relèvent point d'un chef, mais uniquement de leur conscience. Ils n'ont à recevoir et ne sauraient accepter aucun ordre, aucune instruction, aucune suggestion. Ils n'ont à s'inspirer et à prendre conseil que d'eux-mêmes, de leur science, de leurs lumières et de leur religion. Leur organisation ne comporte pas de hiérarchie, de relation de supérieur à subordonné. Chacun d'eux se suffit à lui-même, est souverain dans sa sphère mentale, et est par conséquent l'égal de tous ceux qui participent avec lui aux travaux de la judicature.

La différence qui existe entre l'œuvre de la justice et les opérations de la police entraînant une incompatibilité absolue entre les deux ordres correspondants de fonctionnaires ; toute confusion contraire à ce principe est un grave abus et doit être hautement réprouvée. Les officiers du ministère public remplissent une tâche utile, nécessaire, honorable. Ils sont chargés de veiller activement à la sûreté générale et particulière. Ils épient les tendances, les allures, les desseins des malfaiteurs, s'appliquent de concert avec les agents de l'administration à prévenir les tentatives coupables, recherchent et constatent les délits, en saisissent les tribunaux, en poursuivent la répression et pourvoient à l'exécution des jugements rendus. En outre ils sont dans les instances civiles les défenseurs nés des mineurs, de l'Etat, des corporations officielles, et se constituent partie dans toutes les affaires intéressant l'ordre public. Ils provoquent la magistrature à agir, mais ne sauraient lui donner la moindre impulsion. Qu'ils viennent à se mêler à elle, à entrer de plain-pied dans ses rangs, bien plus, à en occuper les premiers siéges comme par un droit de primauté, apportant avec eux leur esprit de soumission envers le pouvoir exécutif, leurs habitudes hiérarchiques, leur tempérament militant, leur tendance à voir des ennemis dans les accusés, leur disposition à sévir, leur inexpérience de la méditation et leur prédilection pour les procédés coërcitifs, assurément la gravité, la modération, l'indépendance et la dignité judiciaires en éprouveront de sensibles atteintes, sans que la police ne profite en rien du dommage que subira la justice.

Pourquoi confondre deux ordres de fonctions qui doivent rester distinctes ? Faut-il nécessairement, pour contenter l'ambition des officiers du ministère public, les introduire indûment au sein de la magistrature et fabriquer dans celle-ci des étages factices et mal ajustés? Ils sont destinés à former entre eux une hiérarchie, puisqu'ils doivent obéir à une impulsion commune et se livrer à des opérations concertées; ainsi ils peuvent sans sortir de leur sphère obtenir à diverses reprises un avancement qui soit la récompense légitime et le stimulant de leur zèle et de leurs labeurs. C'est uniquement dans cette voie que leur ambition doit se porter et trouver de justes satisfactions.

Sans avoir d'autorité sur la magistrature, le ministère public est appelé cependant à en surveiller les opérations. Son office étant de rechercher et de dénoncer toutes les infractions à la loi et tous les faits qui sont de nature à compromettre l'ordre public, s'il croit qu'un jugement a été rendu contrairement au droit, ou s'il voit une compagnie judiciaire tolérer des scandales commis par l'un de ses membres, il doit en appeler à une juridiction supérieure, poser devant elle des réquisitions et la mettre en demeure de se prononcer sur les plaintes qui lui sont soumises. Quelques soins qui aient été pris pour assurer la bonne composition de la magistrature, elle est soumise au sort commun de l'humanité, elle n'est ni infaillible, ni impeccable, et il faut que ses écarts possibles soient réprimés. Audedans des limites que lui trace la pratique de son devoir, son indépendance est sans réserve; mais si elle les franchit, il faut qu'elle rencontre une autorité qui la réprime. D'ailleurs, comme elle est chargée de se corriger elle-même, elle se trouve dans la situation d'une personne qui traduit ses propres actes devant le tribunal de sa conscience, et qui en se réprimandant, en se condamnant, n'abdique nullement mais fortifie plutôt sa liberté.

Dans tout le cours de cette étude, notre but a été

de revendiquer pour la magistrature des conditions d'existence qui assurent son indépendance, son ascendant et sa dignité. L'ordre public, d'où dépend la sûreté de tous les citoyens, est enfanté par la loi qui vit et agit par la magistrature. Le respect qu'obtient la loi se mesure sur celui qui est accordé aux hommes qui en sont les dépositaires et les organes. Il est donc du plus haut intérêt pour la société que ses magistrats soient honorés et par conséquent que leur origine et leur organisation garantissent leur indépendance, leur capacité et leur intégrité. Souvent nous nous étions demandé s'il n'y avait rien à désirer sous ce rapport, et comme des doutes s'élevaient dans notre esprit, nous avons été entraîné dans des recherches dont les pages précédentes exposent le résultat.

Nous n'avons point eu la prétention de résoudre définitivement le problème que nous nous étions posé, nous avons voulu seulement contribuer à sa discussion. Du reste, quel que soit le jugement que l'on porte sur notre travail, nous espérons qu'on y reconnaîtra l'esprit qui l'a animé, le désir de voir consolidée et rehaussée l'institution de la magistrature.

AUTONOMIE

DE L'UNIVERSITÉ.

Nous avons acquis une sorte de liberté d'enseignement, et quelque restreinte et précaire qu'elle soit, elle ne laisse pas sans doute d'exciter des regrets et de la mauvaise humeur. Les arguments, jadis invoqués pour la repousser, siéraient parfaitement dans les bouches aujourd'hui qualifiées pour prononcer sur notre sort; ils formeraient des anneaux fort bien ajustés à la chaîne des raisonnements, qui tendent à nous persuader que l'ordre ne peut exister que sous l'universelle et absolue suprématie de l'Etat, et que toute initiative, tout libre développement des individus est une cause de désordre et de perturbation.

La liberté d'enseignement est pleine de périls, soit : cependant nous l'aimons telle, et puisque nous avons fait cette déclaration qui nous attirera le reproche de témérité, nous ne compromettrons pas beaucoup plus notre réputation de sagesse, en allant jusqu'à demander que le grand établissement d'instruction qui reste confié à l'Etat soit affranchi de sa tutelle et se régisse par lui-même.

L'Université subit maintenant la concurrence des établissements privés ; mais largement subventionnée par le trésor de l'Etat, encadrée dans sa hiérarchie officielle, et décernant des titres qui sont des conditions d'entrée dans les plus importantes des carrières libérales, si elle n'exerce plus un monopole, elle est du moins investie de priviléges qu'elle est tenue de justifier, ou du moins qui la constituent responsable envers l'opinion publique.

Nous ne voulons point attaquer son existence ; nous jugeons utile qu'il y ait un grand conservatoire des acquisitions intellectuelles, des traditions scientifiques et littéraires de notre patrie, et nous craindrions de voir ce dépôt entièrement livré à de simples particuliers ou à des associations encore à naître et longtemps destinées à demeurer inconsistantes, débiles et précaires. Jusqu'à ce que chacun regarde comme une obligation stricte et éprouve personnellement le besoin de contribuer volontairement à l'entretien d'instituts, où soient recueillies, élaborées et distribuées les notions et les idées dont tout le monde se nourrit, nous réputerons nécessaire l'existence d'une ou de plusieurs universités, tirant directement leurs ressources du fond même de la communauté nationale, et n'attendant pas pour subsister les oblations de particuliers, mal initiés encore et mal formés aux devoirs qu'ils ont spontanément à remplir dans l'ordre des intérêts généraux de la société.

Mais, de ce qu'il convient que l'Université possède des moyens d'existence qui lui soient propres, il ne faut pas conclure que le gouvernement doive la diriger et en disposer suivant son libre arbitre. D'abord il est destitué de l'aptitude requise pour une pareille tâche. Il est essentiellement un organe de police, il n'est nullement un pur esprit qui observe, médite et spécule. Il ignore le culte pur et désintéressé des idées ; à ses yeux il n'y a de vérité que celle qui a son application pratique et immédiate ; toute autre est rêverie ou distraction stérile. Dans les faits du passé, il ne cherche que des leçons ou des preuves adaptées au temps présent. Comme il faut qu'il ait raison devant les contemporains et qu'il obtienne leur respect et leur approbation, tout ce qui, dans les enseignements de la philosophie ou de l'histoire, tendrait à condamner ses maximes ou sa conduite, il le nie, le réprouve, le défigure. Il déclare, du ton d'autorité qui lui appartient, que les historiens, ses censeurs involontaires, ont menti, et que les philosophes, ses juges impassibles, sont des visionnaires et des utopistes.

L'expérience des affaires de ce monde est nécessaire pour bien apprécier les faits historiques et discerner les lois qui régissent l'humanité. Mais si, pour bien connaître nos semblables, il est indispensable de les observer vivant et agissant, on court souvent le risque de se méprendre sur leurs intentions, leurs principes et leur caractère, lorsqu'on engage avec eux des luttes où les intérêts et les passions sont fortement excités. Qui ne se prévient contre ses adversaires ? Qui ne grossit l'importance de sa cause ? Qui ne s'exagère ses droits et ne rabaisse ceux qui lui sont opposés ? Qui n'ordonne plus ou moins à sa fantaisie l'avenir par avance et le passé après coup, afin de simuler une réalité qui justifie, soit des actes accomplis, soit des desseins qui tendent à s'exécuter. Les politiques militants ont des vues forcément étroites et partiales, parce que leur but est exclusif et borné. Ils ne peuvent s'élever dans la sphère de la contemplation pure et désintéressée qu'en quittant le terrain de l'action ; ils ne peuvent recouvrer une entière sérénité et une équité parfaite, qu'en se dégageant des connexions et des entraînements qui sont leurs points d'appui et leurs forces impulsives. Les politiques qui abordent la science sociale, encore émus des combats qu'ils viennent de livrer, encore préoccupés de tactique et de manœuvres personnelles, se font inévitablement une philosophie empirique, une histoire factice, une morale adventice et une économique occasionnelle.

D'ailleurs les hommes d'Etat n'ont pas besoin d'être, et la plupart ne sont pas des savants. Pour gouverner les hommes, les hautes idées, les vues profondes et les plus nobles vertus ne sont pas nécessaires ; souvent même elles sont nuisibles, parce qu'elles dépassent la tâche proposée et détournent les facultés actives du but qui leur est assigné. Les esprits réputés les plus grands, parce qu'ils ont manifesté leur puissance par les résultats matériels les plus frappants, ne sont tels que dans l'imagination des peuples. Ils n'ont pu immédiatement embrasser les multitudes, les pénétrer, les animer et les entraîner, qu'en prenant leur mesure, en se proportionnant à elles, et en s'associant à leurs tendances et à leurs passions. L'art de conduire les hommes exige plus de bon sens que de génie, plus de sagacité que de profondeur, plus d'expérience que d'érudition et plus de bienséance que de vertu.

Un bon ministre peut être un savant très-médiocre, et s'il trouve dans son département des hommes humblement voués au culte de la science ou à l'enseignement de la jeunesse, comme il a l'habitude de dominer et d'estimer par-dessus toute la force armée ou la force populaire, il sera peu touché de respect pour la science haute et calme, qui se développe et se propage invisiblement dans les obscures retraites de l'étude. S'il croit ou si on lui persuade que sa politique aurait à tirer profit d'une certaine direction à donner à l'enseignement, il voudra qu'aussitôt cette tournure soit prise, et il sera de bonne foi dans ses exigences; car à ses yeux il n'y a pas d'intérêt supérieur au succès de ses desseins.

Est-il l'agent d'un autocrate, l'impulsion à communiquer par l'entremise des professeurs à la génération qui grandit est des plus simples : partout les intelligences et les caractères doivent être pliés à une soumission passive envers l'autorité. Dans tous les temps le maître a dû être obéi, honoré, si ce n'est adoré. Où il n'y avait pas de maître, régnait l'anarchie; où la puissance du maître était limitée ou contestée, la porte était largement ouverte au désordre. Les grandes époques de la civilisation furent celles où un maître absolu et magnifique devint le centre de gravitation de la société. Les grands siècles scientifiques, littéraires et artistiques furent ceux qu'animèrent de leur esprit un Louis XIV, un Cosme de Médicis, un Auguste, et un Periclès travesti pour la circonstance en despote de la Grèce. C'est la grandeur et ce sont les encouragements d'un monarque, ce sont les splendeurs et les raffinements de sa cour qui ont suscité les génies créateurs, épuré le goût et donné l'élan aux imaginations. Poètes, savants et artistes se sont évertués pour plaire au maître, et de ces efforts sont sorties les œuvres supérieures qu'a consacrées l'admiration de la postérité. (1)

Sous un régime démocratique, Périclès redeviendra un simple chef de parti, Brutus remplacera César, Savonarole Médicis, et Mirabeau ou Danton Louis XIV. Les monarques seront honnis et vilipendés, les tribuns réhabilités et glorifiés ; cela est dans

(1) Le récent arrêté du Ministre de l'Instruction publique, concernant l'enseignement de l'histoire destiné aux élèves de philosophie, vient précisément confirmer notre assertion. Par ce qu'il indique et par ce qu'il omet, il tend évidemment à provoquer l'admiration et l'amour des adolescents pour le présent régime ; et par une conséquence nécessaire, il tend également à prévenir ces débutants dans la vie contre les régimes politiques, qui sont en contradiction avec celui que de nos jours la fortune couronne. Comment le Ministre aurait-il pu rédiger autrement son programme? Ne doit-il pas en toute occasion se comporter en sujet fidèle et dévoué? Du moment où il était résolu à jeter les adolescents de nos colléges sur le terrain brûlant de la politique contemporaine, il devait nécessairement s'appliquer à les ranger dans le parti de son maître. Le système de l'enseignement par l'Etat étant admis, la conduite du Ministre doit être réputée parfaitement logique, et ne donne prise à aucune censure. Il n'est pas moins rationnel que les professeurs obéissent exactement à la pensée du Ministre, et que, pour développer les thêmes qu'il leur donne, ils aillent demander leurs inspirations aux journaux officieux du pouvoir, aux organes attitrés de la Direction de la presse, qui siége au ministère de l'Intérieur. Ceux-là s'expriment d'une manière inconséquente, qui veulent que l'Etat enseigne et qui blâment le Ministre d'infliger aux élèves un enseignement de l'histoire marqué au coin de l'orthodoxie politique du temps présent. L'Etat enseignant ne peut enseigner que ses doctrines. Reste à savoir comment les jeunes philosophes les prendront, et si, continuant hors de classe, avec plus de liberté, leurs études historiques, ils n'interpérteront pas très-diversement et très-vivement des leçons qui leur auront été données, les uns se déclarant impérialistes, d'autres républicains, d'autres orléanistes, d'autres enfin légitimistes, suivant l'opinion de leurs parents ou la tournure de leur esprit. Nous souhaitons que tout se passe en discussions pacifiques ; mais le sang de l'adolescence bout promptement, et nous ne sommes pas certain que le jeu de la guerre civile ne prenne pas faveur dans nos colléges.

l'ordre. Du moment que l'Université n'est autre que l'Etat enseignant, elle doit être imbue de ses principes, professer ses maximes, se rendre l'organe et l'instrument de ses affections et de ses haines, représenter la vie humaine conformément à ses vues, et s'appliquer à remplir les jeunes esprits des idées et des tableaux qui leur feront aimer et respecter le système de gouvernement qui prédomine.

L'obligation qui pèse sur l'Université sera moins nettement déterminée sous le régime qui s'appelle républicain aux Etats-Unis et qu'en France nous appelons libéral. Tous les éléments de la société, tous les partis étant représentés dans un parlement qui est le siége de la pensée et de la volonté publiques, divers systèmes se produiront tour à tour au sein du gouvernement et lui imprimeront successivement des directions différentes. Le parti de la gauche et le parti de la droite pouvant et devant alternativement prévaloir, afin que le progrès s'opère et soit cependant tempéré par l'esprit conservateur, il s'en suit que l'Etat enseignant devra tantôt louer Thémistocle et tantôt Aristide, cette année vanter les Gracques et l'année suivante Caton l'ancien, tenir durant un ministère pour les Torys et se tourner bientôt après vers les Whigs. Puis la politique n'est pas tout; viennent en outre les questions philosophiques et religieuses, et celles-ci ne sont pas, il s'en faut beaucoup, les moins complexes, les moins épineuses et les moins irritantes.

Qu'on se figure un ministre constitutionnel debout à la tribune et en présence de catholiques absolutistes, de catholiques libéraux, de protestants orthodoxes, de latitudinaires, de kantistes, de lockistes, de spinosistes, entremêlés d'aristocrates, de démocrates, d'aristodémistes, de monarchistes et de quelques socialistes : chaque parti, chaque école, chaque secte accusera nécessairement l'Université d'infidélité à ses doctrines et demandera à grands cris qu'elle soit ramenée dans la droite voie. Le ministre assailli de toute part, assourdi de clameurs discordantes, ne sachant que résoudre, voulant satisfaire tout le monde et ne pouvant contenter personne, aura, certes, besoin d'une rare force de tête et d'un flegme imperturbable, pour résister à tant d'attaques et ne pas être submergé par tant de flots impétueux. S'il garde quelque aplomb, quelque ressort et quelque dextérité, il amortira les assauts qui lui seront livrés par des paroles équivoques, par des explications qui flattent l'amour-propre des agresseurs sans leur rien concéder d'essentiel, par des promesses vagues qui donnent à espérer mais ne fournissent aucune garantie, par des déclarations de principes très-générales qui, pour aboutir à des lieux-communs, n'en sont pas moins bien acceptées, quand elles sont débitées avec un accent solennel et chaleureux et qu'elles permettent à chacune des parties intéressées de les interpréter dans un sens favorable à ses propres désirs.

Le ministre honore toutes les convictions loyales et élevées ; il respecte profondément les traditions du passé qui ont présidé à l'éducation nationale, il sait aussi reconnaître les exigences du siècle, et il est décidé à servir la cause du progrès, qui demande non moins à être préservé des entraînements périlleux qu'à être secondé dans ses aspirations légitimes. L'administration, organe des vœux du pays, se tiendra en garde contre les excès de tout genre; elle les combattra et les réprimera toutes les fois qu'ils tenteront de se produire, et elle s'appliquera avec zèle et persévérance à former l'esprit de la jeunesse à la modération, au bon sens et à la sagesse. Elle sait combien sont graves les devoirs qui lui sont imposés. Les familles lui confient des enfants et elle doit leur rendre des hommes instruits et honnêtes. Elle ne désespère point d'accomplir cette tâche, elle y consacrera tous ses efforts; mais, pour atteindre le but proposé, elle a besoin de s'appuyer sur la confiance qu'elle sollicite et qu'elle espère ne pas devoir lui manquer.

De pareilles banalités cloront habituellement la discussion. Aucun des partis politiques, philosophiques ou religieux ne voudra trop les presser ni en faire sortir une déclaration exactement conforme à ses vues, parce qu'aucun d'eux ne serait certain de triompher et de ne pas susciter contre ses prétentions une coalition accablante. D'ailleurs, si une assemblée parlementaire se mettait à débattre une thèse philosophique, historique ou religieuse, et s'avisait de se transformer en concile ou en académie, elle serait bientôt envahie par une confusion que couvrirait un immense ridicule. Aussi, quelque envie qu'aient certains membres de dogmatiser, de professer, d'argumenter, un prudent instinct les avertit de se retirer d'un terrain trop scabreux, et après quelques rencontres l'engagement arrive à sa fin.

Toutefois les partis, pour ne pas adresser au ministre des injonctions expresses, n'en désirent pas moins très vivement que leurs idées et leurs doctrines pénètrent dans l'enseignement universitaire et s'insinuent dans l'esprit des générations nouvelles. L'avenir de leur cause dépend des adeptes qu'ils recruteront parmi la jeunesse. Le ministre ne peut méconnaître leurs désirs, et il faut qu'il y subvienne au moins dans une certaine mesure. Si la diversité et l'antagonisme de ces désirs ne lui permettent pas de leur donner satisfaction complète, il doit du moins éviter de les heurter et faire en sorte qu'ils ne se tournent pas en griefs et en rancunes.

Or, comment le ministre parviendra-t-il à n'offenser personne? Il ne le pourra qu'en supprimant dans les leçons universitaires tout ce qui aurait un caractère original, en y effaçant toute couleur tranchée et en les revêtant d'un badigeon uniforme de neutralité A cet effet il doit commander à ses lieutenants la confection d'une méthode éclectique, qui rapproche et réunisse les doctrines et les idées contraires, sans que cependant elles entrent en conflit. Cette entreprise pourrait sembler impraticable, si l'on n'en avait vu durant ce siècle la pleine exécution. Il y a quarante ans, l'hégélianisme était reconnu en Prusse comme système officiel. Rien d'aussi vaste, d'aussi compréhensif. L'hégélianisme embrassait, expliquait et conciliait toutes les théories passées et présentes. Les contradictions ne l'embarrassaient nullement ; loin de là, elles entraient comme parties constituantes dans l'économie de son édifice. Il les opposait les unes aux autres pour qu'elles se fissent équilibre. A côté de l'affirmation il plaçait aussitôt la négation qui, en la limitant, la déterminait ; puis il enveloppait et absorbait ces deux termes contraires qu'il appelait thèse et antithèse dans une unité supérieure, qu'il nommait synthèse et qui ne laissait subsister aucun antagonisme. Ces tours de prestidigitation métaphysique peuvent nous paraître bizarres ; ils n'en eurent pas moins un plein succès durant toute une génération. Ils s'exécutèrent avec l'approbation du gouvernement et aux applaudissements du public lettré, et quoique aujourd'hui ils aient beaucoup perdu de leur prestige, leurs procédés sont encore fréquemment utilisés dans les leçons des universités allemandes.

Nous avons eu aussi notre éclectisme officiel. Moins grandiose et moins subtil que son prototype germanique, il s'attacha à être prudent, adroit, discret et bienséant. A ses débuts, il avait affecté de grands airs protecteurs, et à l'instar de l'hégélianisme, il avait offert de tous côtés une bienveillance en même temps élastique et superbe, qui devait s'exercer largement à la seule condition que sa supériorité serait acceptée. Plus tard, l'expérience et l'exercice de l'autorité lui apprirent à être plus mesuré. Successivement il resserra sa sphère d'expansion, jusqu'à se renfermer dans les limites d'un cartésianisme des plus inoffensifs, lequel fut décoré du titre de philosophie nationale. Sur le terrain de l'histoire, les professeurs furent instruits à ne se prononcer nettement ni pour le roi, ni pour la ligue, à ne pas offenser Duplessis-Mornay et à ne pas s'attirer de querelle inutile avec La Boëtie ou Hubert Languet. Sans cesse les professeurs recevaient la recommandation d'être sages, et pour accomplir ce précepte, la recette consistait à observer une stricte neutralité, à pratiquer un complaisant éclectisme.

Nous comprenons très-bien la tactique d'un ministre parlementaire, qui, ayant à se préserver des attaques ou des secrets ressentiments des divers partis et étant obligé de se conformer à la volonté générale ou du moins de se la ménager, prescrit aux professeurs, ses subordonnés, un éclectisme neutre, incolore et inoffensif. Dans la situation où il se trouve, cette extrême circonspection est en quelque sorte un devoir pour lui. Mais la science a d'autres exigences que la politique, et elle n'en admet pas les compositions. Elle a ses convictions qu'elle ne peut répudier, ni atténuer, sans se renier elle-même. Elle relève de principes que sans doute elle a établis, mais qui, une fois fondés, s'imposent à elle et sont sa loi. Toute transaction, toute restriction est pour elle une blessure profonde qui trouble toute son organisme. Supposez qu'on vienne demander à un astronome de vouloir bien ne pas se prononcer résolument pour le système de Copernic, mais de l'arranger de telle sorte que ce système s'accommode avec celui de Ptolémée, quels ne seront pas ses rires ou son indignation! Or les sciences morales n'ont pas de moindres exigences ni de moindres susceptibilités que les sciences physiques; si elles ont un caractère moins positif et moins arrêté, si elles donnent naissance à des écoles, à des sectes diverses et opposées, chacune de celles-ci, pénétrée de ses doctrines propres, ne peut souffrir qu'elles soient entamées, mutilées, sacrifiées à quelque considération que ce soit. La science qui transige ou capitule n'est plus la science; elle n'est plus qu'une habileté qui peut avoir des succès dans le monde, mais est exclue du domaine de la vérité pure.

Etudier attentivement l'histoire, s'enquérir de toutes les idées qui ont été émises, extraire de toutes les théories qui ont vu le jour les fragments épars de vérité qu'elles recèlent, s'approprier tout ce que les devanciers ont laissé après eux de solide et de substantiel, réunir dans un ensemble cohérent et harmonieux toutes les productions viables du passé, c'est le devoir du savant qui veut amener ses connaissances au degré le plus élevé que son temps comporte. Mais, en pénétrant dans les divers systèmes, il ne se laisse dominer par aucun d'eux, ni imposer aucune condition. Il n'est mu que par le désir de satisfaire aux exigences de son esprit, et il ne reconnaît d'autre loi que celle que lui dicte sa raison. Toute déviation, toute concession, toute restriction mentale, qui aurait pour but de lui ménager la faveur ou de le préserver de l'inimitié des grands ou des forts de ce monde, lui paraîtrait une faiblesse et une trahison. Il veut soumettre à son esprit toutes les doctrines qui ont exercé ou gardent quelque empire, et non soumettre son esprit à ces doctrines. Il dit avec Horace :

Et mihi res, non me rebus submittere conor

Dans le temps que l'éclectisme officiel florissait en France de concert avec le gouvernement représentatif, la régence de l'Université n'était pas purement monarchique. Au-dessous ou plutôt à côté du ministre siégeait un Conseil royal, composé des savants les plus distingués et muni de grands priviléges. On eût pu croire que ces savants conseillers revendiqueraient pour la science toutes les franchises qui lui appartiennent, et que même, si elle se montrait peu soucieuse d'en user, ils l'aiguillonneraient et ranimeraient en elle le sentiment de ses devoirs et de sa dignité. Mais telle ne fut pas la conduite suivie par les célèbres membres du Conseil royal ; en s'asseyant sur leurs siéges de hauts dignitaires de l'Université, la plupart d'entre eux semblèrent se défaire de leur esprit scientifique pour se pénétrer de l'esprit officiel. Non qu'ils crussent devoir se sacrifier à la nomination qu'ils tenaient du chef de l'État et de ses ministres ; ils avaient un sentiment trop élevé et trop juste de leur importance personnelle pour croire que le titre qui leur avait été conféré les obligeât à abdiquer leur propre volonté. Ils se savaient désignés par la supériorité de leurs talents et non promus par la faveur royale ou ministérielle. Ils se réputaient comptables moins envers le pouvoir qu'envers leur propre réputation. Dans ce temps-là le soufle de l'indépendance se faisait partout sentir, et il s'insinuait jusque dans les corridors, les cabinets et les salons des hôtels de ministre.

Si les membres duConseil royal introduisirent ou entretinrent eux-mêmes les ménagements éclectiques dans la direction de l'Université, ce fut parce qu'eux-mêmes, en revêtant leurs fonctions, s'imprégnèrent de l'esprit politique. Le nouveau milieu où ils respiraient agit facilement sur eux, et ils s'ouvrirent complaisamment aux influences ambiantes. Réjouis de passer de leurs retraites studieuses dans la haute sphère du gouvernement, ils s'associèrent sans répugnance, même avec orgueil, à la tactique et aux manœuvres qui avaient pour but d'assurer au pouvoir la majorité dont il avait besoin et d'amortir de trop rudes attaques, qui ébranlent toujours lors même qu'elles ne renversent pas. D'ailleurs la plupart des membres du Conseil royal prirent place dans les chambres législatives; quelques-uns avaient été et aspiraient à redevenir ministres, et peut-être aucun d'eux ne se croyait indigne d'occuper ce poste éminent.

Malgré toute cette circonspection, l'Université fut en butte à de violentes attaques. Elle fut combattue et pour ce qu'elle disait et pour ce qu'elle taisait, Ses adversaires, persuadés qu'ils possédaient la vérité entière et absolue, découverte et définie une fois pour toutes au moyen-âge, ne pouvaient tolérer qu'elle fut en partie voilée, en partie mêlée à des éléments impurs, par les soins d'un éclectisme cauteleux et sans cesse appliqué à se ménager tout le monde. Quelque mesurée, discrète et méticuleuse que se montrât l'Université, elle était accusée de rébellion, d'impiété, d'immoralité, parce qu'elle n'était pas humblement soumise et faisait accueil à l'esprit moderne, pourvu toutefois qu'il observât une prudente réserve.

Les adversaires de l'Université étaient d'autant plus hardis et résolus qu'ils pouvaient couvrir leur ambition du principe de la liberté d'enseignement, que leurs antagonistes n'auraient récusé qu'en se reniant eux-mêmes et que d'ailleurs ils avaient inscrit dans la charte constitutionnelle. Ce principe, à vrai dire, n'était pour la plupart des assaillants qu'une arme de guerre. Le but auquel ils tendaient était l'empire sur les esprits, que de son côté le gouvernement ne pouvait ni ne devait leur abandonner. La liberté, qui était le thème ostensible du débat, n'était donc au fond qu'un prétexte.

Le véritable mobile de la dispute était la rivalité de l'Eglise et de l'Etat, qui tous deux prétendaient dominer. Depuis plusieurs années la discussion se traînait dans le labyrinthe de l'équivoque, lorsque la révolution de 1848, en éclatant, vint jeter les esprits dans de tout autres préoccupations. Cependant une loi sur la liberté de l'enseignement fut promulguée, moins, il est vrai, pour donner la liberté que pour satisfaire à des exigences de parti. L'Université eut à subir la concurrence des établissements privés; mais elle n'en fut pas ébranlée, grâce à ses puissants priviléges. Elle vit sa clientelle plutôt s'accroître que diminuer; seulement le joug administratif s'appesantit de plus en plus sur elle, et son enseignement assujéti à une stricte orthodoxie dut se rétrécir singulièrement.

Pour nous, étrangers aux anciennes querelles et aux intérêts qui divisent et irritent les universitaires, les gens d'église et les politiques contemporains, nous voudrions nous rendre compte de l'effet qu'a produit l'action gouvernementale sur le développement général de l'enseignement. Il ne nous sera pas contesté qu'un grand institut d'enseignement public a une double destination : communiquer à la jeunesse les principales acquisitions faites par la science, et préparer la génération qui grandit à bien remplir les diverses fonctions qui l'attendent au sein de la société. Voyons comment l'Université française s'est acquittée de cette double mission.

Considérons d'abord l'enseignement des langues. C'est le premier et le plus important, non seulement parce qu'il nous procure le moyen de converser tant avec nos devanciers qu'avec nos contemporains, mais encore parce que nous y trouvons la réverbération, l'histoire et le résumé de la pensée humaine. Il convient que nous puissions recueillir à leur source et dans leur expression originale les idées et les intuitions des esprits créateurs, dont les œuvres sont perpétuellement destinées à servir de modèles et à fournir des inspirations. L'incomparable génie grec sera évoqué dans tous les temps par les intelligences amoureuses du beau et possédées de l'ambition d'inventer ; sa fécondité et son harmonie se communiquent à tout ce qu'il touche ; par un merveilleux privilége, il contient en lui une vertu régénératrice qui s'exercera sans cesse et subsistera à travers tous les progrès futurs. L'art grec semble devoir rester sans rival, et si la science grecque a été et doit être de plus en plus dépassée, l'esprit qui l'a engendrée est loin d'avoir péri ; il a suscité les découvertes qui l'ont effacée et il provoquera toutes celles que l'avenir tient en réserve. Combiné avec la méthode prudente et positive des modernes, il a acquis une force nouvelle qui s'accroîtra à mesure qu'elle se dépensera.

Les Latins furent les élèves des Grecs. Doués d'un génie moins riche et de facultés moins hautes, ils remplirent le rôle plutôt d'imitateurs que de créateurs. Toutefois leur imitation ne fut pas dépourvue d'originalité. Étroitement apparentés avec leurs maîtres, ils s'approprièrent sans effort leurs leçons; ils reproduisirent leurs idées d'une façon naturelle et vivace, et s'ils n'ajoutèrent pas beaucoup au fond, ils imprimèrent à la forme un caractère original de vigueur nette et pressée. Outre le mérite propre de ses œuvres, la langue latine a par rapport à nous l'autorité et l'intérêt d'une langue mère. Le français est né du développement ou, suivant quelques esprits sévères et peu nationaux, de la corruption du latin. Notre langue a sans doute d'excellentes qualités qu'on a trop souvent célébrées pour qu'il soit nécessaire de les rappeler ici ; mais elle est sujette à se désarticuler, à se délayer, à perdre son empreinte native et à se falsifier par suite de vaines recherches ; pour la redresser, la raffermir et l'épurer, le vrai moyen consiste à la retremper dans sa propre source. Il est bon que non seulement les écrivains et les orateurs, mais encore la multitude des gens bien élevés, remettent et refondent de temps en temps leur imagination dans le moule des lettres latines, et qu'ils s'appliquent à faire passer quelque chose du ton, du tour et de l'allure de cet idiome générateur dans leur propre langage. Une large place doit être constamment réservée, dans le programme des études classiques, au latin, qui est appelé sans cesse à conserver et à régénérer le français.

L'ignorance, ou la paresse, ou de faux systèmes peuvent seuls méconnaître cette vérité. Toutefois on s'étonne à bon droit qu'un temps si long soit employé dans l'Université à l'enseignement d'une langue qui a presque tout son vocabulaire commun avec la nôtre. Il y a là certainement un vice de méthode dû à un respect superstitieux de la routine. Nous sommes convaincu qu'on abrégerait singulièrement les délais, si les maîtres, au lieu de débuter par l'énonciation de règles abstraites, qu'ils font apprendre matériellement à leurs élèves, mettaient immédiatement ceux-ci en contact avec les textes, et si en même temps ils avaient le soin de ne choisir pour sujets que des récits ou des observations propres à toucher et intéresser de jeunes esprits avec assez de force, pour que ceux-ci s'y reportassent spontanément et avec plaisir. Les mots et les tours, adhérant aux choses, s'insinueraient avec elles dans la mémoire et s'y graveraient simultanément.

Il est à la fois beaucoup plus facile et plus utile d'appliquer les élèves au pur et vrai latin que de leur en faire composer par eux-mêmes. Ce latin scolaire ne peut être que médiocre, quand il n'est pas mauvais, et le meilleur ne peut se défaire de l'air postiche d'une traduction. Aussi, dans les collèges, les thèmes sont-ils beaucoup trop multipliés. Quant à ce qu'on appelle réciter par cœur, c'est un exercice servile, mécanique, oiseux et rebutant. Nous assimilerions volontiers à cet exercice celui qui consiste à fabriquer des vers latins. Il y a pour ce dernier objet une recette qui s'apprend sans trop de difficulté, mais dont la pratique ne mène guère qu'à l'inanité. Dans un livre appelé *Gradus ad Parnassum* se trouve une ample provision d'épithètes, de paraphrases et d'hémistiches, lesquels cousus ensemble simulent de la versification et en font suffisamment l'office dans les devoirs des élèves. Quant à l'inspiration poétique et au sentiment du mètre et de l'harmonie, il serait puéril de les y chercher. Nos oreilles françaises sont incapables de saisir la mesure et le nombre de la prosodie latine, et l'on ne saurait attendre raisonnablement d'enfants, à qui la vie n'a pas été révélée, les conceptions, les élans et les passions qui sont les aliments de la poésie. Il serait ridicule d'exiger de ces enfants qu'ils composassent des vers français; est-ce donc que l'emploi d'un langage étranger aurait pour effet de leur inoculer les dons poétiques, ou de masquer ce qu'il y a de dérisoire dans leurs efforts impuissants? La confection des vers latins dans les colléges est le fruit d'une fantaisie pédantesque, qui n'a de raison d'être que son ancienneté et ne se perpétue que sous la recommandation de la routine. Il suffirait d'un simple mouvement de bon sens pour en décider la suppression.

On a bien voulu ne pas introduire la versification grecque dans les colléges, mais, par une innovation qui ne remonte pas loin, le thème grec est venu y prendre place. Sans doute il est fort beau d'écrire en grec, quand même on n'y serait pas encouragé par les embrassements de Philaminte, mais ce n'est pas précisément ce que font nos collégiens. Ils substituent simplement aux mots français des mots empruntés à l'idiome de Platon. Quant au génie de la langue grecque, à la vertu native et au sens usuel de ses termes, à son harmonie, à son accentuation, à ses inflexions, à sa marche et à son ordonnnance, ce sont là des secrets qui ne sauraient être pénétrés par les jeunes élèves. Ils s'acquittent servilement d'une besogne mécanique, et quand ils se sont fidèlement conformés aux règles de leur grammaire, ils sont contents d'eux-mêmes et obtiennent de bonnes notes. Qu'il nous soit permis de faire observer que ce genre de travail, qui ne laisse rien après lui qu'un souvenir de contrainte et d'ennui, pourrait être avantageusement remplacé par quelque autre étude plus utile. Les jeunes gens qui ont reçu une éducation supérieure doivent avoir été rendus aptes à comprendre et à goûter la littérature grecque, afin qu'ils s'en approprient autant que possible les éminentes qualités et en pénètrent intimement les œuvres, sans avoir à passer par des traductions qui les travestissent et les défigurent. Mais on peut s'animer, se redresser, se perfectionner à la vue d'un modèle, sans avoir la prétention de le reproduire. Lire des compositions grecques, pour se nourrir des idées et savourer les beautés qu'elles contiennent, est une occupation à laquelle doit s'adonner tout esprit qui a reçu une haute culture. Écrire du grec est le fait d'un linguiste de profession, d'un virtuose en hellénisme, d'une espèce de savant qui sera toujours extrêmement rare. Ne détournons pas la jeunesse des grandes voies, et ne l'engageons pas dans des sentiers détournés où elle ne rencontrerait guère que des ronces et des épines.

En supprimant plusieurs des exercices actuellement consacrés aux langues anciennes et classiques, et en dirigeant ceux qu'on retiendrait avec plus d'intelligence, on rendrait ces derniers plus faciles et plus fructueux, et on réaliserait en outre une économie de temps dont aurait à profiter l'étude des langues vivantes et usuelles, particulièrement de l'anglais et de l'allemand. L'enseignement de ces langues paraît plutôt toléré que cultivé dans les colléges, tant il est négligé, superficiel et stérile. Il semble qu'on l'ait introduit dans des cadres déjà remplis.

Quelques minces fragments ont seuls pu se loger fort à l'étroit dans des recoins oubliés. Et cependant la civilisation moderne n'a pas pour champ unique la France ; les sciences et les arts se développent concurremment chez nous et chez nos émules issus des races latines et germaniques. Ne connaître que ce qu'enfante notre pays, c'est ignorer la plus grande partie des productions contemporaines ; et comment se les approprier si l'on ne peut saisir les expressions qui les révèlent ?

Puis notre vie active, notre commerce avec les autres hommes, nos affections, nos intérêts, nos entreprises, nos associations ne sont plus heureusement renfermés dans les limites tracées par les frontières nationales. Nous trouvons parmi les étrangers des amis, des compagnons, des corréligionnaires, des collaborateurs, qui réjouissent notre cœur, secondent nos desseins, excitent et fortifient notre pensée, soutiennent et complètent notre existence. Le développement de notre activité ne peut s'arrêter où cesse l'usage de notre langue, sans que nous subissions une diminution considérable de nous-mêmes, et que nous perdions une partie notable de nos ressources et de notre puissance.

Il ne suffit pas que nous puissions communiquer avec les étrangers par la voie de l'écriture, il faut encore que nous ayions la faculté de converser avec eux, d'exercer sur eux et de subir de leur part une action directe et personnelle au moyen de la parole. Or, on ne peut user d'une langue dans le commerce de la vie que lorsqu'on l'a apprise à fond et qu'on se l'est rendue familière. Il conviendrait donc que dans les colléges les leçons et les exercices de linguistique étrangère fussent poursuivis avec assez de soin et de persistance, pour que les élèves, en quittant les bancs, pussent user pleinement et aisément des langues vivantes qui leur sont enseignées. Combien ils sont loin d'un pareil résultat ! Les rares débris d'allemand et d'anglais qu'ils ont retenus, ne présentant aucun sens à leur esprit, ils ont hâte, sitôt qu'ils sont libres, d'en débarrasser leur mémoire, et ils s'encouragent dans cette proscription par d'insipides plaisanteries sur des idiomes qui leur semblent rudes et bizarres (1).

Passant de l'expression au fond même des connaissances qui sont enseignées dans l'Université, et considérant d'abord celles qui ont pour objet les faits moraux, examinons quel est, non leur caractère qui consiste, nous l'avons déjà dit, à n'en pas avoir, mais le plan suivant lequel elles sont ordonnées. On en a formé deux groupes, l'histoire et la philosophie ; la première de ces sciences ayant pour destination de rechercher les faits, de les vérifier et d'en opérer le classement ; et la seconde ayant pour but de les analyser, de les définir et d'en déterminer les principes et les lois. Cette division correspond à celle qui distingue dans l'ordre physique les sciences théoriques, qui traitent des propriétés et des rapports des corps bruts et vivants, et les sciences descriptives

(1) Pour parvenir à être complétement familiarisé avec une langue étrangère, il faudrait avoir été exercé à la parler dès le bas-âge ; il faudrait donc que les mères eussent pris soin et eussent été capables d'instruire leurs enfants. Suivant nous, les mères devraient être les institutrices de leurs enfants dans tous les genres d'enseignement. Elles y réussiraient beaucoup mieux que les pédagogues du sexe fort et rude. Mais il faudrait en premier lieu qu'elles fussent préparées par une éducation sérieuse et solide à ce rôle qui leur appartient et que la nature leur a destiné. Il faudrait par conséquent procéder au renouvellement intégral de leur éducation, qui est superficielle, frivole, pleine de fictions, de vains raffinements, etc.

comprises sous le terme général d'histoire naturelle.

L'histoire de l'humanité s'ajuste dans un cadre plus ou moins étendu, suivant la durée des études qui y sont consacrées. Quelle que soit son amplitude, les matières qu'elle admet doivent être choisies selon leur importance relative. Sans doute les généalogies ainsi que les incidents de la vie des princes, et les scènes de destruction, appelées non sans justesse par M. Guizot les jeux de la force et du hasard, ont eu jusqu'à présent une grande influence sur le sort des peuples, et quelque faible que puisse être de nos jours le goût que l'on ait pour ces sortes de choses, il faut bien reconnaître qu'elles doivent figurer dans l'histoire de l'humanité; toutefois, ni leur dignité, ni leur utilité ne furent telles, qu'elles doivent absorder toute l'attention des esprits qui s'appliquent à l'étude du passé. Elles nous semblent même ne devoir l'occuper que d'une façon secondaire. Les religions, les mœurs, les coutumes, les lois, l'industrie, les sciences et les arts nous paraissent mériter beaucoup plus d'intérêt et avoir droit à une place beaucoup plus grande dans les cadres historiques. Les programmes universitaires ont, il est vrai, accordé une place à l'exposition des diverses phases de la culture intellectuelle, morale et industrielle de l'humanité; mais cette concession a été faite avec une regrettable parcimonie, et on continue à accabler la mémoire des élèves de récits de batailles et de nomenclatures de dynasties, dont la plupart sont aussi inutiles que fastidieuses à apprendre. L'intelligence est comme l'estomac; elle ne digère bien que les aliments pour lesquels elle a du goût et qui possèdent des propriétés nutritives. On rebute et on gâte l'intelligence, en lui faisant avaler de force des choses insipides, arides et non assimilables.

La philosophie analyse, explique et généralise les faits dont l'histoire présente l'exposition. L'histoire fournissant des faits intellectuels, moraux, politiques, économiques, la philosophie doit comprendre, outre la psychologie qui traite en général de l'âme, source de tous les faits humains, une science logique, une science morale, une science politique et une science économique. Admettons que l'Université, assujétie par sa position officielle à une extrême réserve, se garde d'adopter aucune doctrine spéciale et se renferme dans un système de cauteleuse neutralité, encore est-elle tenue d'initier les élèves aux rudiments des diverses sciences qui ont l'homme pour objet. Or, par un esprit de réaction que nous ne saurions qualifier autrement que par le mot de barbare, la philosophie fut, il y a une dixaine d'années, réduite dans les colléges à la simple logique. Une pareille mutilation n'est comparable qu'à celle qui s'exécuterait sur l'arbre des sciences matérielles, si l'on abattait la physique, la chimie, la géologie, la physiologie, et si l'on ne laissait subsister que la branche des mathématiques.

Les hommes faits doivent-ils avoir des notions sur leur propre personne, sur leurs relations avec leurs semblables tant dans la vie privée que dans la vie sociale, sur la législation administrative et politique, sur les procédés et les conditions suivant lesquels les richesses se produisent, se consomment et se distribuent? S'ils ne peuvent ignorer ces choses ou ne les savoir que d'une façon empirique, sans manquer à leur devoir et rester inférieurs au rôle qu'ils ont à remplir, il faut nécessairement qu'on leur en enseigne les éléments dans les colléges. Autrement il n'y aurait qu'un très-petit nombre qui suppléeraient par eux-mêmes à l'insuffisance de leur éducation ; les autres se contenteraient des idées courantes, des notions banales, et des préjugés qui leur seraient suggérés par leurs intérêts et leurs passions.

Avant cette sorte de razzia qui avait épargné la seule logique, la philosophie que professait l'Université n'était pas faite pour exciter de vives susceptibilités. Elle ne s'éloignait pas beaucoup de la teneur des manuels du dernier siècle et manifestait sensiblement son origine scolastique. La métaphysique qu'elle contenait ne doit inspirer aucun regret. Qu'on nous permette à ce propos l'émission d'une opinion personnelle : suivant nous toute métaphysique (1) plane au-dessus de la sphère assignée à la science. Qu'elle soit concrète ou religieuse, qu'elle soit abstraite ou rationaliste, elle ne saurait être que matière de foi ou bien sujet de conjectures. Dans l'un et l'autre cas, ce doit être une étude réservée et placée hors du cercle de l'enseignement classique.

La philosophie, qui avait causé des appréhensions si gratuites, comprenait une psychologie réduite à quelques généralités vagues, médiocrement conçues et ne dépassant guère les tâtonnements cartésiens. La logique avait trait plutôt à l'argumentation qu'à l'invention, et elle restait accrochée à l'appareil syllogistique. La morale se bornait à quelques maximes abstraites de sagesse vulgaire. Les règles positivement applicables aux divers rapports sociaux n'y avaient pas trouvé place, non plus que le droit public et le droit privé. Quant à la science économique, ou plus simplement l'économique, elle était également absente. Il faut dire que la part faite à la phi-

(1) La métaphysique étant prise ici dans le sens ontologique ou transcendantal.

losophie dans la distribution des heures scolaires était des plus exigues. De temps immémorial cette science avait été rejetée à la dernière année des études, comme si la connaissance raisonnée de nous-mêmes et de nos semblables n'exigeait pas plus de quelques mois de leçons, et devait n'offrir aucun intérêt ou rester inaccessible aux adolescents qui ne seraient pas encore parvenus au seuil de la puberté. Pour nous, convaincu que nous sommes que non seulement l'adolescent mais l'enfant possèdent la faculté et éprouvent le besoin de raisonner, nous croyons qu'il conviendrait que, durant tout le cours de leurs études, les élèves fussent instruits à réfléchir méthodiquement sur tous les genres de faits moraux, desquels ils trouveraient en eux-mêmes, peur peu qu'ils s'interrogeassent, et l'origine et le retentissement. (1)

(1) Nous ne saurions juger sur un simple programme le nouvel enseignement philosophique qui vient d'être décrété. Toutefois les indications que présente cette table des matières donnent lieu à plus d'une critique. On y voit confondus, sous le nom commun de sensibilité, les perceptions des sens qui sont purement instinctives et les sentiments instinctifs et moraux qui sont des principes ou du moins des phénomènes actifs. Quant à l'activité même de l'âme, il n'en est question qu'en des termes vagues et sommaires, qui ne font nullement pressentir une analyse précise des différentes énergies, des différents ressorts dont le concours produit en nous la vie active. Dans la partie logique, les considérations sur la vérité et l'erreur sont transposées ; elles sont placées au début tandis qu'elles devaient être rejetées à la fin. Puis on a à regretter l'omission des deux principaux instruments de la logique, l'investigation et la vérification du réel par la voie expérimentale. La section de la morale a été rédigée suivant l'ancienne routine ; elle ne s'adapte pas à la psychologie, et dans l'énumération des devoirs, elle ne fait figurer que ceux qui naissent de la famille et de l'Etat, comme si hors du cercle domestique nous n'avions à entretenir que des relations politiques. Aucune mention n'est faite du droit ni de l'économie sociale. En revanche la théodicée, qui tient une assez grande place, nous

Les sciences physiques sont incomparablement mieux enseignées par l'Université que les sciences de l'ordre moral. Considérées en elles-mêmes, les premières ont une supériorité incontestable qu'elles doivent à la nature de leurs objets qui est infiniment moins compliquée, à leur tempérament impassible, à leur désintéressement touchant les affaires humaines, et à la méthode positive et sûre qu'elles ont toutes définitivement adoptée et qui garantit la légitimité de leurs acquisitions. Soustraites aux controverses de sectes et de partis, elles ont pu se déployer avec liberté dans l'enseignement, sans éveiller des susceptibilités, provoquer des attaques, et exciter les alarmes d'une administration sans cesse préoccupée du soin de se dérober aux critiques de ses adversaires.

Nous sommes tout disposé à accorder aux études de l'ordre matériel les éloges qu'elles méritent; toutefois nous croyons devoir présenter ici quelques observations. Les démonstrations géométriques, telles que les offre le livre classique de Legendre, nous paraissent détournées, factices et plutôt impératives que convaincantes. Elles recourent à des constructions artificielles, qui sans doute aboutissent à la conclusion, mais sans qu'on sache bien comment ce résultat a été obtenu. Les preuves enlevées par la

paraît être une matière trop scabreuse pour figurer dans un cours de philosophie scolaire. Du reste, nous nous croirions injuste si nous ne tempérions ces reproches par l'aveu, que la philosophie, telle que l'ont faite les philosophes, laisse beaucoup à désirer et parmi toutes les sciences reste la plus imparfaite. Il est clair qu'un ministre de l'Instruction publique ne saurait chercher une science que là où il peut la trouver, c'est-à-dire près des savants. Le mieux eut été de reprendre simplement le manuel de Dugald-Stewart, qu'on avait placé, il y a trente ans, dans les mains des élèves.

voie de réduction à l'absurde sont encore moins satisfaisantes. Quant à la physique, à la chimie et à l'histoire naturelle, nous pensons que ces sciences devraient être enseignées dès les basses classes. Présentées sous une forme sensible et familière, elles frapperaient l'esprit des enfants en même temps que leurs sens, elles piqueraient leur attention et seraient pour eux un divertissement très-instructif. Puis, à tous les degrés de l'échelle scolaire, il conviendrait de montrer comment elles s'adaptent tant aux phénomènes de la nature qu'aux travaux des champs et des ateliers. Il y a là-dessus, ainsi que sur beaucoup d'autres points de pédagogie, d'excellents conseils à recueillir dans la lettre que Montaigne adresse à Mme de Foix, et dans le plan d'éducation que Rabelais fait suivre à Gargantua et à Pantagruel. Les idées émises sur l'éducation par nos deux grands écrivains du seizième siècle ont été justement vantées par M. Guizot, et malheureusement elles attendent encore le moment où elles seront mises en pratique.

Nous ne pouvons passer outre sans protester contre l'inepte mesure, qui sous le nom de bifurcation arrête l'ascension de la sève morale dans l'esprit de la moitié au moins des élèves, juste au moment où elle va projeter ses bourgeons (1). Qu'est-ce donc que l'éducation des colléges? Serait-ce l'apprentissage d'un métier, d'une profession technique? Nullement, et ce serait la rabaisser et la rapetisser singulièrement que lui assigner cette destination. Elle

(1) Une première réforme a été faite, mais très-insuffisante La bifurcation n'aurait plus aucune raison d'être, si, comme nous le proposons plus loin, les deux classes supérieures des colléges étaient remplacées par les cours des facultés, qu'il faut résolument réorganiser, rendre sérieux et rappeler à leur destination, qui est d'enseigner.

est ou du moins elle doit être un système complet d'instruction, qui développe toutes les hautes facultés de l'homme et le prépare à entrer en rapport et à entretenir un commerce intelligent, fructueux et bien réglé, tant avec ses semblables qu'avec les divers êtres et substances de la nature qui agiront sur lui et sur lesquels il est appelé à agir. C'est l'homme tout entier que la première éducation doit embrasser et cultiver, et, parmi ses différentes tendances, celles qui réclament les soins les plus zélés et les plus persévérants sont assurément celles dont les objets sont de nature morale. L'homme est éminemment un être spirituel, et même quand il agit sur les choses matérielles, quand il tend ses muscles ou dirige les opérations des bras d'autrui, ses facultés spirituelles président à son action. Dans toute espèce de carrière, ce que l'on demande avant tout aux hommes, c'est un bon jugement et une bonne conduite ; or, si ces qualités précieuses peuvent être le fruit de l'étude, elles seront fournies, non assurément par la pratique des sciences physiques, mais bien par l'application aux sciences morales.

Nous ne voulons pas rechercher ici les motifs qui ont dicté cette imbécile bifurcation ; nous nous bornons à constater la réprobation presque universelle à laquelle elle est en butte, maintenant qu'elle est éprouvée et qu'il est loisible d'en apprécier les effets. Dorénavant elle ne peut être maintenue que par une obstination des plus mal avisées, par un de ces orgueils incorrigibles, qui persistent de gaîté de cœur dans une faute démontrée, de peur d'avoir à la confesser. Dans notre temps, diverses causes ont plongé l'opinion publique dans une langueur profonde ; rarement elle secoue, soit l'apathie, soit la contrainte qui pèse sur elle ; mais quand elle en vient à se dégager et à se prononcer sur quelque point, le gouvernement se hâte de se prémunir contre une opposition menaçante. A l'heure qu'il est, les vices avérés de la bifurcation sont bien faits pour éveiller sa sollicitude.

Les élèves fréquentent le collége depuis l'âge de dix ans jusqu'à leur dix-huitième ou dix-neuvième année ; puis ils vont se préparer à quelque profession dans les facultés académiques et les écoles spéciales. Cette marche des études nous paraît mal ordonnée. Autre est la direction à donner à un enfant, autre à un adolescent. Les idées doivent être présentées à un enfant sous une forme sensible, familière, aisée et un peu empirique. Il ne peut bien saisir les idées que sous l'enveloppe d'êtres et d'objets mis en action. C'est à cette seule condition que sa curiosité est éveillée, son attention captivée et sa réflexion exercée. Sous ce rapport les leçons qui sont faites dans les classes inférieures laissent beaucoup à désirer ; elles sont trop abstraites, trop raides, trop impératives. Sans doute il faut souvent user de contrainte envers les enfants, qui sont enclins à la dissipation et ne comprennent pas l'importance du but vers lequel on les conduit ; mais au lieu de faire de l'assujétissement intellectuel le procédé ordinaire de l'enseignement qui leur est distribué, il convient de ne recourir à cette voie que rarement et lorsqu'ils résistent aux insinuations et aux attractions dont on a dû se servir pour faire naître en eux un zèle spontané.

La contrainte est encore moins opportune envers les adolescents dont il s'agit surtout de mettre en jeu la raison. Ils sont assez près de l'époque de l'émancipation et de la responsabilité personnelle, pour qu'on puisse, sans crainte de déception ni d'abus, faire appel à leur réflexion propre, et espérer qu'ils comprendront l'utilité et l'intérêt qu'il y a pour eux à s'approprier les leçons de leurs maîtres. D'un autre côté, leur intelligence est assez avancée pour qu'elle aille droit aux idées pures, aux généralités, aux lois, aux abstractions, et les saisisse dépouillées de l'aspect sensible dont elles avaient dû s'envelopper pour s'introduire dans les têtes enfantines. Les matières d'enseignement sont les mêmes pour les enfants et les adolescents ; seulement leur exposition comporte des différences essentielles. Aux uns elles doivent être présentées sous la forme concrète, aux autres sous la forme abstraite. Il arrive une époque, soit l'âge de seize ans, où la méthode didactique est destinée à subir une transformation complète. C'est l'ouverture d'une nouvelle phase du développement intellectuel, et c'est aussi le moment où une nouvelle organisatiou d'études suppose une scission avec ce qui a précédé et exige des établissements distincts et séparés. Cette division n'est pas moins réclamée par les convenances de la discipline que par la bonne économie des études, les enfants devant être soumis à un régime d'autocratie paternelle, et les adolescents voulant que leur liberté soit déjà ménagée et que les usages républicains prennent place à côté de l'autorité monarchique.

Nous désirerions donc que l'enseignement dit secondaire finît avec la classe appelée troisième ou bien avec la seconde. De là les élèves seraient conduits dans les facultés académiques des sciences et des lettres, qu'il s'agirait de constituer sérieusement.

Les académies universitaires comprennent quatre facultés, sans compter les facultés de théologie qui y restent enclavées, on ne sait pourquoi. De ces quatre facultés, il en est deux, celles de droit et de médecine, qui ne sont, à proprement parler, que des écoles spéciales destinées à préparer leurs disciples à des professions actives, et qui, par conséquent, ne devraient pas avoir place dans les cadres d'un enseignement général et purement théorique. Elles n'ont pas plus de titre pour y figurer qne les écoles des ponts et chaussées, des mines, de l'agriculture, des arts et manufactures, des constructions navales, de l'art nautique, du génie et de l'artillerie. Elles y subsistent uniquement parce qu'elles y ont été autrefois domiciliées. L'imposante routine et la creuse tradition protègent seules cette usurpation et suffisent du reste à la couvrir et à la maintenir, aucune réclamation ne s'étant élevée, à notre connaissance, contre cette évidente anomalie. Mais, pour être solitaire, notre opinion n'en est pas moins très ferme et très assurée. Quand on a pour soi une vérité certaine, on n'a pas besoin d'une autre compagnie.

Sans aucun doute les écoles de droit et de médecine devraient être distraites de l'Université. Outre les raisons fondamentales qui commandent cette séparation, elle est d'ailleurs réclamée par le principe de la liberté d'enseignement. Les leçons qui ont pour objet les lettres et les sciences théoriques peuvent être concurremment données par l'Université et par les établissements libres, mais l'apprentissage du droit et de la médecine constitue encore aujourd'hui un monopole attribué à l'Université et dont est tributaire quiconque désire exercer les professions d'avocat, de juge et de médecin. On comprend que l'État se réserve la direction des écoles qui sont exclusivement les vestibules des fonctions qu'il confère; mais sous le régime de la liberté, il est inadmissible qu'il garde dans sa main la clef qui ouvre et ferme l'entrée des professions communes. Excluant donc des cadres universitaires l'enseignement du droit et de la médecine, nous nous dispenserons d'examiner comment il est pratiqué.

Quant aux facultés des lettres, la franchise nous oblige à dire qu'elles manquent complétement leur but. Les célèbres professeurs, Guizot, Villemain, Cousin, Jouffroy, Michelet, Ampère, Saint-Marc Girardin, Jules Simon, en faisant des cours très brillants et très instructifs, convertis plus tard en excellents livres, ont laissé derrière eux des exemples mauvais, en ce sens qu'ils ont suscité une multitude d'imitateurs vides et prétentieux, qui, sans rien ajouter à nos richesses littéraires, ont dédaigné d'instruire régulièrement et modestement la jeunesse. Les éminents professeurs que nous venons de nommer étaient et devaient rester des exceptions ; ils frayaient des routes nouvelles, répandaient des lumières inattendues ; ils défrichaient, ils inventaient et s'étaient à bon droit donné pour mission, non de répandre l'enseignement, mais de le créer. Leur place n'était point dans une faculté des lettres qui reçoit des jeunes gens à la sortie du collége et doit leur transmettre méthodiquement un ensemble complet de connaissances, autant approfondies que le permettent un temps borné et une complexion juvénile. Les chaires qui attendaient des leçons éloquentes et inventives étaient situées au Collége de France, dans cette enceinte qui n'appelle que des auditeurs déjà instruits et suffisamment préparés à faire, de concert avec leurs professeurs, des incursions dans les régions inexplorées.

Depuis que des talents originaux et puissants se sont produits dans la faculté des lettres de Paris, tous les professeurs attachés à l'enseignement supérieur se sont mis à vouloir les copier. Ils prennent un thème de leçons à leur fantaisie, et devant des auditeurs de hasard ils se donnent des airs de penseurs originaux, ou de causeurs spirituels, ou de critiques sagaces, ou de censeurs mordants, ou d'orateurs éloquents. Ils semblent être en scène ; ils cherchent à piquer la curiosité, à exciter des émotions, à causer des surprises, à provoquer des rires, à enlever des applaudissements. Ils remplacent l'enseignement par le dilettantisme, ils visent à la renommée, à l'influence, au rôle d'hommes publics. L'exemple des Guizot et des Villemain leur tourne la tête ; ils voient au bout de leurs leçons la députation, les dignités universitaires, peut-être même un portefeuille. Les plus laborieux dirigent leur ambition vers l'Institut. Méditant un grand ouvrage, ils y rapportent et y sacrifient tout leur cours, qui n'est plus que le résultat de travaux entièrement tournés vers un but personnel.

Assurément tout n'est pas prétention vaine dans les exercices auxquels se livrent les professeurs des facultés des lettres ; parmi ceux-ci il en est de sérieux et vraiment capables, mais en quelque estime qu'on doive les tenir, et quelque différence qu'il faille établir entre eux et leurs confrères égarés par une stérile présomption, ils n'en sont pas moins hors de leur vraie destination. Du reste il serait injuste d'user de sévérité tant envers les uns qu'envers les autres. Les déviations qu'il faut accuser sont surtout imputables au vice ou à l'absence de direction, à la mauvaise organisation et à l'anarchie de l'enseignement supérieur, qui a été établi par des bureaux, d'un trait de plume, pour faire symétrie, et sans qu'on se soit rendu compte de la destination qu'il avait à remplir et des conditions sur lesquelles il devait reposer. On avait simplement songé à faire parade d'un haut enseignement et à couronner d'un frontispice l'édifice inférieur des études modestes, sérieuses et vraiment utiles qu'abritaient les colléges.

Nous avons dit que l'instruction secondaire embrasse un trop grand nombre d'années, mêle deux âges qu'il faut séparer, et confond deux ordres d'études qui sont essentiellement et qui doivent rester distincts. Les cours et les élèves que les colléges ont en surabondance, qu'on les transfère dans les facultés, et celles-ci deviendront sérieuses, elles auront un but déterminé et produiront des résultats appréciables. Leurs méthodes, leur discipline et leur direction, toutes différentes de celles des colléges, ouvriront un nouvel horizon aux élèves, les initieront à une nouvelle vie intellectuelle et morale, et les prépareront directement à exercer leur spontanéité et à développer leur esprit dans les divers champs de l'activité sociale.

Les professeurs des facultés des lettres, attachés à un corps d'élèves assidus et voués entièrement à l'étude, devraient reprendre toutes les notions littéraires, historiques et philosophiques, puisées dans les colléges, et les reproduire en les approfondissant, en les définissant avec exactitude et en leur imprimant une forme décidément scientifique. Ne cherchant plus à produire un effet saisissant sur un auditoire nonchalamment curieux, ayant affaire, non plus à des critiques et à des juges mais à des disciples, siégant dans des chaires et non dans des tribunes d'athénées, et abdiquant toute prétention au bruit, à la renommée et aux succès personnels, les professeurs s'appliqueraient, dans le recueillement et dans l'ombre d'une retraite studieuse, à former jour par jour, pendant trois ou quatre années, les esprits de leurs élèves. C'est à ceux-ci qu'ils adapteraient leurs leçons, c'est sur eux qu'ils concentreraient leurs efforts. Les salles des cours pourraient êtres ouvertes à des auditeurs libres ; mais aucun sacrifice ne serait fait à la pure curiosité, aucune atténuation ne serait apportée à la sévérité de la méthode didactique, pour capter et retenir des hôtes d'aventure. Les professeurs ne se contenteraient plus de jeter une ou deux fois par semaine des paroles plus ou moins brillantes dans les airs, où elles retentissent pendant quelques minutes pour s'évanouir bientôt et pour toujours. Ils adresseraient des expositions pleines et solides et des discussions serrées et précises à l'attention d'élèves constants, laborieux, et soucieux de recueillir, de classer, de s'assimiler et de garder les notions qui leur seraient destinées. Les maîtres ne croiraient pas leur tâche accomplie par la dépense hebdomadaire de deux ou trois heures fugitives ; ils s'assureraient quoditiennement que leurs leçons ont pénétré dans les jeunes intelligences dont ils ont la charge, qu'elles y sont l'objet d'une culture zélée, qu'elles y germent et qu'elles y fructifient. Ils exigeraient des *devoirs,* des reproductions non serviles, mais sérieuses de leurs leçons ; ils procéderaient à de fréquentes interrogations et ils organiseraient des conférences dont les membres assistés de quelques-uns de leurs anciens, de jeunes docteurs, de *privat docent,* s'exerceraient à se rendre compte oralement de leurs pensées, à les exposer publiquement, à combattre des objections et à tenir ferme dans la controverse. Ces épreuves publiques et ces débats qui ne manqueraient pas de s'animer prêteraient un vif intérêt aux études, exciteraient à un haut degré le goût du travail, et développeraient fortement la spontanéité individuelle, le pouvoir de penser par soi-même, de s'énoncer vivement et clairement, et de soutenir dans la lutte les opinions que l'on a embrassées.

Les cours des facultés des lettres, ainsi reconstitués, remplaceraient heureusement les trois dernières années de collége et formeraient le complément indispensable d'une haute éducation. Les professeurs qui y seraient attachés ne se lanceraient plus dans les voies le plus souvent sans issue de l'ambition personnelle ; ils se renfermeraient dans un rôle modeste, mais sérieux et utile. Ils ne jetteraient pas du haut de leur chaire un éclat pur ou faux ; ils dresseraient de leurs mains, par des soins patients, une jeunesse d'élite qui, sortie de l'école, se placerait naturellement à la tête de sa génération et communiquerait à la société les saines et fortes idées qu'elle aurait acquises. Ces jeunes gens développés et trempés dans un haut enseignement universitaire, qui aurait favorisé leur spontanéité, excité leur intérêt et provoqué l'éclosion de leurs talents, ne rebuteraient pas les leçons classiques, aussitôt après leur émancipation, comme le font ceux qui sortent des colléges. Ayant appris à mettre leur pensée propre et leur âme dans leurs études, ils les continueraient dans le monde, naturellement, avec goût, quelques-uns avec amour, et l'on ne verrait plus cette rupture déplorable qui a lieu sous nos yeux entre la vie studieuse de l'élève et la vie active qui se mène au sein de la société.

Nous avons peu de mots à dire sur les facultés des sciences. Leur enseignement vaut beaucoup mieux que celui des facultés des lettres, parce qu'il repose sur un ordre de connaissances plus avancé, plus solide, mieux éprouvé et mis hors de discussion. Toutefois nous aurions à renouveler les observations déjà faites concernant le manque d'un corps d'élèves fixes et assidus, le défaut de suite et d'ensemble des cours, l'absence de relations entre les auditeurs et les maîtres, l'utilité qu'il y aurait à reverser les classes supérieures des colléges dans les facultés, et la nécessité d'instituer dans celles-ci une discipline et une série d'exercices réguliers, compositions, interrogations, conférences. Sans doute la bifurcation aurait lieu à l'entrée de facultés, mais elle serait reculée, et il conviendrait de régler les études de telle sorte que les lettres ne cessassent point d'être cultivées par les élèves des sciences et les sciences par les élèves des lettres.

Nous venons de porter sur l'Université des jugements sévères et qui pourront sembler rigoureux. Si nous avions craint d'apporter dans cet examen des antipathies, des préventions malveillantes, nous nous serions tenu en garde contre nous-même, et nous aurions usé de plus de ménagements. Mais, nous étant trouvé en présence d'une institution que nous respectons et aimons très sincèrement, nous n'avons pas eu de précautions à prendre, et nous nous sommes abandonné à toute notre franchise. Nous avons parlé le langage austère d'un ami, qui, voyant dans son ami de graves imperfections, veut résolûment les corriger, et pour atteindre ce résultat, n'épargne ni les censures, ni les remontrances.

Les défauts que nous avons accusés dans l'enseignement universitaire sont dus à trois causes principales qui sont : premièrement, l'état arriéré des sciences morales qui n'ont pas encore trouvé leur organisation, offrent de grandes lacunes et ne savent ou ne veulent user complétement de la vraie méthode, aujourd'hui pleinement pratiquée dans les recherches qui s'adressent à la matière;

en second lieu une excessive prudence imposée par les considérations politiques et aboutissant à un système de neutralisation; enfin l'existence officielle que donne à l'Université son incorporation dans l'Etat. Le temps nous manque pour fixer notre attention sur le premier de ces points de vue; le second a été déjà envisagé par nous; quant au troisième, nous allons nous y arrêter quelques instants.

L'université existant à l'état de corps officiel est placée sous l'autorité d'un ministre qui, au milieu de ses préoccupations politiques, ne trouve pas le temps de diriger les études, et peut bien aussi ne pas posséder la capacité nécessaire. Il doit donc dans la plupart des cas déléguer son pouvoir à de hauts fonctionnaires, directeurs, ou membres d'un conseil supérieur, qui ont à rédiger les programmes d'études, à désigner et surveiller les professeurs, à maintenir la discipline et à pourvoir aux besoins matériels. Dans cette haute sphère, où résident l'autorité et la direction, il se forme inévitablement un esprit spécial tendant à devenir immobile et exclusif.

Les professeurs, habitués à commander l'obéissance intellectuelle, sont portés à s'attribuer la possession de la vérité absolue, et ils donnent volontiers à l'expression de leurs idées un caractère impératif. C'est là un des traits qui signalent le pédantisme. Cette disposition à trancher et à ne pas admettre de contradiction s'accroît singulièrement dans la personne des chefs supérieurs, par le sentiment de leur haute position et de leur dignité officielle. Ils sont investis dans leur département administratif d'un pouvoir emprunté à l'Etat; ils se regardent comme faisant partie intégrante du gouvernement; et ils sont fort enclins à exiger, ainsi qu'a le droit de le faire le gouvernement quand il agit, une soumission parfaite envers leurs décisions. Ils sont l'autorité, par conséquent on doit tenir pour vrai et pour bon ce qu'ils ont établi. L'opposition serait révolte, la contradiction serait anarchie. Ce qui a été arrêté une fois doit être maintenu et respecté. La tradition est chose consacrée. Les représentations, les critiques, les réclamations venant de personnes privées, de simples lettrés, de savants dépourvus de titres officiels, n'ont aucun poids; elles ne sauraient être prises en considération; elles sont écartées comme des fantaisies de novateurs sans expérience, ou des chicanes de gens de rien qui prétendent témérairement en remontrer à l'autorité.

A cette immobilité imbue de morgue autoritaire il n'est qu'un remède, c'est la séparation complète de l'Université et de l'Etat. Cette mesure, que nous réputons la seule propre à parer aux divers inconvénients signalés plus haut, est susceptible de recevoir une application immédiate et radicale, sans qu'il y ait à craindre aucun des écueils où trop souvent la précipitation va se heurter.

Tout gouvernement, qui n'est pas obsédé de la manie de mettre la main partout et de faire de tous les éléments de l'activité sociale des instruments de règne, reconnaîtra, à la lumière de l'esprit moderne, qu'il est de son intérêt de restreindre le plus possible le champ de son action, et de se renfermer dans sa propre tâche, qui est le maintien de l'ordre public. Il n'agira pas lui-même, il laissera agir les individus isolés ou associés, et se contentera de les protéger contre toute agression, soit extérieure, soit domestique. En ce qui concerne l'enseignement, il ne prétendra point distribuer ou régler les leçons destinées aux élèves ; il veillera seulement à ce qu'il ne soit pas commis d'abus au détriment des mineurs, et s'en remettra aux parents et aux tuteurs du soin de l'instruction à donner aux enfants ainsi que des autres parties de l'éducation. Cependant comme il est bon de maintenir un grand institut d'enseignement et un corps de professeurs émérites qui, à la faveur d'une dotation fixe et d'une organisation permanente, assurent au pays la conservation de son patrimoine scientifique, et comme on ne peut encore espérer dans ce temps-ci qu'il y soit pourvu par l'initiative des simples citoyens, le gouvernement peut et doit reconnaître et soutenir temporairement une corporation universitaire, subventionnée par le trésor public, mais se régissant elle-même avec une entière liberté et ne possédant d'ailleurs que des priviléges intérieurs, sans imposer aucune condition hors de son sein à qui que ce soit. L'Université serait ainsi traitée comme les diverses communions religieuses, dont le droit à une complète autonomie ne saurait plus être contesté par aucun esprit loyal et éclairé.

En renonçant à toute immixtion dans l'instruction publique, le gouvernement se dégagerait d'une responsabilité très lourde à porter, et qui l'entrave ou l'accable, quand il veut sincèrement s'acquitter des devoirs qu'elle implique. En exécutant cette résolution, il s'affranchirait lui-même en même temps qu'il émanciperait l'Université. Il s'allégerait d'une tâche qu'il est incapable de mener à bonne fin, et qui le place dans une situation ridicule et fâcheuse pour sa dignité, quand il est amené sur le terrain des discussions théoriques et qu'il est convié à disserter sur la pédagogie. Et combien d'ennuis, d'interpellations, de tracasseries, de querelles, de sourdes hostilités ne s'épargnerait-il pas ! Un des ferments d'irritation, qui agissent avec le plus de persistance au sein des partis et qui troublent le plus l'administration politique, serait étouffé ou du moins rejeté dans le grand milieu social, où il perdrait beaucoup de son âcreté, et où à l'état de dilution il deviendrait inoffensif.

Mais il est difficile de persuader aux hommes d'Etat qu'ils s'allègent, se redressent et se fortifient, quand ils se déchargent de toute attribution qui n'est pas indispensable à l'accomplissement de leur mission particulière. Il est non moins difficile de faire comprendre aux conservateurs que l'accaparement de la pédagogie par l'Etat est un danger pour l'ordre public. Quant aux libres penseurs, qui revendiquent pour l'Etat le droit d'enseigner, parce qu'ils croient que leurs idées ne peuvent être défendues et propagées que sous la protection de la puissance publique, seule capable de lutter contre leurs adversaires, ils manifestent une méfiance d'eux-mêmes non moins singulière que leur confiance envers le pouvoir. Nous concevons qu'ils redoutent les envahissements de corporations fortement constituées, à la fois soutenues, subventionnées et respectées par l'Etat, exerçant un ascendant irrésistible sur les âmes croyantes, disposant d'une multitude de ressources occultes, et qui, si l'Université cessait d'exister, triompheraient facilement de la concurrence individuelle. Les représentants de la science moderne sont fondés à réclamer une institution qui assure la conservation de leurs idées et les défende contre l'hostilité d'un dogmatisme exclusif et intolérant. Mais ces garanties qu'ils cherchent, les trouveront-ils jamais dans une Université dirigée par l'Etat ? Tout gouvernement modéré évite, autant qu'il le peut, d'entrer en conflit avec les sectes, les écoles, les communions religieuses, et, pourvu que ses conditions d'existence n'en soient pas atteintes, il cherche sans cesse à ménager les diverses opinions qui se partagent la société. Un gouvernement radical se déciderait seul à prescrire un enseignement net et tranché (1). Il est nécessaire qu'il existe des radicaux, mais il n'est guère possible qu'ils disposent du pouvoir d'une manière durable. Ils sont trop en avant des populations pour être suivis par elles librement et longtemps. Leur rôle est celui d'éclaireurs. Ils compromettent leurs doctrines, quand ils tentent eux-mêmes de les appliquer. Voulant les introduire complétement et subitement dans une société mal préparée à les recevoir, ils les exposent à être rebutées, méconnues et proscrites. Les radicaux ne peuvent espérer de voir leurs idées pénétrer dans l'enseignement que par l'entremise d'une Université libre, affranchie de l'Etat et ne relevant que de la volonté des classes intelligentes. Ils redoutent l'hostilité d'un corps : le seul moyen qu'ils aient de lutter contre cette puissance est de lui opposer une puissance tout-à-fait semblable, c'est-à-dire une université autonome.

Or, comment concevrons-nous l'organisation de l'Université mise en possession de son autonomie ? Un haut conseil doit l'administrer : comment sera-t-il composé ? Sera-t-il nommé une première fois par le gouvernement et investi ensuite du droit de se recruter lui-même ? Ou bien émanera-t-il de la docte compagnie qui a rendu illustre dans le monde entier le nom d'Institut de France ? Nous portons à l'Institut tout le respect qui lui est dû ; toutefois nous ne croyons pas qu'il convienne de lui conférer la direc-

(1) Encore se trouverait-il fort embarassé, lorsqu'il s'agirait de choisir entre des systèmes divergents qui se disputeraient sa préférence.

tion de l'Université. Les régents qui seraient ses créatures partageraient, dans une moindre mesure, il est vrai, les graves défauts des employés du gouvernement. Formant comme ceux-ci une oligarchie légalement irresponsable, ils ne consulteraient qu'eux-mêmes, s'envelopperaient de leur dignité, se soustrairaient aux critiques et aux stimulants extérieurs, n'admettraient pas que leurs décisions fussent contredites, se complairaient dans le sentiment de leur propre importance, seraient constamment persuadés qu'ayant parfaitement agi ils n'ont rien à réformer dans leur manière d'opérer, et se laisseraient aller doucement à des habitudes de contentement de soi, de quiétude, de langueur et de routine imperturbables.

Nous croyons que le haut conseil universitaire doit sortir du sein de la société. Irons-nous en cette occurrence nous adresser au suffrage universel? Sans doute il ne manquerait pas de gens pour le réclamer à ce propos, si la question était actuellement posée. A entendre certains fanatiques et certains intrigants, le peuple agissant dans son universalité est infaillible et impeccable; en lui repose l'excellence spirituelle comme la toute-puissance matérielle. Il doit décider de tout, non-seulement parce qu'il dispose d'une force irrésistible, mais encore parce qu'en lui résident toute vertu et toute vérité. Ce *démothéisme* ou plutôt cette *démolatrie* peut exalter d'étroits cerveaux et être exploitée par des fourbes qui se jouent du peuple, qui le font parler et gesticuler, qui en tirent les fils à la façon de certains industriels fréquentant les foires et montrant des marionnettes. Mais qu'il nous soit permis, à nous, de n'être ni intrigant, ni fanatique, et d'exprimer, en passant, notre pensée sur la capacité du suffrage universel.

Quand l'instruction sera universellement répandue, quand tous les citoyens auront été habitués à réfléchir et auront été rendus aptes à porter des jugements éclairés sur les affaires d'état qui sont soumises aux comices électoraux et dont les solutions ont pour symboles des noms de candidats, nous tiendrons le suffrage universel pour irréprochable ; les fruits qu'il donnera vivifieront le droit abstrait qu'on allègue en sa faveur, et la théorie sur laquelle il s'appuie pourra être justifiée par la pratique. Mais aujourd'hui sommes-nous parvenus à ce but si désirable? Aucun homme de bon sens et de bonne foi n'hésitera sur la réponse qu'il doit faire.

Un mérite incontestable du suffrage universel et le seul qui soit incontesté, c'est qu'il tranche net les débats politiques et qu'il décourage les partis contre lesquels il se prononce. Il les décourage et il ne les désespère pas, quand ses résolutions, au lieu d'être engendrées par une mûre et libre réflexion, au lieu de se rattacher à un système de vues et de conduite médité, solide et constant, ne sont que le résultat d'impressions mobiles et passagères. Alors l'avenir n'est nullement assuré ; alors la nation ne connaît ni sa voie, ni sa destinée, ni le fond de sa propre pensée ; alors l'incertitude plane sur toutes les têtes, interdit la sécurité, et autorise tous les desseins qui n'ont pas trop d'impatience.

Du reste, quand même le suffrage universel aurait acquis toutes les lumières et toute la sagesse auxquelles il peut atteindre, sa capacité ne dépasserait pas le cercle des affaires communes et politiques. Les jugements à édicter sur les œuvres et les représentants d'une haute culture intellectuelle demeureront du jour placés hors de sa compétence. Tout le monde est jusqu'à un certain point habile à statuer sur une question qui intéresse tout le monde ; mais les travaux approfondis de la science et les produits délicats de l'art littéraire ne peuvent être appréciés que par des intelligences que l'école et l'étude ont perfectionnées, de même que des ouvrages d'horlogerie ou de charpente ne peuvent être expertisés que par des personnes versées dans ces métiers.

L'institution des directeurs de l'Université ressort d'un suffrage spécial, censitaire, et le cens en cette matière consiste évidemment dans un diplôme, preuve ou du moins signe du discernement qu'il faut pour bien choisir. L'Université ne se compose pas seulement des élèves qui sont mineurs et des professeurs qui sont fonctionnaires, mais de toutes les personnes, de tous les *fellows* qu'elle a élevés, ou qu'elle a adoptés par la collation d'un grade. C'est à ce corps de gradués qu'il appartient de désigner les chefs, les membres du haut conseil de l'Université (1), ainsi qu'aux différents corps d'ouvriers de nommer à Paris leurs prud'hommes spéciaux, ainsi qu'aux avocats et aux officiers ministériels d'élire leurs conseils de discipline.

Si tous les gradués ne sont pas des littérateurs ou des savants, ils sont du moins des gens instruits, qui savent quels sont les plus capables et les plus aptes à donner de bons conseils. Ils tiennent en

(1) Tel est du moins l'avis que nous émettons, bien entendu sous bénéfice de discussion. Nous tenons pour irréfragable le principe de l'indépendance de l'Université ; quant au mode de composition du haut conseil destiné à régir cette corporation, c'est un thème à étudier, c'est un problème dont la solution ne peut sortir que d'une enquête qui invite toutes les opinions à se produire. Nous considérons notre opinion comme bonne, autrement nous ne l'aurions pas présentée ; mais il en est une autre que nous préférerions, ce serait une opinion meilleure. Qu'elle vienne à s'offrir, nous nous empresserons de l'adopter.

haute estime les nobles travaux de l'esprit, veulent qu'ils soient soutenus, et comprennent que la sécurité et l'indépendance leur sont nécessaires. S'ils ne sont pas inaccessibles aux préventions de parti, du moins ils ne se laissent pas abuser par de fausses renommées, le vrai mérite leur impose, et ils se font un point d'honneur de l'apprécier et de le proclamer. D'ailleurs la perspective des élections universitaires provoquerait des discussions publiques, où les titres des candidats seraient sévèrement interrogés. Il y aurait dans les débats de l'animation, peut-être de la passion; mais la pression qui étouffe le jugement et la conscience serait impossible. La liberté qui existerait nécessairement agirait avec force contre les tentatives d'intimidation et de séduction et déploierait son efficacité salutaire.

Dans les personnages élus serait contenu l'esprit de l'Université. Mais étant soumis, comme le voudrait la raison, à des réélections périodiques, émanant d'une source d'où jaillissent forcément des inspirations et des impulsions déterminées, et d'ailleurs n'ayant été choisis que sur une notoriété nettement établie, ils ne sauraient se livrer à l'arbitraire, ils seraient constamment tenus en éveil, en excitation et en garde par l'opinion du public éclairé; il ne leur serait permis ni de se relâcher, ni de s'enfler de leur grandeur, ni de substituer leurs vues personnelles aux indications de l'esprit général.

Il serait difficile de prédire exactement quel serait cet esprit général qui s'introduirait dans l'Université et la pénétrerait. Nous n'avons pas besoin de dire que le gouvernement n'en serait pas responsable, immunité dont il aurait grandement à s'applaudir ; il se contenterait d'observer ce qui s'offrirait à ses regards, et d'en tirer des inductions sur les dispositions des classes élevées. Cet esprit ne serait pas tel sans doute que le désireraient les intelligences les plus hautes, les plus délicates et les plus avancées ; il retiendrait quelque chose des préjugés et des pensées vulgaires qui habitent toujours dans la multitude, fût-ce une multitude composant les rangs supérieurs d'une société ; toutefois il faut admettre que cet esprit résumerait en lui tous les grands progrès accomplis dans le domaine intellectuel et moral. Il reproduirait les pensées qui circulent au sein de l'élite de la nation, en les rehaussant, en les approfondissant, en les épurant et en les liant aux traditions des âges anciens dont il serait le fidèle dépositaire. Et pour que les mouvements intellectuels, qui se produisent inopinément et souvent avec témérité, n'allassent pas porter le trouble dans l'enseignement, il conviendrait qu'ils n'y fissent sentir leur contre-coup qu'après qu'ils auraient été tempérés éprouvés, et rectifiés. Ce résultat serait obtenu moyennant de sages conditions électorales ; c'est-à-dire que le renouvellement du haut conseil ne devrait être ni fréquent ni intégral.

La corporation universitaire existerait par elle-même, et elle serait gouvernée par un haut conseil qui édicterait des réglements, ferait assignation des ressources budgétaires, examinerait les pétitions et les propositions qui lui seraient adressées du dehors, délibérerait sur toutes les questions touchant à l'existence de l'institut, prescrirait la conduite à tenir dans le cas de conflit avec le gouvernement, recevrait les réclamations et les appels de fonctionnaires et d'élèves se prétendant lésés, déciderait de certaines nominations, enfin donnerait des instructions et demanderait des comptes au pouvoir exécutif qu'il aurait élu, constitué son mandataire et chargé de l'administration des affaires courantes.

Il serait loisible aux communes et aux départements remis, comme ils doivent l'être, en possession de leur autonomie, et conservant en propre ou fondant des établissements d'instruction primaire, secondaire, supérieure, professionnelle, de traiter avec l'Université pour obtenir d'elle des professeurs éprouvés, ou même pour qu'elle prît à son compte la direction de leurs écoles. Ces conventions rentreraient dans la catégorie de celles qui se concluent entre particuliers ou entre associations.

L'existence de l'Université serait fondée sur une charte votée par le Parlement. Cet acte réglerait l'organisation de la corporation universitaire et ses rapports tant avec le gouvernement qu'avec le public. En cas de conflit, le débat serait porté devant un conseil d'état, devant une haute cour de justice politique, devant un sénat conservateur et régulateur, dont nous avons l'idée et dont on a à souhaiter l'établissement. Au reste, ces débats seraient fort rares, plus rares encore que ceux qui s'élèveraient dans la sphère religieuse, sous le régime de l'autonomie des diverses communions. Combien de fois les Universités d'Oxford et de Cambridge ont-elles eu des démêlés à vider avec le gouvernement anglais ? Et voit-on jamais le gouvernement des États-Unis aux prises avec les églises qui pullulent sur le sol de l'Amérique du Nord ? On n'aurait à citer sur ce point que l'affaire des Mormons ; mais sans l'examiner à fond, il nous suffira de dire qu'elle a été jugée tant en deçà qu'au-delà de l'Atlantique, plutôt au point de vue moral qu'au point de vue religieux.

Il n'est pas permis d'imaginer qu'une université autonome et dont la régence émanerait par voie d'élection de la véritable élite de la société, pût jamais devenir factieuse et introduire dans la chose publique un élément de trouble et de dissolution, quelles que fussent d'ailleurs la nature et les tendances de son esprit. Qu'inclinant à droite ou à gauche, elle déplût à l'administration alors issue du côté gauche ou du côté droit de la nation, ce serait un fait très vraisemblable; mais ne descendant pas plus que les communions religieuses dans l'arène des luttes politiques, elle aurait certainement le droit de conserver ses penchants et ses préférences, sans avoir à en rendre compte à d'autres qu'aux membres même de la corporation dont elle émanerait. Il faut que le gouvernement et que les partis dominants s'habituent à considérer en face d'eux, non-seulement avec patience et tolérance, mais encore avec respect, des individus, des associations, des corporations, des forces constituées, qui ne relèvent pas d'eux, ne s'abaissent pas devant eux, ne s'effacent pas et ne s'anéantissent pas devant leur prépondérance. La liberté et plus encore la dignité morale d'un pays sont à cette condition. Disons en outre qu'il n'y a de solidité, de consistance et d'ordre véritable dans une nation, que s'il y existe des éléments de vie et de force indépendants des partis et même des gouvernements. Nous nous arrêtons sur cette pensée que nous livrons à la méditation du lecteur.

NOTE. — Je n'ai pas voulu compliquer la discussion qui précède en émettant l'idée de la création de plusieurs universités autonomes, mais il est clair que plusieurs universités pourraient tout aussi bien exister qu'une seule, et que leur organisation pourrait se faire sur le même patron. Cette pluralité serait la source de plusieurs avantages considérables. Elle serait un remède à cette pléthore qui affecte notre capitale et la menace sans cesse d'apoplexie ; elle contribuerait à ranimer dans les provinces la vie morale, qui y languit au grand préjudice de l'économie des forces nationales ; elle favoriserait l'originalité des recherches et des conceptions ; elle procurerait des asiles aux doctrines dissidentes ou divergentes ; elle susciterait une précieuse émulation entre les corporations rivales ; elle assurerait complétement et définitivement l'indépendance des professeurs et la liberté de la science et de l'enseignement. Il n'y aurait pas à craindre que les hommes manquassent à l'œuvre. Les provinces, offrant de belles positions à leurs enfants qui sont allés chercher à Paris la renommée et l'emploi de leurs facultés supérieures, rappelleraient sans doute la plupart dans leur sein. Ne sont-ce pas les provinces qui ont produit presque tous les hommes d'élite dont Paris s'orne et se prévaut ?

CONCLUSION.

L'Etat politique est la réunion de toutes les forces destinées à assurer aux citoyens la jouissance de leurs biens acquis et de leurs libertés naturelles. L'agent chargé de rassembler, de diriger et d'appliquer ces forces est le gouvernement.

La raison d'être du gouvernement est la protection des citoyens. Mais cette protection est d'une nature purement négative ; elle ne consiste point dans une tutelle qui règle tous les mouvements d'un incapable, mais dans un système de mesures propres à garantir la liberté et la propriété d'individus aptes à se conduire par eux-mêmes.

Le gouvernement emprunte toute sa puissance à la société, par conséquent il ne saurait exister que par elle. Il tire son origine, si ce n'est historiquement, du moins logiquement, du consentement des citoyens s'accordant pour instituer parmi eux un pouvoir qui, en vertu du mandat qu'ils lui confèrent, doit leur procurer la sécurité et recevoir d'eux tous les moyens d'action nécessaires à l'accomplissement de la mission qui lui est dévolue.

Malheureusement l'histoire des temps anciens n'est guère qu'un long récit d'usurpations commises par des gouvernements qui, après avoir conquis la toute-puissance par la force des armes, prétendirent la légitimer, aux yeux d'une foule accablée et superstitieuse, en s'attribuant une institution surnaturelle et divine, au nom de laquelle leur audace impie se livrait à toute sorte d'exactions, d'outrages et de violences.

Même dans les temps modernes, quand la lumière de la raison se fut levée, on vit des démagogues, alléguant la volonté populaire, renouveler les antiques violences, décréter la spoliation et le massacre, désoler et déshonorer la nation, sous prétexte de la venger et de préparer son bonheur. Mais ces honteux excès, loin de s'appuyer sur le droit de la souveraineté populaire, le niaient effrontément. Il n'y a de droit public, de droit démocratique, que celui qui respecte et fait respecter la vie, l'honneur. les biens et la liberté de tous les citoyens. Le mot souveraineté du peuple implique protection et justice pour tous; autrement il n'est qu'un odieux mensonge et un détestable contre-sens.

Les mœurs se sont adoucies, et dorénavant nous avons moins à craindre les cruautés et les extorsions que les supercheries, à l'aide desquelles les gouvernements, invoquant l'ordre ou le salut public, commettent de bénignes usurpations. Ils affirment d'un ton doucereux que tel intérêt général serait bien mieux servi par leur zèle que par les soins des particuliers ; ils étalent leurs ressources et leur puissance; ils déploient leur grandeur et leurs prestiges ; ils flattent la paresse, ils éblouissent l'ignorance, ils surprennent la crédulité, ils caressent les illusions, et parviennent ainsi à se faire confier par les populations abusées une multitude d'attributions qui ne sont nullement du ressort gouvernemental. Ainsi ils subordonnent à leur autorité et métamorphosent en matières administratives des genres d'activité qui sont purement personnels et sociaux et qui ne sont point politiques, tels que le droit de travailler, le droit de produire, le droit de commercer, le droit de s'instruire, le droit de prier Dieu, le droit de s'assister mutuellement.

Les peuples modernes et particulièrement les Français n'ont pas encore appris à bien distinguer et sont sans cesse enclins à confondre les libertés personnelles, soit privées, soit sociales, et les libertés politiques. Dès qu'est institué un gouvernement choisi par nous, aimé par nous, conforme à nos vues, à nos principes, à nos goûts, nous croyons notre liberté et nos droits parfaitement assurés. C'est une grave erreur. Qu'elle puisse être commise par les socialistes, cela se conçoit ; elle tient à l'essence même de leur doctrine. Ne faut-il pas qu'ils soient armés d'un pouvoir illimité pour refondre la société toute entière, lutter contre la nature des choses, et dompter la révolte de tous les instincts de l'humanité ? Mais les conservateurs et les libéraux s'abusent étrangement, lorsque, dans l'excès de leur confiance, ils autorisent et invitent le pouvoir politique à sortir de sa sphère pour régler les mouvements sociaux.

Les conservateurs s'imaginent que le gouvernement, en multipliant ses attributions, augmente sa force et est par conséquent plus capable de réprimer les efforts qui tendent à précipiter dans la voie de l'avenir la marche de la société. Mais en réalité un gouvernement s'affaiblit, lorsqu'il divise à l'excès son attention, son travail et ses ressources. Il se compromet et se discrédite, lorsqu'il se mêle d'affaires qui ne sont pas de sa compétence et qu'il ne saurait bien traiter. Sitôt qu'il s'avance hors des limites de son domaine, il essuie des attaques qu'il est inhabile à repousser ; plus il étend son action, plus il est vulnérable, et son existence est d'autant plus fragile et précaire qu'elle cherche davantage à se développer. Que si l'on sonde profondément les causes de nos révolutions, on découvrira parmi les plus importantes des intérêts sociaux insurgés contre un pouvoir politique qui les avait froissés. Quant aux libéraux, aux démocrates éclairés et sages, on devrait trouver en eux des adversaires constants de toute usurpation de l'État sur les libertés personnelles. Mais il n'en est pas ainsi, et, sans s'en apercevoir, plus d'une fois ils se sont mis en contradiction avec eux-mêmes. Trop souvent le désir d'un progrès rapide et l'irritation que leur causaient les obstacles amoncelés sur la route leur ont fait invoquer l'intervention de l'État dans les affaires qui n'étaient point de sa compétence, qui étaient purement sociales et non politiques. Impatients d'arriver au but, ils armèrent l'État d'un pouvoir destiné à vaincre la résistance ou l'incurie de populations ignorantes et ingrates. Mais ce pouvoir plus intense que fécond non seulement était incompatible avec la liberté. Agissant d'une façon mécanique et coërcitive, il entravait plutôt qu'il accélérait le progrès moral des individus, et ainsi il allait à l'encontre des vœux conçus par les réformateurs.

Le progrès moral des individus, tel est le but suprême de l'activité humaine. C'est vers cette fin que doivent se diriger les efforts les plus ardents et les plus persévérants de tous les partis vraiment honnêtes, des libéraux, des démocrates et des hommes dont le souci principal est de conserver intact le dépôt de la civilisation que le passé nous a transmis. Le progrès moral des individus ne peut s'accomplir qu'à la condition qu'ils agissent par eux-mêmes, en vertu de leur propre pensée et de leur propre volonté, sans que jamais leur faiblesse invoque ou accepte la tutelle du pouvoir politique dans le cercle des occupations purement sociales.

Ainsi il faut que les travailleurs puissent librement disposer de leurs bras, discuter leurs salaires, et se concerter avec leurs camarades pour s'assister mutuellement.

Il faut que les capitalistes puissent librement employer leurs fonds à telle destination que bon leur semble et suivant telles conditions que détermine le rapport de l'offre et de la demande.

Il faut que les chefs d'industrie puissent librement organiser leurs ateliers, traiter avec leurs ouvriers, et confectionner leurs produits dont les seuls juges, à moins de supercherie, doivent être les consommateurs.

Il faut que les commerçants puissent librement tirer de tout lieu et expédier sur tout point les marchandises que réclament les besoins des populations, qu'eux seuls sont en mesure de bien connaître.

Il faut que les savants puissent librement exprimer leurs idées, en opposition avec toute doctrine et tout dogme contraires, les doctrines ne devant être réputées vraies que lorsqu'elles subissent victorieusement l'épreuve d'une critique incessante, et les dogmes étant d'une nature telle qu'ils échappent à toute démonstration et par conséquent ne peuvent être imposés à la raison par la raison, et encore moins par la contrainte.

Il faut que toute communion religieuse puisse librement naître, se former, se propager, se livrer au prosélytisme, attaquer et se défendre, pourvu qu'elle respecte les principes de la morale naturelle, universelle et démontrable, et que ses combats soient uniquement livrés dans les régions spirituelles. (1).

Il faut que les instituts d'enseignement puissent librement distribuer leurs leçons, et que, si la nation charge l'État d'en subventionner quelques-uns, ceux-ci du moins ne reçoivent de direction que de leurs chefs naturels, les princes des lettres et des sciences.

Il faut que les diverses associations qui ont pour but la culture de l'esprit, l'édification des âmes, la bienfaisance, l'assistance mutuelle, l'avancement des arts puissent librement s'organiser, s'étendre et

(1) Affranchir les églises des liens de l'Etat, ce serait en même temps introduire la liberté dans leur sein ; car les diverses communions religieuses, rendues à elles-mêmes, éprouveraient sans doute le besoin de se réformer dans un sens libéral. Nous ne citerons à ce propos qu'un exemple emprunté à la communion catholique. Il existe dans tous les diocèses des chapitres de chanoines. Que devraient être ces chapitres? Les assemblées délibératives et représentatives des diocèses. Que sont-ils en effet? Des infirmeries de vieux prêtres. Aussi les ministres du culte ne possèdent-ils aucune garantie, et sont-ils livrés à l'absolutisme et à l'arbitraire. Même grief du côté des fidèles.

se multiplier, sans avoir à se disputer avec une réglementation impérieuse et tracassière, déprimante et annihilante.

Sans doute en présence de ces divers genres d'activité sociale, le gouvernement ne saurait constamment demeurer dans l'attitude d'un spectateur inerte. Des occasions se présentent où il doit intervenir parmi les groupes et parmi les individus, non pour les mouvoir, ni les régler, ni s'imposer à eux, mais uniquement pour empêcher qu'ils ne se heurtent et ne s'offensent. Loin de porter atteinte à leur liberté, il doit la protéger et la garantir. Il n'a aucunement à remplir un rôle d'administration, mais simplement de police.

Les libertés personnelles, liberté du travail, liberté de la propriété, liberté de l'industrie, liberté du commerce, liberté de la science, liberté des cultes, liberté d'enseignement, liberté d'association, constituent nos facultés essentielles et vitales. Nous en éprouvons le besoin à tous les instants du jour; elles nous sont nécessaires dans tous les actes de notre vie. Leur importance est donc infiniment plus grande que celle des libertés politiques. S'il fallait opter entre les unes et les autres, le choix ne saurait être douteux. Supposons d'une part un pouvoir démocratique et libéral, absorbant en lui toutes les libertés personnelles, et d'autre part un pouvoir absolu nous les garantissant toutes dans leur plénitude, assurément nous aurions à préférer le second au premier; car le dommage que nous causerait le second serait infiniment moins étendu et moins intense que celui que le premier nous ferait souffrir. Mais ces deux hypothèses sont aussi contradictoires dans leurs termes, aussi absurdes l'une que l'autre.

Les libertés personnelles et les libertés politiques sont distinctes mais solidaires. Nous ne pouvons être certains que le pouvoir politique ne portera aucune atteinte à nos libertés individuelles et sociales, que si nous avons le droit de le créer, de le renouveler, de le contrôler et de le censurer. Un pouvoir absolu, qu'il consiste en une autocratie ou en une oligarchie, soit de grands, soit de démagogues, ne peut se renfermer dans le domaine purement politique, dans la sphère d'une police exclusivement protectrice. Il ne peut souffrir que des hommes se réunissent, se concertent, échangent des idées, poursuivent en commun des desseins, en dehors de sa surveillance, de sa permission et de sa direction. Il soupçonne toute pensée originale et indépendante, parce qu'il y voit le germe d'une révolte. Toute action collective lui semble devoir se tourner contre lui, et il l'interdit ; ou s'il l'autorise, ce n'est qu'à condition qu'elle abdique sa spontanéité, se plie à la servitude, et devienne une instrument de règne, ou du moins qu'elle se rende parfaitement insignifiante et inoffensive. Le despotisme n'aurait aucune crainte à concevoir pour sa sûreté qu'encore il voudrait dominer et s'assujétir toute action collective et toute association, par orgueil, par vanité, par jalousie, parce qu'il ne supporte pas de voir rien de grand, rien de puissant hors de sa propre sphère.

Réciproquement, si les libertés sociales ne sont pas assurées, les libertés politiques ne sauraient subsister. Supposons le gouvernement le plus libéralement, le plus démocratiquement constitué, s'il s'arroge le droit de surveiller, de diriger, d'administrer les affaires purement sociales, s'il se met à réglementer l'industrie, le commerce, la science, la religion, la bienfaisance, il acquerra un tel ascendant sur les citoyens, que ceux-ci se regarderont tous comme ses clients et ses sujets. Habitués dans la vie ordinaire à être sans cesse suspendus à ses décisions, à solliciter sa protection et à se ménager ses bonnes grâces, ils ne trouveront en eux aucune énergie, aucun ressort, aucune vigueur, lorsque, placés sur le terrain politique, il s'agira pour eux d'articuler un blâme ou de manifester leurs intentions. Une crainte révérentielle, une prudence intéressée, le souvenir ou l'espoir de quelque faveur étoufferont leur indépendance et les obligeront à s'incliner devant leurs maîtres. Appelés dans les comices électoraux, ils attendront et accepteront l'impulsion administrative qu'ils sont accoutumés à subir. Où et comment auraient-ils appris à user de leur propre initiative, à se consulter et à se concerter en vue d'un but commun?

Quant au gouvernement, se voyant si puissant, si universellement obéi, si peu contrôlé, si rarement contredit, il lui est difficile de contenir sans cesse son ambition. Il a rigoureusement besoin d'être aidé dans cette tâche, non-seulement par des amis mais encore par des adversaires. Abandonné à lui-même, il n'est pas assez fort pour se maîtriser, pour dompter les passions qui l'entraînent aux envahissements, aux usurpations et aux excès de pouvoir.

D'un autre côté l'absorption des libertés sociales par l'Etat fait courir à l'ordre public, et partant aux libertés civiques, des dangers sérieux et incessants. Nous ne saurions le proclamer assez haut; la condition première du maintien des libertés civiques est la conservation de l'ordre public. Que l'ordre public soit gravement compromis, aussitôt l'on voi tous les citoyens accourir vers le gouvernement, se prosterner à ses pieds, lui sacrifier leurs libertés et le supplier de se rendre absolu, afin de les préserver de l'orage et de leur garantir la sécurité. Or l'ordre public recevra d'autant plus d'atteintes que le gouvernement, devenu tout-puissant, dominera un plus grand nombre d'existences et d'intérêts. Comme il est dans sa nature de réduire à l'unité toutes les affaires qui sont de son ressort, et d'étouffer toute diversité sous l'étreinte de sa réglementation, il ne pourra s'empêcher de comprimer, de froisser et d'irriter une multitude d'individus et de groupes, dont les tendances, les goûts, les opinions, les convenances ne seront pas conformes aux plans officiels, et qui, se sentant vexés à tous les instants du jour et dans tous les détails de la vie, éclateront tôt ou tard en actes d'insurrection. Qu'au contraire les différends industriels, commerciaux, religieux, scientifiques s'agitent et se vident en dehors de la sphère du gouvernement, rarement celui-ci sera en butte à des accusations passionnées et à des attaques dirigées contre son existence même. Impartial et neutre en présence des discussions les plus vives, il assistera tranquillement à leurs péripéties, sans s'y mêler autrement que pour empêcher qu'elles ne dégénèrent en violents conflits et n'attentent à la paix publique. Et les ambitions personnelles, les intérêts matériels, les passions de secte et d'école, détournés du terrain politique et lancés dans d'autres carrières, cesseront de livrer au pouvoir ces assauts incessants qui le troublent, le déconcertent et l'ébranlent.

La solidarité des libertés sociales et des libertés politiques étant démontrée, voyons comment il convient que celles-ci soient constituées.

Les libertés politiques consistent dans la faculté qu'ont les citoyens de former, d'inspirer, de contenir, de contrôler, de corriger et de renouveler leur gouvernement. Ces libertés dérivent du principe de la souveraineté nationale, lequel n'est autre chose que l'expression des droits appartenant à tous les membres d'une association dans la gestion des affaires communes. Toutefois il est à observer qu'en même temps que les citoyens sont membres du souverain, ils sont sujets de l'Etat. Leur souveraineté a pour fondement leur obéissance aux lois de l'Etat et à ses ministres, et l'insubordination envers l'autorité légitime est la négation flagrante de la souveraineté du peuple.

Les Français ont eu l'honneur de proclamer les premiers dans toute son intégrité le principe de la souveraineté nationale. Mais ont-ils bien compris son essence et les conditions dont dépend son application? Se sont-ils montrés constamment disposés à obéir à l'autorité légitime, ou du moins à ne poursuivre le redressement de leurs griefs que par les voies régulières et pacifiques ? Puis n'ont-ils pas souvent sacrifié à ce fétichisme qui érige la volonté du peuple en loi suprême et en vérité absolue ?

Sans doute, quand le peuple a à statuer sur lui-même, il ne saurait consulter que sa propre volonté. Mais cette volonté est-elle toujours identique avec elle-même ? N'est-elle pas exposée à se repentir et à se démentir? Puis est-elle toujours juste et prévoyante ? Et n'y a-t-il pas des précautions à prendre, pour la préserver des illusions et des égarements et pour la maintenir dans la voie de la prudence et de l'équité ?

La volonté nationale ne peut être qualifiée souveraineté légitime, qu'autant qu'elle respecte les libertés sociales, qu'elle garantit les droits individuels, et qu'elle est soumise à un système d'épreuves qui l'éclaire, l'épure et en assure autant que possible la rectitude.

Il est clair qu'elle ne peut s'exprimer que par l'organe de mandataires, par l'entremise de députés réunis en assemblée représentative. Il importe d'abord que ces députés soit l'objet d'un choix sérieux. Il importe que les électeurs connaissent le sens et la portée de leur vote, l'émettent avec une entière liberté, et personnifient dans leur candidat une pensée définie et consciencieuse. Autrement l'élection pourrait n'être que le produit de l'intrigue, de la captation, de l'intimidation, de la supercherie et n'aboutir qu'à une pitoyable mystification.

Les députés, une fois élus, forment une assemblée qui n'est pas absolument fermée aux entraînements populaires, à l'esprit de domination, aux rivalités personnelles, aux dissensions haineuses, aux passions irréfléchies et désordonnées. Il convient donc que les résolutions des députés ne s'accomplissent qu'après avoir subi la critique d'un corps sénatorial, qui, recruté dans les rangs de la nation où semblent résider principalement l'expérience et la sagesse, ait le pouvoir, non sans doute d'annuler complétement les décisions des mandataires directs de la nation, mais du moins d'en suspendre temporairement l'effet, d'élever contre elles de graves remontrances, et d'obliger l'opinion publique à réfléchir plus longuement et avec plus de maturité.

Un parlement composé d'une assemblée de députés et d'un sénat ne saurait exécuter lui-même ses décisions, qu'elles aient pour objet des mesures législatives ou un plan de conduite politique. Il faut de toute nécessité qu'il confie le soin d'exécuter ses volontés à un pouvoir spécial, concentré, unitaire, au pouvoir ministériel, appelé souvent, dans un sens restreint, du nom de gouvernement. D'ailleurs, quand même le parlement pourrait administrer, il y aurait de très-graves inconvénients à ce qu'il le fît. Un parlement qui administre est sans cesse induit à édicter des lois et à rendre des décisions, non au profit de la nation, mais du pouvoir exécutif, c'est-à-dire de lui-même. D'un autre côté des administrateurs qui sont en même temps législateurs n'encourent évidemment aucune responsabilité sérieuse, puisque ce sont eux-mêmes qui se trouvent appelés à se censurer. Concluons donc que la confusion du pouvoir législatif et du pouvoir exécutif a pour conséquence à peu près inévitable l'invasion du despotisme et de la licence.

Le pouvoir exécutif, chargé de pourvoir à la sûreté de l'intérieur, de tenir en respect l'étranger, de régir les choses communes, et muni à cet effet de ressources immenses, s'avance de tout son poids sur chaque individu pour exiger de lui des prestations, soit personnelles, soit matérielles, lui interdire l'usage de quelque faculté, ou lui infliger quelque châtiment. Le parlement est dans l'impuissance de surveiller tous les actes du pouvoir exécutif et de les maintenir dans les limites de la légalité. Il faut donc que parallèlement à l'administration existe une autorité indépendante et invariablement respectée, qui joigne au droit de vider les différends des particuliers, celui de trancher les contestations qui s'élèvent au point de vue de la légalité entre l'administration et les citoyens, et celui de statuer sur les poursuites criminelles intentées par les officiers du ministère public.

Les fonctions du pouvoir judiciaire étant ainsi définis, il doit évidemment être constitué de telle sorte qu'il jouisse d'une indépendance parfaite tant à l'égard des justiciables que du pouvoir exécutif.

Les déclarations de la magistrature étant réputées les déductions directes et expresses de la loi, il importe qu'elles soient purgées de tout arbitraire, qu'elles soient restreintes aux points de droit, et que tous les points de fait soient décidés par des jurys.

Le pouvoir judiciaire est indivisible, et il ne saurait partager avec aucune autre autorité ses attributions essentielles. Une justice administrative est un contre sens ; les deux mots qui la qualifient se donnent un démenti réciproque et forment un monstrueux accouplement. Il est absurde que l'administration soit investie du droit de juger ; il est surtout absurde qu'elle juge des affaires dans lesquelles elle est simple partie, telles que les contestations relatives à des travaux et à des marchés. Il est non moins absurde que des fonctionnaires publics puissent se soustraire à des actions judiciaires intentées contre eux par des citoyens, et qu'ils aient la faculté de se dérober au droit commun, en invoquant un privilége qui subordonne les poursuite dirigées contre eux à l'autorisation, c'est-à-dire au bon plaisir de la haute administration.

Nous venons de considérer quatre grands pouvoirs dont la force est sans doute inégale, mais dont les attributions sont essentiellement distinctes et séparées. Ce sont l'assemblée nationale, le sénat, le ministère et la magistrature. Il est un quatrième pouvoir, dont la logique ne démontre pas aussi nettement la nécessité, et qui, sur le terrain de la théorie, est l'objet de très-vives contestations. Nous voulons parler du pouvoir du prince, du principat ; nous écartons à dessein les qualifications analogues, qui se résument toutes en une seule, la monarchie. Si certains libéraux ou démocrates repoussent absolument le principat, c'est parce qu'ils voient dans ce pouvoir la reproduction plus ou moins déguisée de ces anciennes monarchies absolues, qui ont attiré sur elles et qui méritent tout le mépris et toute l'aversion des esprits éclairés et honnêtes. Toutefois il conviendrait de ne pas se laisser abuser par les mots et par des apparences superficielles. Que toutes les libertés sociales et politiques soient fermement établies, et que les pouvoirs parlementaire, exécutif et judiciaire soient solidement constitués, l'introduction dans l'Etat d'un pouvoir complémentaire, d'un principat vraiment constitutionnel serait-il de nature à troubler en quoique ce soit l'économie de la chose publique ? Sans doute il est des républiques où cet élément serait sans utilité et non sans dommage ; mais il en est d'autres ou non seulement il serait compatible avec toutes les libertés démocratiques, mais même où il les servirait efficacement (1). Quel est le rôle d'un prince vraiment constitutionnel ? Personnifier en face de l'étranger la puissance nationale, et à l'intérieur l'ordre public aux yeux de populations qui ont besoin de contempler cette image vivante ; consulter la volonté du peuple en dissolvant et en convoquant l'assemblée représentative ; consacrer les décisions parlementaires en promulgant les lois, en nommant et en révoquant les ministres d'Etat ; instituer la magistrature; maintenir la coordination des différents pouvoirs, et suppléer aux lacunes, aux intermittences, aux défaillances qui pourraient occasionnellement se manifester dans leur action. Y a-t-il dans ces attributions quelque atteinte portée au principe et à l'exercice de la souveraineté nationale ? Y a-t-il quelque incompatibilité avec une république

(1) Ici la Belgique et l'Italie se présentent naturellement à l'esprit.

sainement comprise? Evidemment non. Alors pourquoi cette séparation qu'on dit si profonde entre les hommes qui revendiquent exclusivement le titre de républicains, et de vrais libéraux, de vrais démocrates qui admettent l'institution du principat? La question de l'existence d'un prince au sein d'une constitution démocratique et libérale doit être considérée comme tout-à-fait secondaire. Grossir cette question, la placer au premier rang, lui donner une importance capitale, c'est montrer peu de discernement et peu de sens politique. Nos contemporains ont acquis, il semble, assez d'expérience politique, pour ne pas se laisser abuser par des querelles de mots, dans lesquelles la liberté est complétement désintéressée, et d'où sortent des divisions stériles et funestes.

Sous un régime démocratique et libéral, tous les pouvoirs publics, chambre des députés, sénat, prince, ministres d'Etat, magistrature, exercent leurs fonctions au nom de la nation souveraine et ont un caractère essentiellement représentatif. Tous ont leur sphère spéciale d'attributions, se contiennent réciproquemet et sont sans cesse rappelés aux conditions de leur mandat respectif. Les députés, élus immédiatement par la nation, expriment sa pensée et sa volonté actuelles; ils désignent au choix du prince les hommes réputés les plus aptes à remplir les fonctions de ministres; ils tracent à ceux-ci des plans de conduite et surveillent d'un point de vue général leurs opérations. Le sénat, issu des parties considérées comme les plus sages de la nation, oppose temporairement le poids de son expérience et de sa maturité à la fougue populaire et aux entraînements des partis qui s'agitent au sein de la chambre des députés. La magistrature, dont l'origine est analogue à celle du sénat, maintient le respect de la loi et soumet à l'autorité légale les fonctionnaires publics comme les simples citoyens. Le prince invite la nation à manifester régulièrement ses volontés, et il en homologue les décisions.

Les citoyens donnent l'impulsion première à la machine de l'Etat dans les comices électoraux. Mais leurs droits et leurs devoirs politiques ne sont pas épuisés par le fait de voter. Il faut que sans cesse ils observent, examinent et discutent les actes des divers pouvoirs. Autrement leurs votes ne seraient point l'expression d'une volonté réfléchie. Livrés au hasard, émis aveuglément, surpris le plus souvent par l'intrigue ou extorqué par l'intimidation, ils seraient destitués de toute valeur politique, et ne sauraient en quoi que ce soit régler la conduite des gouvernants.

Pour que les électeurs puissent contrôler les actes des divers pouvoirs politiques, il faut qu'ils en aient une entière connaissance; il faut que la presse les place sous leurs yeux et les leur montre sous tous les aspects. Il faut donc que la presse soit libre, soit affranchie de tout lien de dépendance envers l'administration, ne soit responsable que des délits de droit commun, et n'ait à rendre de compte qu'à la magistrature.

Mais, pour que les électeurs puissent profiter des renseignements que leurs présentent les journaux et des leçons que leur offrent les livres, il est nécessaire qu'ils sachent lire et qu'ils possèdent les rudiments de la science politique (1). L'instruction obliga-

(1) Rationnellement nul individu ne devrait être admis à voter, qui ne sût lire et écrire. Autrement, ce n'est plus de la démocratie mais, comme disaient les Grecs, de l'ochlocratie.

toire est une conséquence forcée de l'établissement du suffrage universel, qui, sans cette condition, n'aboutirait le plus souvent qu'à une tromperie. En vain allègue-t-on les droits des pères de famille ; il n'existe pas de droit sans devoir corélatif. Où le devoir est omis, le droit disparaît. D'ailleurs le père n'a pas de droit sur ses enfants, mais un pouvoir spécial et essentiellement limité. Voudrait-on attribuer aux parents un pouvoir absolu sur leurs enfants? Ce serait malheureusement, dans beaucoup de cas, consacrer le despotisme de l'ignorance, de la débauche, de l'immoralité, exercé sur des créatures encore innocentes et dont la faiblesse réclame impérieusement une loyale protection. Le despotisme n'est tolérable nulle part, pas même, et ne craignons pas d'ajouter, surtout dans la famille.

L'éducation des citoyens ne se termine pas avec l'enfance; elle se continue durant toute la vie. Après l'instruction donnée aux enfants par un maître, vient l'enseignement que se communiquent mutuellement les hommes faits, en échangeant leurs idées, en les discutant, en les développant et en les corrigeant. Or les citoyens ne peuvent s'adonner à cet enseignement mutuel, que s'ils ont la liberté de se réunir et de s'associer. C'est, il faut l'avouer, la liberté la plus contestée, c'est celle qui inspire le plus d'appréhension dans le présent, parce que dans le passé elle a trop souvent engendré la licence, la sédition et la violence. Mais quelle est la liberté, quelle est la faculté humaine qui ne soit exposée à se pervertir? Parce que le fait de se nourrir peut tourner en intempérance, faut-il que nous nous refusions tout aliment? La liberté d'association étant inséparable de l'obligation de s'instruire qui est elle-même la condition de l'usage sérieux du droit électoral, il faut nécessairement que cette liberté soit reconnue et qu'elle soit pratiquée. Qu'on y apporte tel tempérament provisoire que la prudence conseille, qu'on en prépare le plein exercice par tel régime de transition que l'on jugera nécessaire : nous l'accordons. Mais que du moins cette indispensable liberté soit posée en principe et appliquée dans toute la mesure du possible !

Il existe des associations naturelles, qui sont fondées sur la communauté des intérêts engendrés par le voisinage ; ce sont les communes et les provinces. Ces associations sont d'une nature mixte ; elles ont, ainsi que l'Etat, un caractère coërcitif ; elles embrassent nécessairement tous les individus habitant dans les limites de leur circonscription. D'un autre côté les intérêts qui en motivent l'existence sont tout-à-fait distinctes des matières politiques ; et ces associations peuvent très-bien subsister et pourvoir à leurs besoins, sans recourir aucunement à l'assistance ni à l'intervention de l'Etat. C'est une usurpation flagrante que le droit que se sont arrogé certains gouvernements d'administrer suivant leur bon plaisir les communes et les provinces. Que si, en considération de l'action coërcitive qu'exercent les pouvoirs locaux, on jugeait convenable d'exiger d'eux qu'ils se soumissent à des règles générales d'administration édictées par le pouvoir législatif, là du moins devrait s'arrêter l'immixtion de l'État. Les libertés provinciales et communales sont sacrées, comme toutes les franchises inhérentes aux associations qui existent par elles-mêmes et répondent à des besoins essentiels. En outre, une raison majeure recommande les libertés locales : en elles se trouve le meilleur apprentissage qui puisse former les citoyens à la vie politique. Elles constituent l'extrême base de toutes les libertés civiques, de la liberté d'association, de la liberté de discussion, de la liberté électorale, et de cette somme de libertés que garantissent la séparation, la pondération et l'exacte mesure des pouvoirs publics, de l'assemblée nationale, du sénat, des ministres d'Etat, du prince et de la magistrature.

Nous avons eu soin de distinguer les libertés personnelles ou sociales des libertés politiques. Les premières sont de droit naturel ; elles préexistent aux secondes, les dominent et ont une importance infiniment plus grande. A proprement parler, les libertés politiques n'ont d'autre but que d'assurer les libertés sociales. La société ne vient pas de l'Etat, mais l'Etat de la société; il n'existe que par elle, il ne possède de droits que ceux qu'elle lui concède, et il ne doit exister que pour elle. Il serait absurde, que la société, qui ne crée l'Etat que pour défendre ses libertés, les livrât à sa discrétion ou s'imaginât sottement les tenir de sa générosité. Si certaines libertés ont été jadis confisquées par le despotisme de l'Etat, c'est un devoir pour la société, victime de cette usurpation, de s'appliquer sans relâche à revendiquer et reconquérir ce qui lui a été dérobé.

Cette théorie, qui est celle de la démocratie libérale et qui est seule avouée par la raison, rencontre deux sortes d'adversaires : d'un côté des conservateurs pusillanimes, sans cesse prêts à se cacher derrière l'Etat comme un enfant derrière sa gouvernante, et des réactionnaires maussades, infectés des traditions de l'ancien régime; d'un autre côté des démocrates égalitaires ou socialistes, en réalité absolutistes, qui prétendent que, la vraie liberté consistant pour chacun dans la faculté de satisfaire à ses besoins, il s'agit, non de restreindre l'action de l'Etat, mais au contraire de l'étendre indéfiniment, parce que seul il est capable de pourvoir à toutes les nécessités sociales. Les premiers nous inquiètent peu; ils n'ont pour complice que la peur dont les effets ne sont jamais que passagers. Les seconds sont plus dangereux, car il peuvent séduire et tromper les masses populaires. Ceux-ci se targuent de leur sympathie et de leur dévouement pour les classes souffrantes, et accusent les démocrates libéraux de sacrifier cette partie intéressante de la société au despotisme des grands et des riches, en désarmant l'Etat qui seul peut réprimer les exactions de l'opulence et réparer en faveur des deshérités les injustices de la fortune. Les démocrates absolutistes veulent donc que l'Etat soit investi du droit de répartir plus équitablement les richesses sociales, de régler les rapports entre les patrons et les ouvriers, d'organiser l'industrie, de distribuer l'instruction, de présider aux œuvres de bienfaisance et de remédier à toute les misères. Mais comment l'Etat s'acquittera-t-il de cette tâche si vaste et si compliquée? Il faudra qu'à la multitude déjà si exorbitante des fonctionnaires publics il en ajoute encore des myriades, et qu'il crée ainsi une immense oligarchie destinée à diriger les divers groupes et les divers établissements compris dans la société. Voilà donc des préfets, des inspecteurs, des contrôleurs d'usines, de fermes, d'ateliers, d'églises, d'hospices, de bureaux de bienfaisance, etc. Mais quels avantages positifs, quelles ressources nouvelles à l'usage des classes pauvres sera-t-il possible de tirer de cette oligarchie postiche, parasite et vorace? Loin d'engendrer l'abondance, elle n'amènera que la famine, en prélevant le contingent d'un second budget sur les travailleurs et les propriétaires. On redoute le despotisme du capital : mais quel ne sera pas celui d'une oligarchie de fonctionnaires qui, représentant l'Etat, ne discutent jamais, n'admettent pas de transaction, et ne savent que commander d'un ton bref et absolu?

Il n'est qu'un moyen d'élever et d'enrichir les hommes, c'est la liberté. Faites des hommes libres, éclairés, fiers, énergiques et ayant conscience de leur propre responsabilité : ils n'auront besoin de personne ni d'aucune sorte de tutelle pour fournir à leurs besoins et pourvoir à leur destinée. Sous un régime de démocratie vraiment libérale, qui consacre le droit de s'associer, qui répand l'instruction partout et qui favorise une éducation virile, peut-il y avoir des classes entières de déshérités? Le faible, en s'unissant à ses semblables, n'acquiert-il pas pour lui-même toute la force inhérente à l'association? Les sentiments de justice et d'humanité qui circulent dans l'air ne pénétrent-ils pas dans le cœur des grands et des riches? Et d'ailleurs, quand ceux-ci ne seraient pas accessibles à ces inspirations généreuses, la prudence ne leur commanderait-elle pas, en face de la puissance populaire, de venir au secours des indigents et des malheureux? Quand même la servitude politique assurerait le bien-être matériel, ce serait un marché ignoble et stupide que de vendre son âme pour l'avantage de son corps. Mais en réalité la servitude appauvrit autant qu'elle dégrade les lâches qui s'y résignent.

Nous avons exposé les principes de la démocratie libérale. Dictés par la raison, ils sont les seuls fondements solides de la moralité publique. Ils exigent et ils forment des âmes hautes, fermes et disciplinées. Sans eux, le progrès social ne peut atteindre son plein développement. Leur ensemble constitue un système qui ne révèle toute son efficacité que lorsque tous ces éléments sont réunis et combinés. Il faut cependant observer que les principes politiques n'étant que l'expression généralisée d'actes accomplis par des êtres humains, ils ne peuvent se réaliser qu'autant qu'il existe des citoyens capables de les comprendre et de les pratiquer. Tout individu est apte à être esclave ou sujet, mais non à être citoyen, c'est-à-dire à se gouverner soi-même. Or, l'art de se conduire soi-même ne naît pas spontanément en nous; il suppose des lumières, un empire sur soi, une prudence, qui sont le fruit d'études attentives et de longs travaux. Malheureusement ces indispensables préparations ont été refusées à la plupart des peuples modernes. Pendant une suite interminable de siècles, ils ont été soumis à des gouvernements qui, loin de pouvoir à leur éducation, se sont appliqués à les retenir dans un état constant de minorité. Affranchis, leur éducation ne peut se faire en un jour, et il convient évidemment d'y procéder par des transitions successives, par des épreuves graduées, par des exercices sagement appropriés.

Mais ces ménagements et ces délais, les radicaux ne les tolèrent pas. Ne considérant les principes que dans leur cerveau, ils veulent que ces abstractions prennent d'elles-mêmes figure, vie et mouvement, qu'elles s'insinuent dans tous les membres de la société et les mettent en action ainsi que des matières passives. Dédaigneux ou incapables de se rendre compte de l'état réel des hommes et de ce qu'il est possible d'obtenir d'eux, ils formulent d'un ton superbe leurs exigences, et, s'ils les voient repoussées, s'enveloppent dans leur puritanisme, et cherchent à se consoler en accusant les modérés de faiblesse, d'inconsistance, si ce n'est de trahison.

On peut et on doit être radical en théorie. Celui-là n'a qu'une âme et un esprit médiocres, qui ne recherche pas résolument jusqu'où peut aller le progrès social et politique, et ne se forme pas touchant la destinée humaine un idéal qui, du reste, ainsi que l'horizon, se déplace à mesure qu'on avance. Mais dans la pratique il faut être modéré ; il faut, sans se laisser émouvoir par les incriminations des téméraires, mesurer sans cesse l'application des principes aux possibilités actuelles et échelonner leur développement sur la route de l'avenir. Vouloir les réaliser prématurément, ce n'est pas les servir ; c'est les exposer à être dénaturés, méconnus, insultés et repoussés pour longtemps.

La vraie modération, fidèle et prudente gardienne des principes, n'a rien de commun avec cette fausse modération, qui s'arrange de tout, qui est sans cesse prête à s'incliner devant la puissance, qu'elle éclate dans une émeute ou réside dans un palais, et qui, alléguant qu'il faut s'accommoder avec les nécessités du temps, n'est préoccupée que des soucis d'une basse ambition et d'un étroit égoïsme.

Travaillons, ô mes concitoyens, travaillons avec une modération sincère comme avec une constance imperturbable à l'établissement de la démocratie libérale, parce qu'elle est le seul gouvernement qu'avouent la raison et la justice, et surtout parce qu'elle est la condition du progrès moral de la société, but suprême des efforts de tout homme de bien !

FIN.

TABLE DES MATIÈRES.

www.ingramcontent.com/pod-product-compliance
Ingram Content Group UK Ltd.
Pitfield, Milton Keynes, MK11 3LW, UK
UKHW020159250726
13967UKWH00003B/1147